스트레스 직장 탈출 2

들어가는 말

　나날이 복잡해지는 사회구조 속에서 과도한 업무와 대인관계, 학업 등에서 오는 심리적, 신체적인 부조화와 미해결 과제로 인하여 많은 사람들이 스트레스를 경험하며 살아간다. 사람들은 자신의 안전과 생존, 성취가 우선적 목표가 되기 때문에 스트레스는 당연히 주어지는 삶의 전제와도 같은 것이다.

　어떻게 보면 우리의 삶 자체가 스트레스에 정신과 신체를 적응시키고 극복해가는 과정이라고 할 수 있다. 이처럼 인간이 생존하고 생활하는 데 있어서 스트레스가 없어서는 안 될 전제조건이지만 견디기 힘들 만큼 충격적인 스트레스에 노출되거나 스트레스가 지속성을 갖게 되면 스트레스 호르몬이 과잉분비되어 체내 환경이 교란되고 세포의 파괴 및 신경회로의 혼돈상태가 발생하게 된다. 이 상태에서 우리 몸은 스트레스로 인해 분비되는 각종 화학물질에 민감하게 반응하면서 여러 가지 부작용이 나타난다.

　특히 심한 스트레스 상황에 반복적으로 노출되면 동물적인 뇌가 몸 전체를 통제하게 된다. 이렇게 동물적인 뇌가 완전한 통제권을 갖게 되면 이성적인 뇌가 정상적인 기능을 하지 못하고 전체성이 결여되기 때문에 합리적인 사고와 정서, 행동에 장애가 발생한다.

　이와 같이 전체성이 결여된 상태에서 멘탈적인 문제가 생기게 되면 정상적인 일상생활을 하는데 장애를 갖게 될 수 있다. 만약에 이러한 문제를 일으키는 부정적인 상태에 오랫동안 빠지게 되면 지나친 초조, 불안, 혼란, 공격성 등을 가지게 되면서 일상적인 생활뿐만 아니라 다른 사람들과의 안정적인 관계까지도 점차적으로 문제가 발생하여 사회적응능력에 장애를 일으킨다.

　이처럼 스트레스 상황에서 일어나는 비합리적 반응이 반복되면 뇌는 그것을 진짜 자신의 기저선으로 착각하여 스트레스 상황에서 벗어나려는 어떠한 사고와 행동도 하지 못하게 된다. 뇌는 특정한 자극이 반복적으로 주어지면 그것을 사실로 받아들이고 믿음을 만든다. 그렇기 때문에 반복적인 스트레스 반응에 대해서도 똑같은 믿음을 만들어버린다. 믿음이 만들어지게 되면 내현기억시스템에 의해 의식적 개입 없이도 자동적으로 믿음에 통제당하게 되는 것이다.

　이렇게 되면 의식에서는 스트레스 상황에서 벗어나고 싶어 하면서도 잠재의식에서는 오히려 스트레스 상황을 더 편하게 받아들이며 스트레스 상황에 계속 머물고 싶어하는 이중성을 가진다. 이미 스트레스 상황에 대한 정서나 몸속의 화학작용에 중독된 패턴을 만든 상태에서는 현재의 스트레스에서 벗어나려는 어떠한 도전과 변화도 거부하게 된다. 의식은 잠재의식을 이길 수 없기 때문에 스트레스에 중독된 상태가 자신의 삶에 치명적인 문제를 야기시킨다 하더라도 그러한 스트레스 상황에 안주하며 현재 상황에서 벗어나기 위한 새로운 도전과 변화에 강력하게 저항하는 것이다.

스트레스가 반복되고 중독된 패턴이 자리 잡게 되면 스트레스가 확장성을 갖게 되어 처음의 스트레스 요인 자체보다 스트레스에 반응하는 자신의 심리적, 생리적 상태 때문에 더 많은 스트레스를 받게 된다. 나중에는 스트레스 반응에 대한 부정적인 생각에 연쇄된 생각이 끝없이 반복되면서 스트레스와 관련된 굵은 전용신경회로가 구축되어 스트레스에 완전히 통제당하게 되는 것이다.

스트레스는 피하거나 억압하게 되면 우리를 더 쫓아온다. 우리의 삶 자체가 스트레스의 연속이기 때문에 스트레스는 피할 수 없는 것이다. 이 책은 피할 수 없는 스트레스에 우리가 어떻게 적응하고 극복할 수 있는지에 대한 설명서이다. 심리전공자뿐만 아니라 일반 독자들이 쉽게 이해할 수 있도록 최대한 쉽게 설명하기 위해 노력하였다. 그리고 이 책의 내용을 내현기억화시킬 수 있도록 반복적인 설명이 주어지는 점을 이해하고 읽기 바란다. 이 책과의 소중한 인연을 통해 스트레스가 자신의 삶을 제한하는 걸림돌이 아닌 건강하고 성취하는 삶의 디딤돌로 만들 수 있기를 소망한다.

목차

스트레스 이해

스트레스는 삶에서 받게 되는 정신적, 신체적, 사회적인 압력이면서 동시에 그러한 압력을 내부적으로 느끼고 반응하는 방식이라고 할 수 있다. 즉, 스트레스를 일으키는 특정 요인에 대해 그 요인을 제거하거나 적응할 수 있는 자신의 상태를 만들기 위한 긍정적 의도를 가지고 스트레스 반응을 하는 것이다.

처음에는 외부적인 요인에 의해 내부적으로 느끼는 반응이 스트레스를 일으키게 할 수도 있지만 그러한 반응이 반복되면 나중에는 외부적인 요인이 없는 상태에서도 중독된 습관을 만들어 자신의 의지와 상관없이 내부적으로 스트레스를 자동적으로 일으키게 된다. 이처럼 스트레스가 처음에는 외부적인 요인에 의해 일어날 수도 있지만 스트레스가 만성이 되면 외부적인 요인이 없는 가운데서도 스트레스 반응이 자동적으로 일어날 수 있게 되는 것이다.

외부적인 요인으로는 어려운 경제상황이나 다른 사람들과의 갈등, 사회적인 경쟁, 불확실한 미래, 종교와 이념의 갈등, 교통체증, 사회적 비교, 가까운 사람과의 이별 등이 있으며 이러한 자극에 대해 느끼는 방식이 스트레스 반응으로 드러나게 된다.

내부적인 요인으로는 성장과정에서의 애착 결핍이나 트라우마, 심리적 장애, 불안, 강박, 우울, 만성적인 무기력 등이 있으며 이러한 요인에 의해 스트레스 반응이 일어난다.

이와 같이 외부적, 내부적인 요인으로 인해 정상적인 스트레스 반응이 일어나게 되지만 이러한 반응이 스트레스를 해소시키지 못하고 누적될 때 점차적으로 스트레스에 의해 파생된 문제가 발생하게 된다. 어떤 스트레스 요인에 영향을 받게 되든 상관없이 스트레스 반응이 오랫동안 지속되고 해소되지 못하면 비정상적인 기저선이 고착화되어 심각한 후유증이 생길 수도 있다. 잘못된 기저선이 심리적, 생리적, 신체적, 사회적으로 건강한 전체성에 구멍을 만들면 정상적인 사고와 감정, 말, 행동에 걸림돌을 가지게 되는 것이다.

특히 견디기 힘들 만큼의 격렬한 스트레스나 만성적인 스트레스로 인해 심한 고통을 받게 되면 우울증이나 불안장애, 무기력, 산만함, 대인기피 등의 심리적인 문제를 일으킬 수 있다. 그 과정에서 생리적, 신체적으로 심장발작이나 고혈압, 혈액순환장애, 당뇨병, 비만, 만성피로 등의 각종 질환에 걸리기 쉬워진다.

이처럼 만성적인 스트레스가 질병에 견딜 수 있는 심리적 내성과 응집력을 약화시키고 면역체계를 무너뜨리게 만들어 각종 질환에 무방비

상태로 노출되는 위험한 상황을 초래할 수도 있다. 그뿐만 아니라 해소되지 못한 스트레스가 누적되어 만성이 되면 심리적, 생리적, 신체적인 문제를 일으키게 되면서 차츰 자기 상실을 겪게 될 가능성을 높인다. 그렇게 되면 다른 사람들과 환경을 알아차리고 접촉할 수 있는 유연성을 잃어버려 경직되고 좁혀진 경계를 만들기 때문에 사회적 관계 능력도 현저히 떨어지게 된다.

스트레스가 가진 본래의 긍정적인 의도와 기능은 외부적, 내부적인 요인으로 인해 가해지는 압력과 부조화에 유연하게 적응하고 그것으로부터 벗어나기 위해 적절한 각성수준을 끌어올려 최상의 준비상태를 유지시켜주는 것이다. 그래서 적절한 스트레스와 각성은 삶의 활력과 호기심, 실험정신을 높여주기 때문에 안전과 생존, 성장을 이끌어내는 소중한 마중물의 역할을 해준다.

스트레스의 긍정적인 의도와 기능을 잘 이해하고 스트레스에 대한 해석과 관점을 바꾸어 유연한 반응을 하게 된다면 스트레스가 우리 삶의 걸림돌이 아닌 디딤돌 역할을 하는 소중한 자원이 될 수도 있다. 그래서 스트레스는 좋은 것도 아니고 나쁜 것도 아니다. 다만 스트레스에 대한 우리의 이해와 해석, 반응에 따라 유해 스트레스가 될 수도 있고 쾌적 스트레스가 될 수도 있을 뿐이다.

끊임없는 스트레스

만성적인 스트레스가 우리에게 얼마나 나쁜 영향을 미치는지 굳이 설명을 따로 하지 않아도 모르는 사람은 없을 것이다.

유익한 영향을 미치는 적절한 스트레스는 심리적, 생리적, 신체적인 내성과 적응력을 향상시켜 면역력을 높이고 삶의 활력을 증진시키지만 반대로 유해한 영향을 미치는 만성적인 스트레스는 내성과 적응력에 심각한 문제를 일으키게 된다. 유해한 만성적인 스트레스가 심리적, 생리적, 신체적인 기능에 장애를 일으킬 뿐만 아니라 심각한 질병을 유발하여 안전과 생존까지 위협을 가하기 때문이다.

이러한 유해한 스트레스에 제대로 반응하지 못해 자신의 안정된 기저선을 회복시키는 항상성을 잃어버리게 되면 신체 장기와 기능에도 심각한 문제를 일으키게 되는데 그중에서 가장 먼저 심장에 큰 부담을 주고 혈관 건강에도 치명적인 손상을 준다.

안전과 생존을 위협하는 외부의 스트레스 요인에 반응하여 싸움-도피 반응이 활성화되기 시작할 때 뇌가 할 수 있는 가장 중요한 선택과 반응은 자신의 안전과 생존을 위해 신속하게 관련된 화학물질을 다량으로 분비시키고 신경회로를 활성화시켜 최상의 각성상태를 만들어 민첩하게 움직이는 것이다.

그러므로 스트레스 상황에서 마음과 몸이 빠른 선택과 반응을 하려면 최상의 각성상태를 만들기 위해 필요한 호르몬인 아드레날린이 신속하게 분비되어야 한다. 아드레날린이 신속하게 분비되면서 교감신경계를 활성화시키게 되면 심장박동을 증가시키고 혈압을 올려 더 많은 산소를 팔과 다리의 큰 근육에 공급하여 싸움-도피에 가장 이상적인 준비를 갖출 수 있게 만든다.

그러나 신체반응이 갑작스럽게 지나친 각성상태로 자주 활성화되면 심장에 무리를 주거나 관상동맥의 혈관에 손상을 입히게 되는 부작용이 생기게 된다. 이렇게 동맥 내 손상을 입은 자리에는 끈끈한 침착물이 쌓여 막히게 되면서 우리의 안전과 생존을 위협하는 동맥경화를 초래하는 단계에 이른다. 스트레스로 인한 각성상태가 안전상태를 유지하는 역치를 뛰어넘거나 만성이 되면 혈압이 급상승하면서 혈관이 막혀 심근경색을 야기할 수도 있다. 이러한 비극적인 상황을 악화시키는 주범이 바로 스트레스이다.

보면 그레이 의과대학의 제이 카플란의 연구에 따르면 서열이 안정된 무리와 서열 경쟁이 계속되는 불안한 무리의 우두머리를 2년 후 평가했을 때 서열이 불안정하여 계속 변하는 무리의 우두머리 원숭이에게서 동맥경화, 고지혈증, 심근경색 등이 더 많이 나타났다고 한다.

중요한 것은 인간도 스트레스 상황에 반복적으로 노출되면 스트레스에 취약하기는 원숭이와 별반 차이가 없다는 사실이다.

영국의 마거릿 대처 수상 재임 시절에 민영화가 진행 중이던 공무원 조직의 스트레스 관련 보고서에 의하면 혈압의 경우 고위 공무원이 가장 낮고 말단 공무원이 가장 높은 결과가 나왔다. 이러한 결과는 말단 공무원이 안전과 생존에 관련하여 상대적으로 더 많은 스트레스를 받고 있었기 때문이다. 혹독한 민영화 과정에서 평생 보장될 것 같았던 안정된 직장이 불안정해지면서 순식간에 생존을 걱정해야 하는 전쟁터에 내몰리게 된 사람들이 겪는 혼란은 엄청난 스트레스가 될 수밖에 없는 것이다.

처음에는 스트레스 요인이 스트레스 반응을 일으키지만 문제가 해결되지 않는 만성적인 스트레스에 노출되어 각성과 긴장, 불안상태가 오랜 기간 지속되면 스트레스 요인이 주어지지 않는 상황에서도 끊임없이 스트레스 반응을 일으키는 중독상태를 만들게 된다. 중독이란 우리의 의지와 상관없이 특정한 패턴이 반복되는 것을 말한다.

우리 뇌가 가진 별명이 착각의 챔피언이다. 착각의 챔피언인 뇌는 그 무엇이든 반복하면 그것을 사실로 받아들이고 그것에 대한 믿음을 만들어 스스로 그 믿음에 통제당한다. 그것이 착각에 의한 스트레스 반응이라 할지라도 오랜 기간 반복되면 그것에 대한 강력한 신념체계를 만들어버리기 때문에 자기 자신을 스스로 망가뜨리게 된다.

스트레스 상태

    스트레스 반응은 어떤 특정한 요인에 의해 마음과 몸이 비정상적으로 각성되거나 긴장된 상태를 알아차리고 자신의 안전과 생존을 위해 원래의 안정된 기저선과 항상성을 되찾으려는 긍정적인 시도로 볼 수 있다. 스트레스 요인에 의해 신체가 스트레스 반응상태가 되면 몸은 비상상태에 효율적으로 대응하기 위해 평소에 저축해두었던 에너지를 신속하게 동원할 수 있도록 준비태세를 갖춘다.

    위협상황에 신속하게 에너지를 동원하여 최상의 반응을 할 수 있는 준비상태로 각성시키게 되면 신체가 더 이상 정상적으로 에너지를 저축하지 못하도록 억제시키게 된다. 위협상황에서 싸움과 도주 반응을 위해 심박수, 혈압, 호흡량을 증가시키고 위협상황에 효율적으로 대응할 수 있도록 팔과 다리의 큰 근육에 에너지가 즉시 동원될 수 있는 완벽한 준비상태를 만들어야 하기 때문이다.

우리 뇌가 위기상황에서 가장 우선적으로 여기는 것은 자기 자신의 안전과 생존을 지키는 것이다. 그렇기 때문에 눈앞의 위기상황에서 자신의 안전과 생존을 위해 당장 필요 없는 모든 시스템을 억제하거나 중지시켜버린다. 그래서 안전과 생존에 당장 급하지 않는 기능들의 작동을 일시적으로 멈추게 되는 것이다.

외부의 위기상황에 의해 스트레스를 받고 있는 동안에는 당장 위급한 상황에 적응하기 위한 에너지를 사용해야 하기 때문에 소화기관의 기능을 최대한 억제할 수밖에 없다. 지금 눈앞의 위기상황에 신속하게 반응하기 위해 당장 사용해야 할 에너지를 소화작용을 원활하게 하는 데 사용하는 것이 효율적이지 않기 때문에 소화기능을 최대한 억제시키는 선택을 하게 되는 것이다. 그래서 심한 스트레스를 받게 되면 소화기능에 문제가 생기게 된다.

마찬가지로 스트레스 반응이 일어나고 있는 동안에는 정상적인 성장과 건강한 생리적인 기능도 일시적으로 미루어진다. 심한 스트레스를 받는 동안에는 생리와 성장에 필요한 에너지가 공급되지 않기 때문에 그러한 기능이 억제되거나 일시적으로 정지상태가 되는 것이다.

이렇게 되면 면역체계가 약화되어 여러 가지 질병에 걸릴 위험성이 높아지게 될 뿐만 아니라 여성의 경우 배란과 임신의 확률이 낮아지며 남성의 경우 성적 기능의 문제와 테스토스테론 분비가 줄어드는 부작용이 생기기도 한다. 이처럼 누적된 과도한 스트레스나 충격적인 스트레스는 심리적, 생리적, 신체적인 문제를 야기시킨다.

자기 자신의 생존과 안전을 지키기 위한 스트레스 반응은 지극히 정상적인 기전이며 스트레스 요인에 대한 가장 이상적인 적응능력이다. 특정한 스트레스 요인에 대한 스트레스 반응의 긍정적 의도와 기능은 당장 필요 없는 부분에 사용될 에너지를 자신의 안전과 생존을 위한 부분에 사용할 수 있게 전환해주는 것이다.

다시 한번 강조하지만 자기 자신이 통제할 수 있는 수준의 자극은 스트레스 반응에 의해 일시적으로 부정적인 상태에 놓이더라도 스트레스에 대한 적응과정에서 심리적 내성과 응집력이 강화되어 오히려 활력상태를 만들게 된다. 이처럼 통제 가능한 스트레스는 심리적, 생리적, 신체적인 활력뿐만 아니라 면역체계를 강화시켜 질병에 걸릴 위험성을 낮추는 긍정적인 효과가 생긴다.

다만 이러한 스트레스가 해소되지 못하고 오랫동안 지속될 때 스트레스 요인 자체보다 반복적인 스트레스 반응이 우리에게 더 파괴적인 영향을 미치게 되는 것이 문제가 된다. 왜냐하면 통제되지 않는 지나친 스트레스 반응은 조절 능력과 전체성이 결여된 상태를 오랫동안 지속하게 되면서 지나친 각성과 불안을 초래하여 심리적, 생리적, 신체적인 문제를 일으키는 원인이 되기 때문이다. 이와 같이 지나친 스트레스 상태를 지속하여 비효율적인 각성상태를 오랫동안 지속하게 되면 정신적, 신체적으로 회복할 수 없는 심각한 후유증을 남기게 될 수도 있다.

스트레스의 두 얼굴

　현대인들에게 스트레스는 일상적인 것이기 때문에 생활 자체가 스트레스이다. 반복적으로 겪게 되는 일상적인 스트레스가 제대로 해소되거나 발산되지 못하고 누적될 때 모든 질병의 원인이 된다.

　이처럼 현대사회에서 일상적으로 누구나 겪고 있는 스트레스는 삶이 우리에게 가하는 압력이라고 할 수 있으며 그것을 어떻게 느끼는가의 방식이라고 정의할 수 있다. 복잡하고 다변화된 사회구조 속에서 과도한 업무와 인간관계, 경쟁, 성공과 실패, 성적 위주의 학업, 사회적 비교 등으로 인하여 우리는 반복적으로 격렬한 스트레스에 노출된 상태로 살아가고 있는 존재이다.

　만약 지속적이고 격렬한 스트레스에 반복적으로 노출되어 심한 고통을 받게 되면 심혈관계 질환이나 순환계, 소화계, 면역체계, 정신적인 부분에 문제가 생겨 심리적, 생리적, 신체적인 장애를 가질 위험이 높아진다. 특히 만성적인 스트레스는 심리적으로 통합된 전체성에 구멍을 만들어 객관성과 합리성을 상실하여 편향되고 좁혀진 자신의 안전지대에 갇히게 되면서 우울증, 불안, 강박, 외상 후 스트레스 장애 등의 정신적인 문제까지 일으키게 된다.

그렇다고 모든 스트레스 반응 자체가 직접적으로 심리적, 생리적, 신체적 질환을 일으키는 것은 아니다. 우리의 몸과 마음은 스트레스가 주어지면 스트레스에 대항하는 싸움—도피 반응을 통해 안전과 생존에 유리한 상태를 만들기 위한 정상적인 방어기전을 가동시켜 스트레스에 적응하거나 극복할 수 있기 때문이다.

스트레스 반응은 위협적인 상황에 적응하기 위해 적절한 각성과 주의력을 강화하고 신체를 긴장시켜 최상의 반응을 할 수 있는 상태를 유지하는 건강한 기전이다. 이처럼 건강한 스트레스 반응을 통해 스트레스 요인이 제거되면 원래의 정상적인 상태로 되돌리는 항상성이 작동되어 방어기전이 마무리된다.

오히려 이렇게 스트레스 상황에 반응하고 적응되는 과정에서 내성이 더 강해지고 응집력이 높아져 마음의 쿠션을 강화시켜주는 긍정적인 효과까지 생긴다. 그래서 역치를 뛰어넘지 않는 적절한 스트레스는 우리 삶의 활력소이며 심리적 내성과 응집력을 높여주는 예방주사와 같은 긍정적인 기능을 하게 되는 것이다.

다만 이러한 건강한 스트레스 반응시스템을 망가뜨릴 정도의 너무 충격적이거나 반복적인 스트레스 자극은 중독된 패턴을 만들어 외상 후 스트레스 장애를 일으키는 심각한 요인이 되기도 한다.

스트레스가 감당하기 힘들 만큼 충격적이거나 만성적으로 활성화되면 심리적, 생리적, 신체적인 기능저하와 손상을 입게 될 뿐만 아니라 사회적 관계 능력에도 심각한 걸림돌을 갖게 된다. 그래서 스트레스가 두 얼굴을 가졌다고 하는 것이다.

첫 번째 얼굴은 긍정적인 느낌을 갖게 하는 쾌적한 스트레스이다. 쾌적한 스트레스는 자극이 일시적으로 부담이 되고 고통스럽기도 하지만 적절히 반응하며 적응하는 과정에서 현재의 스트레스 경험이 오히려 삶의 활력을 주어 건강한 면역체계를 강화하고 마음의 쿠션을 만드는 긍정적인 영향을 미치게 된다.

두 번째 얼굴은 부정적인 느낌을 갖게 하는 유해한 스트레스이다. 유해한 스트레스는 외부의 자극이나 압력 등에 적절히 반응하기 위해 에너지를 동원하지만 스트레스가 해소되지 못하고 지속되면서 우울이나 무력감, 불안과 같은 심리적인 문제를 일으키게 되고 심장질환, 고혈압, 당뇨, 궤양 등의 신체적인 문제까지 일으키게 된다.

쾌적한 스트레스와 유해한 스트레스는 자신의 현재 상태와 관점, 마음의 쿠션에 따라 다르게 선택되는 것이다. 또한 주어지는 스트레스의 강도와 발생 빈도, 지속시간, 종류에 따라 달라지기도 한다. 쾌적한 스트레스는 우리 삶의 긍정적인 자원으로써 활력과 도전, 호기심, 생산성, 창의력을 높여주지만 유해한 스트레스는 부정적인 제한 신념과 신체적인 질병을 유발하여 삶을 피폐하게 만드는 요인이 될 수도 있다.

건강한 스트레스

최근 통계자료에 의하면 신체적인 문제로 병원을 찾는 사람들 중 90%가 스트레스와 관련된 심리적인 문제를 함께 가지고 있다고 한다. 스트레스는 몸의 정상적인 균형이 무너진 상태를 말하는 것이다.

우리가 스트레스에 반응하는 것은 원래 갖고 있던 안정적이고 편안함을 주는 균형과 항상성을 회복하기 위한 우리 몸의 정상적인 활동이라고 할 수 있다. 우리 몸은 만성적인 스트레스 상황이나 닥쳐올 미래의 스트레스 요인 때문에 민감해지면 그 상황에 맞는 몸의 반응상태를 유지하며 스트레스에 반응할 수 있도록 몸을 새롭게 세팅한다.

이것은 안전과 생존을 위한 지극히 정상적인 반응이며 건강한 상태로 이해할 수 있는 것이다.

우리 몸은 균형을 무너뜨리는 스트레스에 대해 어떤 형태로든 반응을 하고 그것을 해소하여 현재의 상태를 긍정적으로 유지하게 되는데 그 과정에서 놀라운 적응능력을 가지게 되면서 심신의 건강과 삶의 활력을 얻게 된다. 오히려 스트레스가 없는 따분한 삶은 우리를 비활동성으로 만들어 건강한 생존 자체가 불가능한 존재로 만들 수도 있다.

그래서 스트레스를 잘 활용할 수 있는 멘탈적 능력을 갖게 되면 스트레스가 우리 삶을 활력 있고 건강하게 만들어주는 중요한 자극제로 작용하게 될 수도 있는 것이다.

이처럼 생활 속에서 견딜 수 있을 만큼의 적절한 스트레스는 우리의 생존을 위한 적응력과 면역기능을 향상시키는 긍정적인 역할을 해준다. 예를 들어 일상생활 속에서 운동을 할 때 사용되는 거친 호흡과 근육에 대한 저항은 신체의 스트레스로 작용되지만 우리 몸은 그러한 스트레스에 적응하여 몸을 한 단계 업그레이드하게 되면서 건강하고 활력 넘치는 상태를 유지할 수 있게 되는 것이다.

너무 충격적이거나 과도한 스트레스가 아니라면 스트레스는 우리 삶의 건강한 에너지가 된다. 다만 스트레스가 너무 자주 반복되거나 오래 지속되면 우리 몸의 정상적인 항상성을 유지해주는 자연 회복력을 상실하게 만들어 습관화시켜버리기 때문에 문제가 될 수 있다.

또한 너무 급격하거나 과도한 스트레스는 우리의 건강한 자원과 활력을 사용하지 못하는 상태를 만들어 질병에 취약한 상태가 되기 때문에 주의를 기울여야 한다.

이처럼 스트레스 자체가 나쁜 것이 아니라 스트레스에 반응하는 과정에서 잘못 조건형성된 허약한 심신의 상태가 지속적으로 나쁜 스트레스를 만들기 때문에 스트레스를 나쁘다고 하는 것이다.

나쁜 스트레스

일반적으로 사람들은 스트레스가 무조건 나쁜 것이라는 편향을 가지고 있다. 마치 스트레스가 모든 사람들에게 똑같은 강도로 작용해 삶의 족쇄가 된다고 믿는 것이다. 하지만 현실에서 스트레스는 여러 가지 형태와 크기, 다양한 강도로 다르게 다가오기 때문에 스트레스의 종류에 따라 삶의 디딤돌이 될 수도 있고 걸림돌이 될 수도 있다.

사람들이 가진 저마다 다른 세상모형과 마음의 쿠션 상태에 따라 어떤 사람은 다른 사람들보다 스트레스를 더 많이 받고 또 어떤 사람은 스트레스에 유연하게 대응하여 대수롭지 않게 스트레스를 극복한다. 이처럼 우리가 겪게 되는 스트레스가 저마다 다른 이유는 스트레스 요인에 대해 어떻게 해석하고 대응하는가에 따라 스트레스가 긍정적인 기능을 하기도 하고 부정적인 기능을 할 수도 있기 때문이다.

우리가 염려하는 것은 우리에게 부정적인 영향을 미치게 되는 나쁜 스트레스이다. 나쁜 스트레스가 위험한 이유는 그것이 건강문제의 중요한 원인이 되며 나이가 듦에 따라 더 증가하는 경향이 있기 때문이다. 나쁜 스트레스는 몸의 면역체계를 쇠약하게 만들고 심장박동에 변화를 초래해 부정맥이나 치명적인 심장질환을 일으킬 수도 있다.

일상생활 속에서 반복적으로 경험하게 되는 스트레스는 여러 가지 범주로 나눌 수 있으며 이러한 스트레스는 우리의 마음과 몸에 각각 다른 영향을 미치게 된다.

첫째, 지속적인 저강도 스트레스이다.

사회적 존재인 인간은 다양한 관계 속에서 다른 사람들과 소통하며 더불어 살아간다. 서로 다른 유전과 학습, 경험을 통해 서로가 다른 세상모형을 가지고 살아가고 있기 때문에 다른 사람들과의 관계 속에서 끊임없이 스트레스가 만들어지는 상황에 노출될 수밖에 없다.

스트레스가 없는 삶은 존재하지 않는다. 이러한 상황에서 스트레스를 완전히 없애려고 아무리 노력을 해도 스트레스를 완전히 없앨 수도 없고 그러한 노력이 바람직한 것도 아니다. 오히려 저강도 스트레스에 대한 해석을 긍정적으로 바꾸고 스트레스에 대응하는 심리적 내성과 응집력을 길러 마음의 쿠션을 강화시키는 것이 더 좋은 선택이 된다.

지속적인 저강도 스트레스는 우리의 자유의지로 얼마든지 통제할 수 있으며 그러한 극복과정에서 오히려 마음의 쿠션이 강화되고 긍정적인 세상모형이 만들어진다.

둘째, 위협적인 중강도 스트레스이다.

중강도 스트레스는 지속적인 저강도 스트레스보다 훨씬 더 위협적인 스트레스이지만 많은 사람들이 별것 아닌 것으로 생각하며 참고 넘긴다. 하지만 스트레스가 미해결된 과제로 억압되어 남게 되면 일상생활 속에서 지각하지 못하는 가운데 극도의 예민한 상태와 과잉반응을 하게 만든다. 경제적인 여유나 휴식이 없어 만성적인 피로에 쌓인 생활패턴, 가족간의 갈등, 대인관계, 승진, 시험, 사회적 비교 등에서 반복적으로 경험하게 되는 스트레스가 끊임없이 자신을 자극하고 괴롭히는 부정적인 순환고리를 만들게 된다.

다행히 이러한 중강도 스트레스를 주는 문제가 자신의 노력으로 해결이 되면 스트레스를 쉽게 극복할 수 있지만 복잡한 사회적 관계와 환경적인 요인이 자신의 노력만으로 모든 스트레스를 해결하는 것이 쉽지 않은 것이 현실이다. 인간의 뇌가 가진 탁월한 신경가소성은 이러한 중강도 스트레스를 극복할 수 있는 내성과 응집력을 가지고 있기 때문에 제대로 대처만 할 수 있다면 얼마든지 극복이 가능하다.

셋째, 충격적인 고강도 스트레스이다.

이 단계에 속하는 사람들은 자신의 의지만으로 파괴적인 스트레스 상황에서 벗어나는 것이 쉽지 않을 수도 있다. 그렇다고 이러한 스트레스 상황에서 벗어나는 것이 전혀 불가능한 것은 아니다. 왜냐하면 인간의 뇌가 가진 놀라운 가소성과 적응능력을 활용할 수 있게 되면 이 단계의 스트레스도 충분히 극복이 가능하기 때문이다.

반복적인 가정폭력, 따돌림, 이혼이나 이사, 이직, 해고, 연인과의 이별, 가족의 죽음, 질병, 파산, 자연재해 등과 같은 충격적인 사건이나 사고에 의해 경험하게 되는 스트레스는 평소의 안정적인 항등성을 유지시키는 심리적 내성과 응집력을 파괴하는 힘을 가지고 있다.

이 범주의 스트레스를 반복적으로 겪으며 나쁜 감정상태에 오래 머물게 되면 부정적인 경험이 뇌에 선명하게 기억되어 외상 후 스트레스 장애를 갖게 될 수도 있기 때문에 각별히 주의해야 한다.

스트레스가 오랫동안 지속되면서 완전한 중독상태에 빠지게 되면 생리적, 신체적인 기능이 과잉반응을 할 수도 있고 반대로 급격히 떨어져 빠르게 늙어가거나 면역력이 급속히 떨어지면서 질병에 걸리기 쉬워지고 여러 가지 심리적인 문제를 일으키게 될 수도 있다.

그래서 세 가지 유형의 스트레스에 대한 이해와 대처전략을 개발하고 마음의 쿠션을 강화시킬 수 있는 시스템을 구축하는 것이 필요하다.

첫 번째 스트레스는 우리의 마음과 몸 상태를 일시적으로 지치고 피곤하게 만들 수 있지만 그것이 반드시 나쁘다고 할 수는 없다.

이 단계의 일시적인 스트레스는 극복과정에서 심리적 내성과 응집력을 길러주어 마음의 쿠션을 강화시켜주기 때문에 건강과 성취를 위한 소중한 디딤돌이 될 수 있다.

하지만 나머지 두 가지 스트레스는 해결되지 못하고 오랫동안 지속되면 중독된 습관의 순환고리를 만들어 소리 없이 우리의 마음과 몸을 망가뜨리게 된다. 그래서 스트레스의 작용기전과 합리적인 대처방법에 대한 공부와 멘탈 훈련이 필요한 것이다.

스트레스의 기능

마음과 몸은 심신상관성에 의해 긍정적인 요인과 자극이 생기면 긍정적인 상태를 활성화시키기 위해 서로를 돕는 상보적인 관계로 연결된 하나의 시스템으로 작동된다. 반대로 심신상관성에 의해 부정적인 요인과 자극이 생기면 부정적인 상태를 활성화시키기 위해 서로를 돕는 나쁜 순환고리를 만들게 되는 하나의 시스템으로 작동한다.

그래서 마음의 변화가 원심성에 의해 신체적인 변화와 연결되고 신체적인 변화가 구심성에 의해 마음의 변화와 연결되는 것이다.

이러한 이유로 마음과 몸은 구분은 할 수 있지만 분리될 수 없는 전체성으로 작동되고 있다. 우리가 겪고 있는 신체적 질환의 약 80%가 심리적 요인에 의해 생긴다고 할 정도로 마음과 몸은 하나의 전체성으로 작동되고 있는 것이다.

특히 지속적인 스트레스는 우리의 마음뿐만 아니라 신체에도 직접적으로 부정적인 영향을 미치기 때문에 지금 현재의 스트레스를 제대로 관리하지 못하고 오랫동안 방치하거나 억압하게 되면 나중에 혹독한 대가를 치러야 할지도 모른다. 이처럼 지나친 스트레스가 오랫동안 지속되면 정신적인 건강과 신체적인 건강을 해칠 뿐만 아니라 사회적인 관계 능력에도 부정적인 영향을 미치게 되어 다른 사람들과의 관계에서 불필요한 갈등을 겪게 되고 심한 경우 원망과 싸움으로 발전되어 관계의 단절을 겪게 되기도 한다.

건강에 직접적인 영향을 미치는 스트레스의 원인이 나쁜 상황에서 받는 자극이나 압력 때문이라고 생각하기 쉽지만 좋은 상황에서도 스트레스가 얼마든지 생길 수 있다. 예를 들어 게임이나 도박을 하는 모습을 자세히 관찰해보면 그 순간에 고통뿐만 아니라 쾌락과 행복을 경험하기도 하는데 그럴 때 스트레스를 경험하게 된다는 것을 알 수 있는 것이다. 그러한 스트레스가 통제 가능한 것이거나 중독된 패턴을 만들지 않는다면 크게 문제가 되지는 않는다.

우리의 삶에서 스트레스가 없다면 좋을 것 같지만 스트레스가 하나도 없게 된다면 아무런 자극도 느끼지 못하고 호기심도 없어지며 스트레스에 대한 적응과 극복과정에서 형성되는 심리적 내성과 응집력도 생기지 않기 때문에 정상적인 사회생활이 힘들어진다. 그리고 안전하고 건강한 생존 자체가 불가능할 수도 있다. 스트레스가 우리에게 나쁜 영향을 미치기도 하지만 스트레스가 있기 때문에 우리는 더 나은 존재로 진화할 수도 있는 것이다.

어떻게 보면 우리의 삶 자체가 스트레스의 연속이며 스트레스에 적응하는 과정에서 우리의 존재와 정체성이 강화되어간다고 볼 수 있다.

스트레스를 일으키는 긍정적인 의도는 환경의 자극과 상황에 대한 적응능력을 향상시켜 안전과 생존에 더 유리한 상황을 만들기 위한 것이다. 그렇기 때문에 스트레스 자극에 적응하고 그것에 대한 내성을 키우게 된다면 스트레스가 삶의 걸림돌이 되는 것이 아니라 삶의 소중한 디딤돌이 될 수도 있다.

공부, 일, 운동, 인간관계, 목표, 새로운 과제, 시련 등은 일시적으로 교감신경을 과잉 활성화시키고 관련된 화학물질을 분비시키게 되면서 스트레스를 일으킨다. 이러한 스트레스 요인에 대한 알아차림과 접촉을 통해 스트레스에 적응하거나 극복하는 과정에서 부교감신경이 활성화되면 원래의 정상적인 상태로 되돌려놓는다. 이와 같이 스트레스에 대한 적응과 극복과정에서 일시적으로 심리적, 생리적, 신체적인 고통을 느끼기도 하지만 그것이 자신의 심리적 내성과 건강한 성장을 돕는 밑거름이 되기도 하는 것이다.

중요한 것은 스트레스에 적응하고 극복할 수 있는 자신의 심리적 내성과 응집력이 어느 정도이냐에 따라 스트레스가 자기 자신을 제한하는 삶의 걸림돌을 만들기도 하고 자신의 잠재된 능력을 활용할 수 있는 디딤돌을 만들기도 한다는 사실이다. 그렇기 때문에 우리의 마음 상태가 좀 더 건강할 때 미리 멘탈에 대한 공부와 훈련을 통해 마음의 쿠션을 강화시키는 것이 필요하다.

스트레스 작용

스트레스는 어떠한 형태로든 우리에게 고통스러운 자극을 주어 일시적으로 부정적인 영향을 미치게 되지만 우리 몸의 심리적, 생리적인 시스템을 적절히 항진시켜 상황 변화나 위협상황에 대처할 수 있는 능력을 향상시켜주기도 한다.

우리가 스트레스를 전혀 느낄 수 없다면 일시적으로 편안함과 안정감을 느끼게 될 수도 있지만 환경에 대한 적응력과 내성을 강화할 수 있는 기회를 상실하게 될 수도 있기 때문에 스트레스를 알아차리고 정상적인 반응을 하는 것은 매우 중요하다. 만약 스트레스가 없는 삶이 존재한다면 안전과 생존을 위한 최소한의 쿠션도 가지지 못해 외부 자극과 충격에 건강한 반응을 할 수 없게 될 수도 있기 때문이다.

이처럼 스트레스는 위협적인 사건이나 사고, 전쟁, 자연재해 등으로부터 안전과 생존을 지켜주는 매우 중요한 기능을 한다. 가장 적절한 각성수준을 유지시켜 최상의 반응을 할 수 있게 해주기 때문이다.

외부의 위협상황에 따라 적절한 스트레스가 일어나게 되면 아주 높은 집중력이 생기고 반응시스템이 빨라지며 에너지가 넘치게 된다.

외부의 스트레스 요인에 대해 싸움을 할 것인지 도망을 갈 것인지 빠르게 반응할 수 있게 해준다.

그렇기 때문에 스트레스가 무조건 나쁜 것이라는 관점은 잘못된 것이며 오히려 스트레스를 견디고 극복하는 과정에서 내성과 응집력이 생겨 심리적, 생리적, 신체적인 유연성을 강화시키게 된다.

스트레스가 길지 않거나 강도가 견디기 힘들 만큼 충격적이고 강한 것이 아니라면 스트레스 자체가 우리에게 무조건 나쁜 영향만 미치는 것은 아니다. 오히려 삶의 활력과 더불어 마음의 쿠션을 강화시켜주는 소중한 자원이 되기도 하는 것이다.

이처럼 스트레스가 심리적, 신체적인 반응을 항진시켜 좋은 영향을 미치게 될 수도 있지만 만약에 스트레스가 완화되지 않고 오랫동안 지속되면 심리적, 생리적 반응이 과잉 각성된 상태의 기저선을 만들어 원래의 건강한 상태로 회복하는 것이 쉽지가 않게 된다. 통제되지 않는 과도한 스트레스가 오랫동안 지속되면 심장발작, 암과 같은 각종 질병에 노출되기 쉽고 수면 부족, 도박, 게임, 약물 의존성, 과소비 등의 문제가 발생할 수도 있다.

또한 만성적인 스트레스가 심리적, 생리적, 신체적인 여러 가지 장애를 갖게 만들 뿐만 아니라 건강한 인간관계 능력에도 문제를 일으키게 된다. 이러한 복합적인 문제로 인하여 만성적인 스트레스가 부정적이고 비합리적인 신념과 세상모형을 만들게 되면 원만한 관계 능력에 문제가 생기게 되는 것이다. 스트레스의 작용 경로는 신경계와 스트레스 호르몬 사이의 상호작용으로 이해할 수 있으며 시상하부와 뇌하수체, 부신축이라는 호르몬 시스템으로 이루어진다. 호르몬이 세 가지 분비샘 사이에서 피드백 고리의 형태로 주기를 보인다.

예를 들어 숲속에서 집채만 한 곰을 만나거나 총을 든 강도를 만났을 때처럼 충격적인 사건이나 자극이 주어지면 고강도 스트레스를 받게 된다. 이때 뇌의 기저에 있는 시상하부에서 호르몬이 분비되어 뇌하수체에 작용해 다른 호르몬인 부신피질 자극호르몬을 분비시킨다. 그리고 이 호르몬은 부신의 분비샘에서 코르티솔을 분비하라는 신호를 보내고 아드레날린의 생산과 분비를 촉진시킨다.

이렇게 다량으로 분비된 아드레날린은 혈압과 맥박을 올리고 코르티솔은 당분을 포도당의 형태로 내보내 근육과 뇌의 연료로 사용할 수 있게 만든다. 곰이 사라져 스트레스 요인에 의한 스트레스 상황이 종료되었거나 자기 자신이 상황을 완전히 통제하여 안전하다는 판단이 서게 되면 스트레스를 지속하는 피드백 고리의 주기를 닫기 위해 코르티솔이 시상하부로 가서 부신피질의 호르몬 생산을 중단하게 만든다. 그러면 스트레스가 사라지고 분비되던 호르몬은 다시 정상으로 돌아간다. 이것이 바로 스트레스의 정상적인 작용기전이다.

자율신경계의 스트레스 조율

우리는 살아가면서 누구나 스트레스를 겪을 수밖에 없다.
그러한 스트레스에 반응하며 심리적 내성과 응집력을 키우고 외부적
자극이나 충격에 견딜 수 있는 마음의 쿠션을 만드는 것이 중요하다.
다만 스트레스가 정상적인 수준의 역치를 뛰어넘을 정도로 충격적이거
나 원래의 정상적인 기저선을 회복시키지 못할 정도로 오랫동안 지속
되면 심혈관계에 큰 부담을 주게 된다.

자동차 엔진에 심한 부하가 지속되면 엔진에 무리가 생겨 결국 운행
을 하지 못하는 극단적인 상황이 생길 수 있듯이 사람도 과도한 스트
레스로 심장에 지속적인 과부하가 걸리면 원래의 정상적인 기저선을
회복하기 어려운 위험한 상황이 생길 수도 있는 것이다.

심장은 복잡하게 얽힌 스트레스 반응시스템의 중앙에 위치해있기 때
문에 근본적으로 스트레스 반응에 과부하를 일으키는 취약성을 가지

고 있을 수밖에 없다. 신체가 스트레스 자극에 적절하게 반응을 하기 위해서는 평소보다 혈류량을 증가시키고 에너지를 즉각적으로 동원할 수 있도록 준비시켜 각성상태를 유지해야 하기 때문에 심장이 더 많은 부하를 받게 되는 것이다.

심장박동수는 일반적으로 60~100회 정도를 정상으로 보며 평소 휴식상태에서는 60회 전후로 편하고 안정적으로 뛰지만 스트레스 자극에 반응하거나 격렬한 활동을 하는 동안에는 150회 이상으로 심장박동수를 급격하게 증가시킨다. 스트레스 위기상황에서는 심장이 해야 할 일이 많아지기 때문에 다양한 신체적, 생리적 스트레스 반응을 견디기 위한 작업 상태로 전환시키게 되는 것이다.

이러한 전환 능력은 뇌와 신체가 직접 연결되는 자율신경계에 의해 일어난다. 자율신경계는 눈, 침샘, 후두, 심장, 폐, 위, 장, 신장, 생식기들 사이에 촘촘하게 연결된 신경통로를 통해 뇌의 가장 원시적인 뇌간 부분을 신체의 모든 부분들과 연결해준다.

자율신경계는 위험과 안정상태의 어느 지점에서 가장 이상적인 각성상태를 유지하기 위해 최선을 다한다. 이러한 자율신경계의 시스템은 자신이 처한 외부적 요구에 효율적으로 반응하여 활성화 정도가 달라진다. 자율신경계는 환경적인 스트레스 자극과 상황에 대처하는데 필요한 최선의 신체활동을 일으키지만 스트레스 상황이 종결된 이후에는 신체가 각성된 상태에서 생긴 문제를 해결하고 원래의 기저선 상태로 회복하여 안정화될 수 있도록 돕는 역할까지 한다.

우리 안에서 일어나는 각성과 이완에 관련된 교감신경계와 부교감신경계의 상반된 능력은 개별적이면서도 상호보완적인 요소들에 의해 달라진다. 먼저 스트레스 요인에 의해 교감신경계가 활성화된다.

그다음에 신체기관에서 뇌로 올라가는 신경망인 구심성 신경계가 마치 전화통신망처럼 작용해서 뇌는 신체에서 보내온 모든 메시지를 접수한다. 마지막으로 상황이 종결되면 부교감신경계가 활성화되어 이전의 안전한 상태로 복구해놓는다.

좀 더 세부적으로 살펴보면 스트레스로 인해 교감신경계가 활성화되면 심장박동수가 급격히 증가하고 혈압이 상승하며 많은 땀이 분비되고 머리카락이 쭈뼛해지는 느낌 등 여러 가지 예민한 감각들을 일으킨다. 이러한 부정적인 예민한 감각들을 일으키는 것은 교감신경계가 새로운 자극과 충격, 소음, 통증 등 외부환경의 신호에 과잉반응하여 심장박동을 빠르게 하고 혈압을 상승시키며 동공을 확대하고 소화계를 느리게 만들기 때문이다.

더불어 감각신호를 해석하여 운동뉴런들이 스트레스 반응을 위해 움직이거나 변화하라는 신호를 전달하여 신체적인 움직임이 일어나게 만든다. 이때 사용하는 신경전달물질이 우리에게 너무나 익숙한 호르몬인 아드레날린이다.

생리적 불쾌감과 인지적 불안은 심장이 자극을 받아 갑자기 빨리 뛰는 심계항진 때문에 생긴다. 생리적으로 생긴 심계항진 자체는 활력이 될 수도 있는 자연스러운 상태이지만 그것을 어떻게 해석하는가에 따라 활력으로 느낄 수도 있고 불안으로 느낄 수도 있다. 그래서 생리적 각성상태에서의 심계항진에 대해 인지적으로 불안을 느끼지 않는다면 신체적인 위험신호가 되지 않는다. 중요한 것은 너무 과한 인지적 불안이 없다면 더 이상의 생리적, 신체적 불안을 일으키지 않기 때문에 불안의 순환고리를 만들지 않게 된다는 사실이다.

이때 만약 잘못된 해석에 의해 스트레스 자극을 아주 위험한 상황으로 잘못 인지하게 되면 생리적, 신체적인 과한 각성상태를 만들게 된다. 이러한 각성상태가 구심성으로 인지적 불안을 더 높여 헤어나기 어려운 불안의 순환고리를 만들어버린다. 스트레스로 인해 생긴 감각들을 뇌로 보내 전체성으로 처리하려면 또 다른 신경시스템들이 심장, 위, 다른 기관에서 뻗어 나와 뇌로 연결되어야 한다. 즉, 신경시스템들이 신체에서 벌어지는 사소한 일들까지 모두 뇌에 정보를 피드백하여 전체성으로 처리할 수 있게 하는 것이다.

이런 되먹임 신경망을 '내장 구심성 신경계'라고 한다.
이 시스템에 의해 우리의 주관적인 인식과 사고, 감정이 생겨나기 때문에 뇌는 몸의 신호에 의해 반응하는 상관성을 가지고 있는 것으로 볼 수 있다. 이런 원리로 본다면 감정이란 것도 신체가 보내는 스트레스 신호를 지각하여 영향을 받고 있는 것으로 볼 수 있는 것이다.
즉, 내장 구심성 신경계를 통해 의식으로 전달되는 다양한 피드백 신호는 지금 일어나는 일들이 스트레스인지 아닌지의 여부와 그로 인한 반응을 결정짓는 주요한 요인이 된다.

걷잡을 수 없는 회오리바람처럼 요란스럽게 설치던 불안의 순환고리를 만든 스트레스 상황이 완전히 종료되면 부교감신경계가 자율신경계를 원래의 안정적인 상태로 되돌려놓는다. 즉, 스트레스 요인으로 발생한 자극과 위협에 즉시 반응할 수 있는 민감한 각성상태의 경계경보가 해제되면 반사적이거나 응급적인 반응을 중단시키고 신체가 안정적인 내적 상태를 유지하는 기능에 우선순위를 부여하도록 하여 처음의 안정된 기저선을 회복시키게 되는 것이다.

부교감신경계는 각성된 상태를 다시 이완시키기 위해 심장박동을 느리게 하고 동공을 수축시키며 소화를 촉진하고 괄약근을 이완시켜 원래의 정상적인 안정된 기저선 상태로 완전한 회복을 시킨다.

교감신경계의 원활한 작용이 외부 자극과 충격, 위협에 대응할 수 있는 최상의 각성상태를 유지하게 만들었듯이 부교감신경계의 원활한 작용은 편안하고 안정적인 건강한 상태에서 반응을 할 수 있는 기저선을 회복하는데 필수적이다.

스테판 포지스는 "스트레스는 외적 욕구에 반응하여 내적 욕구가 지배당하는 상황을 반영한다"라고 했다. 이 말은 스트레스로 인해 발생한 환경적 자극과 도전이 종료되면 부교감신경계는 신체의 우선권을 다시 내적 욕구를 만족시키는 시스템으로 되돌려 안정된 기저선 상태를 유지한다는 뜻이다.

하지만 이러한 스트레스 상황에서의 부정적인 자극이 너무 오랫동안 지속되거나 비정상적인 상황이 반복되면 자율신경계가 균형을 잃게 되어 통제불능 상태가 된다. 그렇게 되면 부교감신경계는 신체의 계속되는 욕구를 채우거나 조절할 수 없게 되어 결국 스트레스 요인에 과민반응하는 악순환의 고리에 갇혀 일상생활을 정상적으로 하는데 걸림돌을 가질 뿐만 아니라 안전과 생존에까지 위협을 받게 되는 것이다.

스트레스와 미주신경

"스트레스가 만병의 근원이다"라는 말속에는 스트레스의 부정적인 의미가 과잉 내포되어 있다. 이처럼 많은 사람들이 스트레스가 무조건 나쁘다는 잘못된 인식을 갖고 있으면서도 실제 생활 속에서 스트레스를 제대로 관리하지 못하고 오히려 스트레스에 중독된 패턴을 가진채 살아가는 경우가 많다.

일반적으로 스트레스가 무조건 나쁘다는 왜곡된 인식을 갖고 있는 경우가 많은데 일상생활 속에서 우리의 건강을 해치는 것은 유해 스트레스이다. 유해 스트레스가 자율신경계와 관련된 심리적, 생리적, 신체적인 여러 가지 문제를 일으키게 되는 것일 뿐 스트레스가 모두 나쁜 것은 아니다. 오히려 쾌적 스트레스는 일시적으로 교감신경계를 활성화시켜 긍정적인 각성상태를 만들고 상황이 종료되면 원래의 기저선을 회복하는 과정에서 심리적 내성과 응집력을 더 강화시켜준다.

이러한 스트레스에 반응하는 과정에서 교감신경계와 부교감신경계의 상반된 활성화 상태를 오가며 통합적으로 자율신경계를 조율하는 심장의 역할이 광범위해질 수밖에 없어진다. 그래서 스트레스가 심장박동수를 증가시키고 혈압을 상승시키게 되는 것이다. 스트레스로 인해 영향을 받게 되는 심장과 자율신경계는 개념상 구분은 되지만 서로 상관성을 가지고 전체성으로 함께 작용하기 때문에 큰 틀에서 보면 하나의 시스템으로 볼 수 있다.

우리가 어떤 특정한 요인에 의해 스트레스 반응이 일어나기 위해서는 교감신경계가 활성화되어 심장을 빨리 뛰게 만들거나 스트레스 자극에 의한 반응으로 심장을 빨리 뛰게 해야 한다. 심장이 빨리 뛰어야 각성된 신체를 조율할 수 있기 때문에 심장의 역할이 중요한 것이다.

이처럼 심장을 빨리 뛰게 만들었던 스트레스 상황이 종료되어 스트레스원이 완전히 소멸되거나 해소되면 미주신경은 심장박동을 느리게 만들어 원래의 안정된 기저선 상태를 회복시킨다.

이와 같이 미주신경은 스트레스로 인해 교감신경계가 과잉 활성화되어 심장이 지나치게 뛰는 것을 막고 스트레스의 지속 상태 때문에 신체건강이 망가지는 것을 막는 중요한 역할을 한다. 만약 미주신경 메커니즘이 정상적으로 작동하지 못하는 상태가 되면 심장과 신체기관이 과부하가 걸리게 된다.

우리가 살아가면서 생명을 유지하기 위해 평생 작동하게 되는 것이 심장이다. 심장과 관련된 호흡훈련도 미주신경과 관련이 있다.

호흡훈련은 자율신경계를 안정화시켜 심리적 내성과 응집력을 키워주기 때문에 멘탈 훈련과정에서 기본적으로 실시하는 중요한 기법이다.

우리가 숨을 들이마실 때는 교감신경이 활성화되면서 심박이 약간 증가하게 되는데 이때 미주신경 통제는 약해진다. 반대로 숨을 내쉴 때는 부교감신경이 활성화되면서 심박이 감소하게 되는데 이때 미주신경의 영향을 받게 된다.

미주신경의 작용이 우리 마음과 몸을 안정적이고 편안한 상태로 유지시키는 것이기 때문에 미주신경의 긴장이 중요한 의미가 있다. 미주신경 긴장도가 높거나 낮아지면 심박의 변화가 일어나게 되는데 이것은 미주신경의 역할이 늘어나거나 줄어드는 만큼 미주신경의 역할을 대신하는 심박의 변화가 일어나고 있음을 의미한다.

만약 만성적으로 미주신경 긴장도가 낮아지거나 멈추게 되면 심각한 문제가 생기게 될 수도 있다. 미주신경 긴장도가 낮아져 기능을 할 수 없게 되면 심박이 증가하고 항상 끝나지 않는 위험상황을 느끼는 착각 속에 각성된 상태로 살아가는 존재가 될 수도 있기 때문이다.

멘탈코칭센터에서는 이러한 원리를 활용하여 신체와 마음의 긴장, 스트레스, 불안을 낮출 수 있는 멘탈 호흡훈련과 이완훈련 프로그램을 접목하여 상담과 훈련에 유용하게 활용하고 있다. 멘탈 호흡훈련의 원리는 숨을 최대한 깊게 들이마시며 긴장을 최대한 끌어올려 교감신경을 활성화시킨 후 숨을 천천히 뱉어내며 이완하는 과정에서 부교감신경이 활성화되어 편안함과 안정감을 회복하게 된다.

만성적 스트레스

스트레스 요인에 의해 스트레스 반응이 일어나게 되는 것은 스트레스 요인을 빠르게 제거하거나 적응하기 위한 긍정적인 의도를 가지고 있는 건강한 기전이다. 하지만 그러한 긍정적인 의도를 충족시켜줄 수 있는 상황이나 상태의 변화가 오랫동안 생기지 않게 되면 원래의 정상적인 기저선을 회복하지 못하고 스트레스 반응이 지속되면서 만성적인 스트레스를 겪게 되는 것이 문제가 된다.

이렇게 만성적인 스트레스를 겪게 되면 아드레날린과 코르티솔이라는 스트레스 호르몬에 장기간 과다노출되기 때문에 중독상태에 빠질 위험이 높아진다. 원래의 기저선을 회복할 수 없을 정도로 과다분비된 물질에 중독되면 이성적인 뇌가 주도권을 상실하여 정서적인 뇌가 지속적으로 스트레스 반응을 일으키게 되는 것이다.

정서적인 뇌가 완전한 주도권과 통제 권력을 가지게 되면 이미 처음의 스트레스 요인과 상관없이 스트레스 반응이 자동적으로 일어나게 되는 중독된 패턴을 만들기 때문에 여러 가지 문제가 생기게 된다.

스트레스 반응이 오랜 시간 지속되면 처음의 스트레스 요인과 상관없이 스트레스 호르몬이 계속적으로 과다하게 분비되어 스트레스 반응을 종료하게 만드는 정상적인 기능을 상실하여 건강한 자신의 기저선을 회복할 수 있는 능력을 잃어버리게 될 수도 있기 때문이다.

이러한 결과는 스트레스 호르몬이 과다하게 분비되어 뇌가 그러한 물질에 중독된 상태에서 원래의 정상적인 기저선을 회복할 수 있는 마음의 쿠션을 잃어버렸기 때문에 나타나는 것이다. 스트레스 반응을 종료할 수 있는 기능을 상실하게 되면 원래의 정상적인 기저선 상태로 되돌리는 것이 어려워지고 계속적으로 스트레스 상태를 유지할 수밖에 없기 때문에 여러 가지 심리적, 생리적, 신체적, 사회적인 문제를 일으키게 되면서 점차적으로 건강한 자기 자신을 잃어가게 된다.

만성적인 스트레스 상태에서 스트레스 호르몬이 과다하게 분비되면 심리적으로도 좁혀진 경계와 부정적인 세상모형을 만들게 되고 신체적으로도 긴장과 경직, 무기력 등의 비효율적인 기능 상태를 만든다. 그뿐만 아니라 생리적으로도 상승된 혈압과 면역체계의 붕괴가 지속되기 때문에 심장발작을 일으키거나 여러 가지 질병에 걸리기 쉬워지고 사회적으로도 원만한 인간관계 능력에 문제가 생기게 되면서 스스로 선택한 좁혀진 안전지대에 갇히게 된다.

예를 들어 만성적인 스트레스로 인해 우울증을 앓게 되면 무기력 현상을 겪게 되고 스트레스 호르몬인 코르티솔이 높은 수치를 보이게 되면서 면역체계가 억제될 뿐만 아니라 신체적으로는 골밀도까지 감소한다. 그리고 만성적인 스트레스에 의해 코르티솔이 과다분비되면 인슐린 효과를 둔감화시킬 수도 있다. 인슐린 저항성으로 인하여 만성적인 피로감, 무기력, 활력 부족, 급한 성격, 눈치보기, 의기소침, 공격성, 적대감 등이 나타나게 되는 것이다.

이와 같이 스트레스 호르몬이 지나치게 높아지게 되면 심리적, 생리적, 신체적, 사회적으로 여러 가지 문제가 서로 연동되어 복합적인 문제를 일으키게 된다. 하나의 스트레스 요인에 의해 통제되지 못한 스트레스 반응이 지속되면서 과다분비된 호르몬이 우리가 일반적으로 알고 있는 것보다 훨씬 더 큰 문제를 일으키게 되는 것이다.

이렇게 되면 위협이라고 받아들였던 스트레스 요인과 나쁜 상황이 해결되어도 새로운 자극과 정보를 수용하지 못하는 상태를 만들어 현재의 스트레스가 더 심해지도록 만든다. 스트레스 중독상태에 계속 머물러있으려는 강한 관성에 의해 새로운 변화를 거부하게 된다. 그래서 만성적인 스트레스로 인한 호르몬 과다분비가 중독상태를 유지하게 되면 심리적 장애에서 쉽게 벗어나지 못하게 되는 것이다.

스트레스 반응

    숲속에서 산책을 하다가 집채만 한 사나운 곰을 만났을 때 우리 뇌의 생존본능기전은 위협적인 상황을 재빨리 인식하여 안전과 생존에 가장 유리한 반응을 선택하게 된다. 신속하게 각성상태를 끌어올려 치열하게 싸움을 할 수도 있고 걸음아 나 살려라 하고 도망을 갈 수도 있으며 아예 제자리에 죽은 것처럼 얼어붙기를 선택할 수도 있다.

    만약 자신이 곰을 이길 수 있는 특별한 전투능력을 갖고 있다면 용기를 내어 싸움을 할 수도 있겠지만 싸워서는 생존 자체가 힘들다는 판단이 서게 되면 삼십육계 줄행랑을 치는 반응을 하는 것이 상책이다. 이처럼 눈앞의 위협상황에서 살아남기 위한 최상의 준비태세를 갖추고 반응을 하게 되는 것이다.

    눈앞의 상황이 도저히 감당하기 어렵다고 판단되면 아예 몸을 경직시켜 아무런 움직임도 없는 상태를 만든다. 경직 상태를 만드는 제자리에 얼어붙기는 완전히 꼼짝할 수 없는 상황에서 최후에 선택하는 반응이기 때문에 곰의 위협으로부터 자신을 지키기에 적합하지 않은 잘못된 선택이 될 수도 있다. 그렇기 때문에 맞서 싸우거나 도망가는 선택을 통해 재빨리 반응하기 위해서는 신체부위에 최대한의 에너지를 보낼 수 있는 각성상태를 만드는 것이 중요하다.

특히 큰 곰과 싸우거나 도망치기 위해서는 다리나 팔의 큰 근육들의 산소량을 최대한 증가시켜야 한다. 그래서 산소를 더 많이 얻기 위해 평소보다 호흡이 가빠지고 혈류를 통해 주요 근육으로 산소를 더 많이 전달하기 위해 심장박동이 빨라지는 것이다.

또한 피부 혈관을 수축시켜 싸움과 도망 과정에서 상처가 생겨도 피가 적게 나게 만들며 싸움과 도망에 필요한 에너지를 얻기 위해 부신에서는 탄수화물을 혈당으로 전환시킨다. 이러한 반응은 의식하지 못하는 가운데 순식간에 일어나게 된다. 중요한 것은 곰이 주는 위협에 대해 싸움과 도망 반응 중에 어느 것을 선택하든 그 선택에서 가장 우선시되는 것은 자기 자신의 안전과 생존이다.

그래서 급박한 스트레스 상황에서 면역반응이 증가하게 되며 감염에 대항하기 위해 백혈구 세포는 혈관벽에 달라붙어 상처가 나면 즉시 치유를 할 수 있도록 준비를 한다. 이러한 스트레스 반응 덕분에 우리는 곰과 싸우거나 도망칠 때 안전과 생존에 좀 더 유리한 상태를 만들 수 있게 되는 것이다.

만약 스트레스 반응이 일어나지 않는다면 위협상황에 대처하는 능력이 부족해 자신의 안전과 생존이 위협받을 수도 있다. 결국 스트레스가 우리의 안전과 생존을 지켜주는 긍정적인 역할을 할 뿐만 아니라 이후에 비슷한 경험을 하게 될 때 좀 더 빠른 반응과 대처를 할 수 있는 능력까지 향상시켜준다. 그래서 스트레스가 없다면 안전과 생존도 보장될 수 없게 되는 것이다. 스트레스가 당장에는 일시적인 고통을 주기도 하지만 스트레스 덕분에 삶이 활력을 얻을 수도 있고 심리적 내성과 응집력을 키워 마음의 쿠션을 가질 수 있게 된다.

그러나 스트레스가 항상 우리에게 긍정적인 역할만 하는 것은 아니다. 스트레스를 경험하는 자신의 상태가 스트레스에 대한 내성과 응집력이 약한 상태에 있거나 고통스러운 스트레스 상황이 너무 길어지게 되면 에너지를 안정적으로 공급받아야 하는 심장이나 폐, 뇌 등의 주요 시스템의 면역기능이 약해지고 반응도 감소하기 때문이다. 이렇게 되면 면역기능뿐만 아니라 심리적, 신체적, 사회적으로 여러 가지 문제가 발생하게 될 가능성이 높아진다.

인류 문명이 오늘날처럼 발달하기 전에는 스트레스 반응이 안전과 생존을 위해 분명히 긍정적인 기능을 많이 했지만 진화를 통해 먹이사슬의 꼭짓점에 있는 인류에게 더 이상 너무 과한 스트레스 반응은 여러 가지 심리적, 생리적, 신체적인 이상을 일으키는 요인이 된다. 문명이 발달된 현대사회에서는 더 이상 극단적 신체반응들이 필요 없어졌지만 잠재의식에는 인류의 조상이 물려준 장기유전형질이 아직도 남아있기 때문에 불필요한 반응을 하게 되는 경우가 많다.

그래서 많은 청중들 앞에서의 발표나 인터뷰, 토론, 무대 위에서의 노출, 혼자 조명을 받는 연기를 할 때 아무도 자기 자신을 비난하거나 공격하지 않는데도 불구하고 지나친 긴장과 불안을 느끼게 되는 것이다. 그 상황에서 잠재의식은 상대를 정복하거나 도망갈 준비를 하기 때문에 격한 생리적, 신체적 반응을 일으키게 된다. 다행히 상대를 완전히 정복했다고 착각하거나 그 상황에서 도망 나오게 되면 극단적인 신체적 반응들은 원래의 정상적인 상태로 회복하게 되어 안정적인 기저선 상태를 되찾는다.

하지만 우리의 삶은 스트레스 반응을 촉발시키는 사건이나 상황에서 싸우거나 도망가는 것으로 모든 문제를 해결할 수가 없다. 왜냐하면 부모와 자녀, 상사와 부하, 조직 구성원들과의 인간관계, 공부, 운동, 일 등과 같은 다양한 요인들이 스트레스 반응을 촉발시키지만 싸움과 도망만으로 모든 것을 해결할 수 없기 때문이다.

싸움과 도망 반응을 해야 하는 상황에서 자신을 지키기 위해 작동된 정상적인 스트레스 반응시스템이 통제되지 못한 상태로 역치를 뛰어넘게 될 때 그러한 반응이 오히려 자신을 공격하여 마음과 몸의 균형을 상실하게 만들 수도 있다. 그렇기 때문에 어떠한 스트레스 요인에도 자신을 보호할 수 있는 건강한 반응을 할 수 있도록 마음의 쿠션을 강화시켜두어야 하는 것이다. 중요한 것은 우리는 어느 누구도 스트레스를 받지 않고 살아갈 수 없는 존재라는 사실이다.

회피적 동기

사람들은 일반적으로 스트레스 요인에 대한 반복적인 스트레스 반응으로 인하여 고통스러운 상황에 빠지게 되면 자신의 긍정적인 자원과 에너지가 차단되어버리기 때문에 좌절감과 무기력한 상태에 빠지기 쉽다. 하지만 우리 주변에는 지독한 가난과 힘든 역경 속에서 스트레스를 받으면서도 그러한 고통스러운 상황에서 벗어나기 위해 남들보다 더 노력하여 큰 성취를 이룬 사람들도 많다.

스포츠에서도 시즌 내내 팀 성적이 바닥권에서 벗어나지 못하고 강등권에 몰리던 하위권 팀이 상위권 팀들을 무너트리며 연승을 하는 경우를 볼 수 있다. 그러다가 다음 시즌에 들어가면 강등당하는 위기감이 사라지면서 또다시 성적이 나빠지고 선수들의 기량이 떨어지기도 한다. 이러한 현상이 일어나는 것은 멘탈적인 부분이 운동수행과 경기력에 영향력을 미치고 있기 때문이다. 즉, 고통스러운 상황에서 벗어나기 위해 각성수준을 끌어올리고 생존을 위해 모든 자원과 에너지를 총동원하는 과정에서 평소보다 더 큰 능력을 발휘하게 되면서 원하는 성취를 이룰 수 있게 되는 것이다.

현재의 위기와 고통스러운 상황에서 벗어나기 위한 간절함이 있기 때문에 동기 수준이 향상된다. 이처럼 현재의 위기와 고통스러운 상황뿐만 아니라 미래에 닥칠 수도 있는 바람직하지 않은 결과를 피하고자 하는 강력한 동기를 '회피적 동기'라고 한다.

설렘이 있는 자신의 꿈이나 사명, 목표를 이루기 위해서는 열정적으로 자원과 에너지를 동원하여 큰 성취를 이룰 수 있게 해주는 지향적 동기를 사용하게 된다. 반대로 고통스러운 현재의 상황에서 벗어나기 위해서는 극렬하게 자신의 자원과 에너지를 동원하여 큰 성취를 이루는 회피적 동기를 사용할 수도 있다. 하지만 회피적 동기를 잘못 사용하게 되면 자기 자신을 위축시켜 좁혀진 경계를 만들 수 있기 때문에 현재의 고통스러운 상황이나 스트레스가 무조건 우리 삶에 나쁜 영향을 미치게 되는 것으로 잘못 받아들이게 된다.

그렇다고 모든 스트레스가 우리 삶에 부정적인 영향을 미치는 것은 아니다. 우선은 힘들고 고통스러운 상황 때문에 스트레스를 받게 되지만 그러한 상황을 어떻게 해석하고 반응하느냐에 따라 현재의 나쁜 상황들이 새로운 도전과 실험을 할 수 있는 촉매가 될 수도 있기 때문이다. 그런데도 대부분의 사람들은 현실에서 주어지는 힘든 시련과 고통을 영원한 것으로 착각하여 과잉 각성된 상태를 만들어 자신의 자원과 에너지가 고갈되는 잘못된 선택을 하게 됨으로써 학습된 무기력과 만성적인 스트레스 상태에 중독되기 쉬워진다.

우리가 부정적이라고 믿고 있는 현실을 부정적인 관점으로만 해석하고 반복적으로 부정적인 생각과 느낌, 말, 행동으로만 반응하게 되면 부정적인 중독의 굴레에서 영원히 벗어나기 어려워질지도 모른다.

비록 현실적인 상황이 부정적이라 하더라도 긍정적인 관점을 만들어 긍정적으로 해석하고 반응할 수 있을 때 부정적으로 좁혀진 경계에서 벗어나 현실에서의 긍정적인 자원과 에너지를 사용할 수 있게 된다.

왜냐하면 우리의 마음에 신체가 포함되어 있고 신체에 마음이 포함되어 있기 때문에 마음을 긍정적으로 바꾸게 되면 신체도 함께 긍정적으로 변화할 수밖에 없기 때문이다.

그렇기 때문에 우리의 신체에 마음이 있고 마음에 신체가 있다는 사실을 깨닫는 것이 중요하다. 우리가 신체와 마음 중에 어느 것을 바꾸더라도 나머지는 함께 바뀌게 된다. 현실에서의 힘든 시련과 고통을 주는 부정적인 관점을 긍정적인 관점으로 바꾸어 해석하고 반응하는 유연한 선택을 통해 회피적 동기를 긍정적으로 활용할 수 있을 때 우리를 구속하고 있는 스트레스에서 자유로울 수 있다.

스트레스와 기억

인간은 기억의 존재이다.

만약 우리 뇌에 저장된 기억이 전혀 없다면 어떤 존재가 되었을지를 상상해보면 참으로 끔찍해진다. 그렇게 된다면 소프트웨어 없는 컴퓨터처럼 외형은 멀쩡한 인간의 모습이지만 인간으로서의 고차원적인 사고와 행동을 할 수 없는 존재가 되었을 것이다.

다행히 우리의 뇌신경회로에는 다양한 학습과 경험에 의해 엄청난 양의 기억이 새겨져 있고 그 기억들은 새로운 조합과 배열을 만들 수 있는 탁월한 가소성을 가지고 있다. 이러한 기억이 존재하기 때문에 자신만의 개성을 창조할 수 있고 인간으로서의 존엄과 가치를 지키며 원하는 생각과 정서, 말, 행동을 자유롭게 할 수 있게 해준다.

우리의 중요한 기억은 과거와 현재, 미래의 시간선 위에 걸쳐져 조직화되고 구조화되어 있다. 시간적, 공간적, 의미적, 정서적으로 뇌의 다양한 부위와 영역에서 전체성으로 관여하여 기억시스템을 완성시킨다. 이와 같이 정상적인 상태에서는 뇌의 특정 영역이 아니라 전체성으로 기억을 만들게 되는 것이다.

하지만 트라우마와 관련된 경험은 조각으로 분리되어 전체성에 통합되지 못한 분리된 상태의 기억으로 뇌에 존재한다. 또한 해마와 편도체가 스트레스와 불안, 트라우마 기억에 깊이 관여하게 되면 오랫동안 지워지지 않는 장기기억을 만들게 된다. 해마는 기억의 저장보다 주로 기억의 형성에 더 중요한 역할을 하기 때문에 해마가 일부 손상되더라도 과거의 기억은 온전할 수 있지만 손상이 심해지면 전체적인 기억시스템에까지 문제가 생길 수밖에 없다.

치매와 같은 질병은 바로 해마가 손상된 상태이며 심해지면 기존의 저장된 장기기억에도 문제가 발생한다. 우리가 일상생활 속에서 학습하고 경험하는 대부분의 사건과 시간의 흐름, 공간인지 등은 해마에서 그 역할을 담당하고 있다.

우리 뇌는 그 무엇이든 반복하면 광케이블과 같은 굵은 전용신경회로를 구축하여 그것을 사실로 받아들이고 그것에 대한 믿음을 만들어 스스로 그 믿음에 통제당하는 착각의 챔피언이다. 그래서 반복에 의해 만들어진 믿음은 뇌에 이미 전용신경회로가 구축되었다는 것을 의미한다. 뇌에 전용신경회로가 구축되면 우리의 존재와 정체성을 형성하는 신념체계와 세상모형이 만들어진다. 하지만 이러한 반복 없이 단 한 번의 경험으로도 뇌에 전용신경회로를 구축하여 믿음과 통제력, 신념체계, 세상모형에 영향을 미칠 수 있다.

인간의 뇌는 긍정적 혹은 부정적으로 강한 정서를 유발하거나 충격적인 자극에 대한 경험들은 여러 번의 반복 없이 바로 전용신경회로를 구축하여 장기기억에 저장해버린다. 이처럼 강한 정서적 기억은 즉각적으로 형성되어 장기기억이 될 수 있다. 그 이유는 신경회로의 활성화와 화학물질의 분비가 바뀌게 될 뿐만 아니라 해마가 부분적인 역할을 하고 있기 때문이다.

해마는 바깥 세계와 뇌 안에 저장된 내적 표상을 비교하면서 현실의 관찰자 역할을 하게 된다. 물론 자극이 아주 공포스럽거나 뇌에서 그것을 심한 불안요인으로 인지하게 되면 편도체까지 관여하여 안전과 생존에 유리한 상태를 만들기 위해 적절한 각성을 시킨다. 이때 편도체와 해마가 함께 정서적 사건에 대해 시간적, 공간적으로 기억을 형성하여 장기기억에 저장시키는 것이다.

강력한 정서적 사건이나 자극은 편도체를 활성화시켜 이성적 뇌의 기능을 일시적으로 차단시키면서까지 강력한 경험에 대한 선명한 기억을 만들게 된다. 이처럼 위기와 공포상황이 되면 위협에 효율적으로 대처하기 위한 비상체계를 떠받칠 수 있는 스트레스와 관련된 호르몬 경로를 활성화시킴으로써 싸움을 하거나 도피, 얼어붙기 중에서 안전과 생존에 가장 유리한 상태를 선택할 수 있게 만든다.

특히 충격적인 트라우마 사건에 의해 편도체가 깊이 관여하여 완성된 기억은 뇌의 전체성에 통합되지 못하고 불특정한 공포 혹은 혐오의 느낌을 가진 쪼개진 기억으로 남아 지속적으로 재연된다. 이렇게 전체성의 기억으로 통합되지 못한 분리된 기억이 불안장애나 트라우마로 인한 외상 후 스트레스 장애를 일으키게 되는 것이다.

다행히 인간은 탁월한 신경가소성을 가지고 있기 때문에 전두엽의 자유의지로 해마와 편도체가 조작해낸 본능적인 공포를 극복할 수 있는 능력을 가지고 있다. 인위적인 공포체험을 할 때도 분명히 해마와 편도체가 관여하지만 전두엽의 자유의지가 중재자 역할을 하기 때문에 그 경험이 불안장애나 트라우마 경험으로 기억되지 않는다.

심신미약자나 어린이는 뇌의 착각에 의해 공포체험을 사실로 받아들일 수 있기 때문에 가짜 공포 경험에 의한 트라우마가 생길 수도 있다.

하지만 대부분의 사람들은 편도체가 주도적인 기능을 하는 가짜 공포 경험을 할 때 경험 당시에는 분명히 공포를 느꼈지만 전두엽의 자유의지가 기능을 하고 있기 때문에 그 기억은 재미있는 시간과 공간에 대한 조건형성으로 저장된다. 그래서 그 경험 당시에 함께 있었던 사람과 친밀감이 더 높아지고 라포까지 형성할 수 있게 되는 것이다.

그리고 그 기억은 뇌에서 차츰 편집되면서 아름다운 추억으로 변하기도 한다. 정서적 경험에 대한 기억이 전용신경회로를 구축하게 되면 소거 작업은 아주 느리거나 오랫동안 지속될 수도 있다. 이러한 현상이 발생하는 이유는 편도체에서 피질로 올라가는 경로는 반대 방향에 비해 훨씬 더 크고 많은 회로가 관여하기 때문이다.

이와 같은 뇌회로의 불균형은 정서적 경험에 의해 정신적 외상을 입은 사람들의 심리치료가 왜 오래 걸리는 과정인지를 설명해주고 있다. 그렇지만 인간의 뇌는 포유류 뇌와는 달리 피질에서 편도체로 역투사하는 뇌회로도 많이 가지고 있기 때문에 뇌를 효율적으로 사용하는 방법을 알기만 한다면 스트레스로 고통받고 있는 심리적 문제를 얼마든지 극복할 수 있게 된다. 전문적인 멘탈코칭을 통해 기억시스템을 재편집하게 되면 원하는 만큼의 긍정적인 변화가 가능한 것이다.

현대인들이 많이 겪고 있는 스트레스와 불안, 공포, 우울, 트라우마 등의 심리적 문제들은 대부분 삶에 장애물이 되거나 부정적인 영향을 미치게 되는 경우가 많다. 하지만 양자적 관점에서 보면 그러한 심리적 문제들이 모든 사람들에게 반드시 부정적인 영향만 미치는 것이 아니라 뇌를 사용하는 방법의 선택에 따라서 긍정적인 영향을 미치기도 하고 부정적인 영향을 미치기도 하는 양날의 칼이 될 수도 있다.

우리의 존재는 지금 이 순간에 보내는 초점이다.

스트레스와 불안, 우울, 트라우마에 초점을 맞추고 반복적으로 생각하고 걱정하는 것은 그것과 관련된 전용신경회로를 구축하여 관련된 화학물질을 더 많이 분비하게 만들어 부정적 정서기억을 강화시키게 된다. 부정적인 상태에 초점을 일치시키게 되면 부정적인 신경회로를 더 활성화시키게 되는 것이다.

반대로 멘탈호흡과 이완훈련, 긍정적인 자화, 멘탈 공부, 운동, 음악, 좋은 인간관계 등 건강한 적응기제를 사용함으로써 긍정적인 전용신경회로를 구축하여 관련된 화학물질을 더 많이 분비시키게 되면 긍정적인 장기기억을 강화시키게 된다. 즉, 긍정적인 상태에 초점을 일치시키게 되면 긍정적인 신경회로가 더 활성화되는 것이다.

파블로프의 조건형성

대부분의 사람들은 이성적이고 합리적인 사고와 판단을 할 수 있는 전두엽의 자유의지가 정상적으로 작동되고 있다. 그렇기 때문에 원초적이고 접근 불가능한 나쁜 기억에 완전히 통제당하여 동물적인 상태를 만들지 않을 수 있는 것이다. 하지만 심한 트라우마 경험에 의해 외상후 스트레스 장애를 겪게 되거나 자신의 안전과 생존에 심각한 위협이 되는 상황에 반복적으로 노출되면 이성적이고 합리적인 사고와 판단 능력을 상실하기 때문에 원초적인 기억에 의존하게 되면서 지나친 각성 상태를 만들어 동물적 상태에 빠질 수 있다.

뇌는 이성적인 뇌와 정서적인 뇌가 완전히 분리되어 독립적으로 기능을 하는 것이 아니라 비국소성으로 연결된 하나의 시스템으로 작동되고 있기 때문에 대부분 양가적인 기능을 하며 하나가 다른 하나에 영향을 주기도 하고 받기도 한다. 이것은 뇌가 추론적이고 분석적이며 이성적 사고영역인 대뇌피질과 원초적 영역인 편도체와 해마가 연결되어 서로 조율 작업을 거쳐 상황과 상태에 따라 역할을 분담하며 전체성으로 작동되고 있기 때문이다.

특히 이성적인 사고영역인 대뇌피질은 부정적인 기억이든 긍정적인 기억이든 상관하지 않고 기억에 연합된 정서를 소거할 수 있는 능력을 가지고 있다. 새로운 학습과 경험을 통해 새로운 기억시스템을 구축하는 과정에서 지난 기억이 약화되는 것을 '소거'라고 하며 소거는 기억이 그냥 잊혀지는 망각과는 다르다.

만약 소거를 통해 스트레스와 불안을 일으키는 정서적 기억과 관련된 전용신경회로를 바꾸고 싶다면 편안함과 안정감을 주는 새로운 학습과 경험을 반복하여 그와 관련된 전용신경회로를 새롭게 구축하게 되면 현재의 고통에서 벗어날 수 있다.

예를 들어 파블로프의 조건형성 이론으로 보면 개가 조건화를 통해 종소리와 음식을 연합시키는 과정을 반복적으로 학습하게 되면 나중에는 음식을 제공하지 않고 종소리만 들려줘도 마치 음식이 제공될 때와 같은 침 흘리는 반응을 하게 된다. 종소리 후에 음식이 제공될 것이라는 학습이 전용신경회로를 구축하게 되면 종소리가 음식이라는 착각을 사실로 받아들이고 사실로 받아들인 것에 대해서는 강한 믿음을 만들어 스스로 그 믿음에 통제당하기 때문에 종소리에도 침을 흘리는 반응을 자동적으로 보이게 되는 것이다.

이렇게 조건형성된 종소리에 믿음을 만들게 되면 그것이 착각이라는 사실을 깨닫지 못하기 때문에 절대적인 신념체계를 형성한다.

이러한 조건형성은 음식이 제공되지 않는 상태에서 종소리와 불빛을 반복적으로 연합시키게 되면 나중에 불빛만 비추어도 침을 흘리는 고차적 조건형성까지 가능하게 만든다. 즉, 음식과 연합된 종소리에 불빛을 반복적으로 연합시키게 되면 음식과 전혀 관련이 없는 불빛만 보고도 개는 침을 흘리는 반응을 보이게 되는 것이다.

고차적 조건형성은 스트레스로 인해 사람들이 겪는 심리적 장애가 원래의 스트레스 요인과 관련이 없는 엉뚱한 심리적 문제를 연쇄적으로 일으키게 되는 현상을 잘 설명해준다. 즉, 하나의 요인에 의해 발생한 심리적 장애가 고차적 조건형성에 의해 여러 가지 복잡한 심리적인 문제를 파생시킬 수도 있다는 사실이다.

사람들이 겪게 되는 대부분의 심리적인 문제가 트라우마에 의해 생기지만 이후에 트라우마에 채색된 세상모형을 가지게 되면 새로운 조건형성과 고차적 조건형성에 의해 해결하기 어려운 여러 가지 심리적인 장애를 일으키게 될 수도 있는 것이다.

그러나 개 실험에서 이후에 계속해서 음식의 제공 없이 종소리나 불빛을 반복해서 개에게 들려주면 결국 종소리와 불빛 뒤에 음식이 제공되지 않는다는 새로운 학습을 하게 되면서 개는 종소리와 불빛에 더 이상 침 흘리는 반응을 보이지 않게 되는데 이것이 소거이다. 왜냐하면 그 무엇이든 반복하면 그것을 사실로 받아들이고 사실로 받아들인 것에 대해서는 강한 믿음을 만드는 과정에서 새로운 전용신경회로를 구축하여 스스로를 통제하기 때문이다.

사람들이 겪는 트라우마나 스트레스, 불안, 공포도 편안하고 안전하다는 새로운 학습을 반복시켜주면 그러한 고통스러운 상황에서 벗어날 수 있는 소거가 이루어진다. 인간의 뇌는 개와는 비교도 안될 만큼 고등적인 기능을 갖고 있다. 그렇기 때문에 소거도 빠르게 할 수 있지만 반대로 고등적인 뇌기능이 트라우마 경험과 같은 부정적인 정서와 관련된 전용신경회로를 더 많이 확장시킬 수도 있기 때문에 소거가 아주 느릴 수도 있다. 어떤 상황이라 하더라도 현재의 고통스러운 상황에서 벗어나기 위해서는 편안함과 안정감을 주는 새로운 자극을 반복적으로 경험하는 것이 중요하다.

멘탈코칭센터에서는 새로운 조건형성과 고차적 조건형성을 위해 멘탈 호흡훈련과 이완훈련, 자율훈련과 같은 멘탈코칭을 반복하여 과거의 나쁜 기억을 소거할 수 있도록 도움을 주고 있다. 여기서 말하는 소거는 단순히 잊히는 것이 아니라 하나의 능동적인 학습과정이며 이전의 기억을 형성한 전용신경회로에 대응해서 새로운 기억을 형성할 수 있는 전용신경회로를 새롭게 구축하는 것이다.

이러한 과정은 이성적인 사고와 판단을 하는 뇌의 전두엽에서 이루어진다. 인간의 전두엽은 편도체가 빚어낸 본능적인 스트레스나 불안, 공포를 극복할 수 있게 해주는 능력을 가지고 있다. 예를 들어 번지점프와 같은 공포체험을 하거나 재미로 롤러코스터를 타면서 무서운 체험을 하는 경우 착각의 챔피언인 뇌는 그러한 경험 과정에서 일시적으로 공포를 강하게 느낀다.

하지만 다행히도 전두엽의 역할 때문에 그 경험을 트라우마로 기억시키거나 외상 후 스트레스 장애를 겪게 만들지는 않는다. 왜냐하면 짧은 시간의 지나간 공포체험을 전두엽에서 안전한 지금−여기의 상황과 상태에서 소거시켜 공포체험이 즐거운 추억으로 편집되기 때문이다.

　이와 같이 일시적으로 경험한 나쁜 정서적 연합을 분리시키는 소거는 전두엽의 역할에 의해 얼마든지 가능하지만 견디기 힘든 충격적인 사건이나 사고에 의한 트라우마 경험은 외상 후 스트레스 장애 등을 일으켜 소거가 쉽지 않다. 그리고 소거가 된다고 해도 그 진행과정은 매우 느린 편이다. 그래서 트라우마나 외상 후 스트레스 장애를 겪고 있는 사람들의 심리치료과정이 오래 걸리게 되는 것이다.

　좀 더 자세히 살펴보면 편도체에서 본능적 공포 반응을 일으키게 만드는 신호를 보내게 될 때 피질로 올라가는 경로는 반대 방향에 비해 훨씬 더 크고 많은 회로가 관여하고 있기 때문에 이성적 뇌에서 과거의 트라우마 기억을 완전히 통제하지 못하게 된다. 결국 트라우마 경험에 의한 외상 후 스트레스 장애가 간단하게 치료되지 않는 이유가 신경회로의 기능에 의해 영향을 받고 있기 때문이다.

　누구나 트라우마를 쉽게 경험하지만 기억의 소거 과정은 쉽지 않고 오래 걸리기 때문에 많은 사람들이 마음의 무거운 짐을 지고 고통스러운 삶을 살아가게 되는 것이다. 그렇기 때문에 트라우마 경험에 의한 외상 후 스트레스 장애와 같은 심리적 장애가 발생하지 않게 해야 한다. 만약 심리적 장애가 발생하게 되면 치료가 힘들고 오래 걸리기 때문에 마음이 건강할 때 미리 트라우마를 극복할 수 있는 마음의 쿠션을 강화시켜두는 것이 중요한 것이다.

　다행히 인간은 동물보다 피질에서 편도체로 역투사하는 뇌회로도 많이 가지고 있기 때문에 완전히 동물적인 상태에 머물지는 않는다. 자신의 자유의지로써 동물적인 상태에서 벗어날 수 있는 능력을 충분히 가지고 있기 때문이다. 관념적 세계인 과거의 시간선에서 벗어나 지금-여기의 현실에서 자기 자신과 다른 사람, 환경을 알아차리고 접촉하며 이성적이고 합리적인 사고와 판단을 할 수 있을 때 자유의지가 작동될 수 있다.

이처럼 인간이 자신의 자유의지를 강화시키고 지속적으로 진화를 할 수 있게 된다면 전두엽의 자유의지가 전체적인 주도권과 통제권을 가질 수 있게 된다. 자유의지가 정상적으로 작동될 때 심리적 내성과 응집력이 강해진 상태에서 마음의 쿠션이 생기기 때문에 충격적인 외부 사건과 사고에 의한 트라우마나 지속적인 스트레스가 발생해도 그것을 견딜 수 있게 되는 것이다.

스트레스에 대한 심리적 내성과 응집력을 길러 마음의 쿠션을 강화하기 위해서는 멘탈 호흡이나 명상, 심상훈련, 규칙적인 운동, 음악, 친구, 가족, 독서 등 건강한 적응기제를 선택하는 긍정적인 새로운 조건형성이 필요하다. 이러한 선택과 조건형성이 스트레스에 대한 심리적, 생리적, 신체적인 유연성을 길러 스트레스를 극복할 수 있는 마음의 쿠션을 회복할 수 있게 해주기 때문이다.

스트레스와 진화의 세계

인간은 새로운 환경적 변화에 적응하는 과정에서의 다양한 학습과 경험이 축적되면서 끊임없이 진화를 해왔으며 우리가 알아차리지 못할 뿐 지금 이 순간에도 어떤 형태로든 진화는 계속되고 있다.

오랜 진화과정에서 환경에 적응하는 놀라운 신경가소성을 갖고 끊임없이 새로운 존재로 진화를 계속하고 있는 것이다. 하지만 뇌의 가소성과 적응력이 아무리 뛰어나다고 해도 빛의 속도만큼 빠른 세상의 변화 속도에는 뒤처질 수밖에 없기 때문에 인간의 진화속도가 세상의 변화에 뒤처지게 된다.

인간의 진화는 지금 현재도 계속 진행형이지만 진화가 세상의 변화를 온전히 따라가지 못해 원시 세계에 가졌던 습관이나 심리적, 생리적, 신체적 기전들이 아직 우리 안에 생생하게 살아서 작동되고 있다.

진화과정에서 원시적이고 개인적인 자원들과 신경시스템이 아직 우리 안에 그대로 잔존하고 있기 때문에 빛의 속도로 빠르게 변화하는 현재의 삶에 도움이 되지 않는 불필요한 반응과 부조화를 일으켜 만성적인 스트레스를 겪게 되는 것이다.

대부분의 스트레스와 트라우마는 과거 진화과정에서 아직 우리 안에 작동되고 있는 유전적 신경시스템들이 현재의 발달된 문명 체계와 부조화를 일으키기 때문에 발생한다. 원시시대에는 스트레스원에 신체적으로 싸움-도피 반응을 통해 스트레스를 해소하기 때문에 내부적으로 불필요한 스트레스를 쌓아두지는 않는다.

스트레스와 트라우마는 우리 안에 갇힌 부정적인 에너지가 방출되지 못해 발생하게 되는 장애이다. 때로는 그러한 자원과 능력들이 우리의 안전과 생존을 지켜주는 긍정적인 기능을 하기도 하지만 진화과정에서 새로운 환경에 적응하는데 걸림돌이 되기도 한다. 현대 문명의 발달이 가져다주는 생활의 편리함과 혜택에 차츰 길들여져 있기 때문에 자기 안에 있는 야생과 원시적인 기전들에서 생기는 에너지가 외부로 방출되지 못하고 내부에서 불일치와 부조화를 일으켜 여러 가지 심리적 장애가 발생하게 되는 것이다.

인류의 먼 조상들은 원시시대 때 수렵과 사냥을 하고 동굴 안에서 집단으로 생활하며 자연과 밀접하게 연결되어 있었다. 이렇게 불안정한 환경은 자신보다 더 강한 포식자가 언제, 어디서 자신을 덮칠지 모르기 때문에 자신과 가족을 지키기 위해 생존본능기전과 관련된 부분을 활성화시키는 것이 매우 중요했었다.

아이러니하게도 원시시대의 인간에게는 아주 흔한 일이며 가장 중요한 안전과 생존을 위협하는 사건들에 대한 민감한 반응시스템이 현대를 살아가고 있는 인간의 신경계를 형성하고 있다는 사실이다.

이렇게 형성된 인간의 신경체계는 안전과 생존을 위협받는 것을 감지할 때마다 완벽하고 충분하게 대처하는 중요한 역할을 하고 있지만 그것이 지나치게 과잉될 때 신체적 활동이 부족한 현대인들에게는 심각한 혼돈과 스트레스로 작용될 수 있다.

오늘날까지 우리 안에 내재된 이러한 신경시스템이 위험신호에 반응할 때 일시적으로 쾌감과 짜릿함, 활력을 통해 살아있음을 느끼게 만들기도 한다. 그래서 많은 사람들이 생존에 위협이 될 수 있는 극한체험이나 스포츠에 더 많이 열광을 하는 것이다.

이렇게 오랜 진화과정을 거쳐 내재된 능력이 활성화될 때 강하고 확장된 에너지가 충만해지고 어떠한 자극과 도전에도 당당히 맞설 수 있는 준비가 된 것처럼 느껴지게 된다. 그렇기 때문에 안전과 생존을 위협받을 때 우리 안에 가장 깊은 곳에 잠재되어 있는 자원들과 연결되어 인간으로써 최대치의 잠재력을 발휘하게 되는 것이다.

중요한 것은 이러한 내재된 신경시스템이 원시시대에는 안전과 생존을 위한 정상적인 반응이지만 발달된 문명생활 속에 신체적 활동이 감소된 상태로 살아가는 현대인들에게는 오히려 스트레스나 트라우마를 갖게 한다는 사실이다. 그래서 행동과 운동을 활용한 심리치료나 멘탈훈련이 탁월한 효과를 얻게 되는 것이다.

통제력과 주도권

사람들은 자기 자신뿐만 아니라 다른 사람과 세상을 통제할 수 있는 힘을 갖고 싶어한다. 그러한 힘을 갖기 위해 자기 자신의 자원과 에너지뿐만 아니라 다른 사람들과 환경의 자원까지 모두 활용하게 된다.

공부를 많이 하고 일을 열심히 하는 것도 치열한 경쟁을 통해 성취를 이루는 것도 자기 자신의 통제력과 주도권을 더 많이 행사하기 위한 긍정적인 의도를 가지고 있는 것으로 볼 수 있다. 그래서 사람들은 자신과 다른 사람, 환경의 모든 자원과 에너지를 총동원할 수 있는 통제력과 주도권을 확장하기 위해 노력하는 것이다.

자신의 통제력과 주도권을 잃지 않고 확장하기 위해 경쟁하는 과정에서 지속적으로 스트레스를 받을 수도 있다. 그렇지만 통제력과 주도권을 행사하고 싶어 하는 긍정적인 의도를 강하게 가지고 있기 때문에 경쟁을 포기하지 않는다. 그것은 바로 통제력과 주도권이 자신의 존재감을 높이고 안전과 생존에 더 유리한 상태를 만들어주기 때문이다.

우리는 아무리 힘든 일이라도 그 일이 자신의 꿈과 목표, 사명을 실현시키기 위해 자기 자신이 통제력을 가지고 주도적으로 선택한 것이라면 힘든 것을 잘 느끼지 못한다. 오히려 힘든 도전을 하는 과정에서 내재된 열정이 솟고 활력상태를 만들어 더 많은 자원과 에너지를 동원할 수 있도록 만들어준다.

힘든 일이 분명히 육체적으로는 스트레스를 높이게 되지만 통제력과 주도권을 행사하는 과정에서 쾌적 스트레스로 전환되어 설렘과 활력상태를 만들어주기 때문이다. 이처럼 우리 삶은 끊임없는 스트레스의 연속이지만 통제력과 주도권을 가지게 됨에 따라 유해 스트레스가 아닌 쾌적 스트레스를 더 많이 가질 수 있게 되는 것이다.

일반적으로 나이가 들면 심리적, 생리적, 신체적인 노화뿐만 아니라 사회적으로도 통제력과 주도권을 상실하게 되면서 학습된 무기력 현상을 겪기 쉽다. 끊임없는 스트레스 상황 속에서도 우리가 통제력과 주도권을 행사하는 것이 얼마나 중요한 것인지에 대한 실험 결과가 있다. 이 실험은 통제력과 주도권이 우리 삶에 얼마나 큰 영향을 미치게 되는지에 대한 답을 찾을 수 있게 해준다.

사회적 통제력과 주도권을 잃어버린 상태로 양로원에서 수동적으로 생활하는 노인들에게 자신의 환경에 영향을 미칠 수 있는 통제력과 주도권을 행사할 수 있게 해주는 실험이었다. 실험에서 노인들이 자신의 침실에 놓을 가구들을 선택할 수 있는 것과 같은 통제력과 주도권을 누릴 수 있는 자유를 제공해주었다.

통제력과 주도권을 행사할 수 있었던 노인 집단의 경우 같은 조건 내에서 사망자가 반으로 줄어든 놀라운 결과가 나왔다. 쉽게 설명하자면 요구사항이 많이 밀려오는 상황 속에서 우리가 그 상황에 대한 통제력과 주도권을 가지고 있다면 그러한 요구사항이 과다하다고 해도 별로 큰 스트레스를 받지 않는다는 것이다.

　이것은 나이와 성별에 상관없이 우리 삶에서 통제력과 주도권이 얼마나 중요한지를 깨닫게 해주는 실험 결과이다. 일반적으로 사람들은 자유의지를 가진 존재이기 때문에 타인과 세상의 통제에 저항하는 심리를 갖고 있다. 이것은 인간이 가진 보편적 심리이다. 타인과 세상이 자신을 통제하게 되면 본능적으로 자기 자신의 안전과 생존에 부정적인 것으로 해석하여 저항하게 되는 것이다. 그렇기 때문에 타인과 세상에 의해 자신의 통제력과 주도권이 상실된 상태가 오랫동안 지속되면 만성적인 유해 스트레스를 받게 된다.

　이러한 만성적인 유해 스트레스는 시간이 지나면서 차츰 활력을 잃게 만들고 학습된 무기력 현상을 겪게 되면서 면역체계까지 약화시키기 때문에 여러 가지 질병에 노출되기 쉬워진다. 타인과 세상이 자기 자신을 간섭하고 통제하는 시간이 길어지게 되면 자기 자신의 자유를 구속하기 때문에 유해 스트레스를 지속적으로 받게 되면서 정상적인 활력상태를 잃어버리고 학습된 무기력 현상을 겪게 된다. 그래서 우리 삶에서 통제력과 주도권이 중요한 것이다.

긍정의 멘탈

우리의 삶은 끊임없는 스트레스의 연속이지만 그러한 스트레스에 적응하고 극복하는 과정에서 심리적 내성과 응집력을 길러 마음의 쿠션을 강화할 수 있기 때문에 계속적으로 성장과 진화를 해나갈 수 있다. 우리의 의지와 상관없이 반복적으로 스트레스를 일으키는 요인이 발생하게 되지만 스트레스에 대한 통제력과 마음의 쿠션을 가질 수 있다면 건강한 스트레스 반응을 통해 스트레스를 삶의 긍정적인 자원과 에너지원으로 사용할 수 있게 되는 것이다.

중요한 것은 우리의 삶 자체가 스트레스의 연속이기 때문에 스트레스가 없는 삶은 존재할 수가 없다는 사실이다. 스트레스에 대해 제대로 알고 지혜롭게 대처할 수 있는 상태를 만들어야 스트레스가 우리 삶을 제한하는 걸림돌이 아닌 성취를 위한 소중한 디딤돌이 될 수 있다.

스트레스 자체가 무조건 좋거나 나쁜 것이 아니라 스트레스원에 대해 어떻게 귀인하고 반응하느냐에 따라 우리의 상태가 달라진다. 즉, 스트레스에 대해 잘 알고 스트레스를 스스로 통제할 수 있는 멘탈적인 능력을 가지게 될 때 스트레스가 우리 삶에서 도전과 성취를 이룰 수 있도록 촉진하는 유익한 활력제의 역할을 하게 되는 것이다.

하지만 우리가 스트레스에 대한 통제력을 상실하게 될 때 스트레스가 우리를 통제하게 되면서 여러 가지 문제를 일으키게 된다. 왜냐하면 자신이 통제할 수 없는 스트레스를 반복적으로 받게 되면 누적된 스트레스에 의해 정상적인 수행과 반응을 할 수 없는 학습된 무기력 현상을 겪을 수도 있기 때문이다.

극심한 스트레스 상황에서 어떤 선택과 노력을 해도 현재의 고통스러운 상황을 조절하거나 통제할 수 없게 될 때 자신의 자원과 에너지가 더 이상 방전되지 않도록 하기 위해 무기력한 상태를 유지하는 선택을 하게 될 수도 있다. 이와 같이 자신의 의지와 상관없이 극심한 스트레스 상황에 노출되었을 때 도저히 그 상황에서 벗어나기 어렵다는 해석과 판단이 서게 되면 자신의 상태를 무기력하게 만들어서라도 스스로를 지키려는 반응을 하게 되는 것이다.

나중에는 자신의 학습된 무기력 현상을 합리화시키기 위해 갖가지 핑계와 변명을 해서라도 지금 현재의 무기력한 상태를 계속적으로 유지하기 위한 중독된 패턴을 만들고 스스로 그 속에 갇혀버리는 선택을 한다. 분명히 자신의 자유의지로 현재보다 더 나은 선택을 할 수 있는 능력이 있는 상태에서 주변 사람들이 더 나은 선택을 할 수 있도록 도움을 주려 해도 거부하거나 저항하게 된다.

중독된 패턴을 만들게 되면 학습된 무기력 현상에 중독된 지금 현재의 상태에서 빠져나오는 것을 두려워하기 때문에 자신만의 좁혀진 경계에 갇히게 되는 것을 편안하게 느끼며 지금의 현실에 그대로 안주하려 한다. 이렇게 좁혀진 경계에 갇힌 상태에서는 자기 자신을 온전히 만나지 못하고 유연한 사고나 긍정적인 사고가 힘들기 때문에 비합리적 신념과 부정적 자기 제한 신념에 스스로 통제당하는 선택을 반복하게 될 가능성이 높아진다.

이처럼 학습된 무기력 현상을 겪게 되면 점점 더 무기력한 자신의 존재에 익숙해져서 나중에는 무기력 현상을 겪는 자신의 모습이 진짜 자기라고 착각하기까지 한다. 우리가 견디기 힘들 만큼의 극심한 스트레스 상황이 반복되었을 때 겪게 되는 학습된 무기력 현상에서 빠르게 빠져나오지 못하게 되면 자기 상실을 겪게 되면서 외상 후 스트레스 장애에 시달리게 될 수도 있다.

스트레스에 대한 통제력을 상실하여 학습된 무기력 현상이 오랫동안 지속되면서 외상 후 스트레스 장애를 겪게 되면 너무나 많은 것들을 잃게 된다. 학습된 무기력 현상을 오랫동안 방치하게 되면 감당하기 힘든 심리적 장애를 겪게 될 수도 있는 것이다.

하지만 반복적으로 경험한 극심한 스트레스가 제대로 해소되지 못하고 그대로 누적된다고 해서 모든 사람들이 학습된 무기력 현상을 겪게 되는 것은 아니다. 똑같은 스트레스가 주어져도 스트레스에 대한 귀인과 피드백, 반응이 사람들마다 다르기 때문에 모두가 똑같이 학습된 무기력 현상을 겪는 것이 아니라는 사실이 중요하다.

개를 대상으로 한 실험에서 실험실에 갇힌 개가 통제력을 상실한 상태에서 전기충격을 반복적으로 받게 되면 학습된 무기력 현상을 보이게 된다. 중요한 것은 실험에 동원된 개중에서 3분의 2가량의 개만 학습된 무기력 현상을 보였다는 사실이다. 나머지 3분의 1의 개는 위협적인 상황에서도 자신의 노력으로 상황을 통제할 수 있다는 착각을 하며 싸움-도피 반응을 계속하였으며 그러한 개들은 학습된 무기력 현상을 보이지 않았다.

현재의 고통스러운 상황에서 벗어날 수 있다는 희망을 가진 개는 계속적으로 자신의 에너지를 동원하여 싸움-도피 반응을 지속했던 것이다. 이처럼 현재의 극심한 스트레스 상황 속에서도 자신의 능력으로 상황을 통제할 수 있다고 착각하기 때문에 반응과 상태가 달라지고 그 결과도 달라지게 되는 것을 관찰할 수 있었다.

인간의 경우에도 스트레스에 대한 귀인이 저마다 다르고 해석과 판단이 다르기 때문에 똑같은 스트레스 상황에서도 서로 다른 반응을 하게 되며 그 결과도 다르게 나타난다. 즉, 스트레스에 대해 어떻게 귀인하고 반응하느냐에 따라 유쾌한 스트레스가 되어 활력상태를 만들게 될 수도 있고 불쾌한 스트레스가 되어 무기력한 상태를 만들게 될 수도 있는 것이다.

긍정적 사고를 많이 하는 낙천주의자들은 좋은 결과에 대해서는 자기 자신의 사고와 판단, 행동 때문에 일어났다고 긍정적으로 귀인하고 해석하는 경우가 많다. 나쁜 결과에 대해서는 운이 나빠서라고 귀인을 하며 주변 사람들이나 환경적 요인과 같은 외부의 조건에 의해 일어났다고 귀인하고 해석하는 경우가 많다. 이렇게 귀인하고 해석함으로써 최소한 자기 자신의 상태를 긍정적으로 유지하게 된다.

반면에 부정적 사고를 많이 하는 염세주의자들은 나쁜 결과에 대해서는 자신의 개인적인 성격이나 선택, 판단이 잘못된 것으로 돌리고 좋은 결과에 대해서는 운이나 다른 사람 때문인 것으로 귀인하고 해석한다. 이렇게 귀인하고 해석함으로써 자기 자신의 상태를 위축시켜 부정적으로 유지하게 만든다.

스트레스에 대해 긍정적으로 해석하는지, 부정적으로 해석하는지가 중요한 이유는 스트레스 자체가 나쁜 것이 아니라 스트레스 요인에 대한 잘못된 귀인과 피드백, 반응이 나쁜 스트레스를 만들기 때문이다. 대체로 성공한 사람들과 행복한 삶을 영위하는 사람들일수록 스트레스를 긍정적으로 귀인하고 반응하는 경우가 많다.

그래서 긍정적인 귀인과 반응에 의해 우리가 스트레스를 통제할 수 있을 때 스트레스가 우리 삶에 긍정적인 에너지와 활력상태를 유지시켜주는 소중한 자원이 된다. 만성적인 스트레스가 우리에게 나쁜 영향을 미치는 것은 분명한 사실이지만 우리가 통제할 수 있는 스트레스는 긍정적인 자원과 에너지가 될 수 있는 것이다.

심리적 내성 키우기

사람들은 스트레스원 자체보다 스트레스에 제대로 반응하지 못해 스트레스가 자기 안에 갇혀버린 상태에서 받게 되는 2차적인 스트레스 때문에 더 고통스러워한다. 스트레스원이 주는 자극은 일시적이지만 마음속에 억압시켜 가두어버린 2차적인 스트레스는 지속적으로 3차, 4차적인 스트레스를 연쇄적으로 만들어 특정한 반응을 일으키게 되면서 스트레스에 점차적으로 중독된 패턴을 만들기 때문에 더 큰 심리적 고통을 주게 되는 것이다.

멘탈코칭센터에서 내담자들의 멘탈 상담과 훈련을 진행하면서 항상 느끼는 것은 그들이 좀 더 일찍 마음의 쿠션을 강화시킬 수 있는 멘탈 공부와 훈련을 했더라면 지금의 상태보다 훨씬 더 나은 상태가 되었을 것이라는 안타까움이다. 좀 더 일찍 스트레스를 견뎌내고 통제할 수 있는 심리적 내성과 응집력을 키웠더라면 현재의 힘든 심리적 고통은 대부분 겪지 않아도 되기 때문이다.

그래서 스트레스를 견디고 극복할 수 있는 심리적 내성과 응집력이 무엇보다 중요하다. 심리적 내성과 응집력이 강하게 형성되어 마음의 쿠션을 충분히 가지고 있는 사람은 외부의 스트레스 요인이 아무리 많이 생기더라도 마음의 상처나 병적인 상태를 만들지 않도록 지탱해주는 마음의 회복력을 가지고 있기 때문에 똑같은 스트레스 상황에서도 스트레스로 인한 심리적 문제가 발생하지 않게 되는 것이다.

이렇게 중요한 심리적 내성과 응집력을 강화시키기 위해서는 평소 마음이 안정적이고 건강할 때 미리 자신의 상태를 더 건강하게 만드는 멘탈에 대한 공부와 훈련을 반복해야 한다. 스스로에게 긍정적인 메시지를 전해주는 자화와 긍정적 사고를 반복하는 것이 도움이 되며 그 외에 심상훈련과 호흡훈련, 이완훈련, 자율훈련 등을 반복하여 마음의 쿠션을 강화시키는 것이 필요하다.

또한 반복적인 성공체험과 독서, 규칙적인 운동, 언어적 피드백, 사회적 관계 형성 등이 마음의 쿠션을 강화시켜주는 소중한 영양분이 된다. 그리고 직접적인 성공 경험을 반복하며 긍정적인 피드백을 제공받을 수 있는 환경을 조성하는 것도 매우 중요하다.

우리는 살아가면서 어느 누구도 스트레스를 받지 않고 살아갈 수는 없다. 우리의 삶 자체가 스트레스의 연속이기 때문에 스트레스가 없기를 바라기보다 스트레스를 긍정적으로 해석하여 반응할 수 있는 심리적 내성과 응집력을 강화시켜 마음의 쿠션을 가지는 것이 필요하다. 이렇게 멘탈 공부와 훈련, 성공 경험을 반복하여 심리적 내성과 응집력을 키워 마음의 쿠션을 미리 강화시키게 되면 살아가면서 겪게 될 스트레스 요인에 의해 발생할 수 있는 대부분의 심리적인 문제와 고통을 이겨내고 극복할 수 있게 된다.

만약 심리적 내성과 응집력이 약해 마음의 쿠션이 바닥난 상태에서 스트레스 요인에 반복적으로 노출되면 원래의 건강한 상태로 회복하는 데 너무나 긴 시간과 에너지가 필요해진다. 예방적 차원에서 멘탈을 강화시킬 수 있는 준비를 미리 할 수 있을 때 스트레스가 마음의 병을 일으키는 걸림돌이 아닌 성취를 이룰 수 있게 도움을 주는 활력상태와 디딤돌을 만들게 된다. 이처럼 평소에 멘탈이 좀 더 건강할 때 미리 멘탈에 대한 공부와 훈련을 하고 반복적인 성취 경험과 긍정적인 피드백을 제공하는 것이 중요한 이유가 심리적 내성과 응집력을 강화하여 마음의 쿠션을 충전시켜주기 때문이다.

스트레스는 양날의 칼과 같아서 우리가 스트레스에 대한 정상적인 반응을 하지 못하고 스트레스에 중독된 상태가 될 때 우리 삶의 성취와 행복을 가로막는 걸림돌이 될 수 있지만 우리가 스트레스에 유연하게 적응하고 극복할 수 있는 심리적 내성과 응집력을 길러 마음의 쿠션을 만들 수만 있다면 스트레스가 건강과 성취, 행복을 위한 소중한 디딤돌이 될 수 있는 것이다.

낙관주의와 비관주의

살아가면서 마음가짐을 어떻게 가지는가에 따라 우리 삶의 전반적인 과정과 결과가 달라진다. 똑같은 스트레스 상황에서 긍정적이고 낙관적으로 해석하고 반응하는 사람과 부정적이고 비관적으로 해석하고 반응하는 사람의 상태가 다르기 때문에 서로의 삶에서 얻게 되는 성취 결과까지 완전히 달라지게 되는 것이다.

그렇다면 우리가 어떤 마음가짐을 가지고 살아가는 것이 우리 삶에 더 많은 성취와 건강, 행복을 끌어당기는 힘을 갖게 해주는 것일까? 우리 삶에서 비관주의는 정확한 분석과 해석을 하는데 필요하지만 그것은 일시적이어야 하고 전체적으로는 낙관주의가 주도하는 삶의 패턴을 만들어야 한다. 왜냐하면 우리가 어떤 관점으로 어디에, 어떻게 초점을 일치시키고 자신의 자원과 에너지를 동원하는가에 따라 자신의 상태를 만들고 외부와의 연결을 짓기 때문이다.

삶의 과정과 결과까지 바꿀 수 있는 마음가짐을 낙관적으로 가지게 된다면 일시적으로 비관적인 관점을 가지더라도 금세 긍정적이고 낙관적인 해석과 반응을 할 수 있게 된다. 이처럼 낙관주의는 우리를 햇살 가득한 넓은 광장으로 초대하여 활력과 설렘, 희망, 열정, 행복과 같은 건강한 상태로 살아갈 수 있게 만들어준다. 반대로 비관주의는 우리를 길고 어두운 부정의 터널로 초대하여 절망과 우울, 불안, 무기력, 스트레스와 같은 병적인 상태에 가두어버린다.

긍정심리학의 마틴 셀리그만은 수십 년 동안 낙관주의와 비관주의의 차이를 연구했다. 낙관주의와 비관주의를 대상으로 연구한 결과를 살펴보면 낙관주의가 비관주의에 비해 삶의 모든 면에서 좋은 결과가 나타났다. 낙관주의가 적성검사에서 더 높은 점수를 받았고 질병에 대한 면역체계가 더 좋았으며 병에 걸렸을 때의 회복탄력성이 더 좋았다. 그리고 낙관주의가 스트레스나 역경에 대한 해석과 판단, 반응이 좀 더 합리적이었기 때문에 긍정적인 성과를 얻을 수 있었으며 경제적인 수입도 상대적으로 더 높았다. 결국 비관주의에 비해 낙관주의의 삶이 훨씬 더 건강하고 성취하는 삶이 되기 때문에 행복해진 것이다.

그렇다고 비관주의가 무조건적으로 나쁘다고 단정 지어서는 안 된다. 비관주의는 현실적인 시련과 위기, 스트레스 상황에 대해 정확하게 해석하고 판단하는 능력을 갖도록 하여 올바른 반응을 할 수 있게 만들어주기 때문에 반드시 부정적인 영향을 미치는 것은 아니다. 다만 지나친 비관주의가 나쁜 일들이 오랫동안 지속될 것이라는 편향된 믿음을 가지고 자신에 대한 비하, 과소평가, 자책 등으로 장점을 만나지 못하고 단점만 부각시키는 것이 문제가 되는 것이다.

낙관주의는 자신의 삶에서 겪게 되는 시련과 고통, 위기, 스트레스 상황이 일시적이거나 일회성으로 끝이 날 것이라고 해석하고 초점을 자신이 원하는 곳으로 전환하기 때문에 그 상황에서 오랫동안 머물지 않고 합리적으로 벗어나게 해준다.

불경기에 대한 관점도 서로 달라진다. 비관주의는 "지금의 불경기가 계속되면서 더 힘들어지게 될 거야", "미래는 안 좋은 일들만 많이 생길 거야", "좋은 시절은 끝났어", "모든게 끝났어", "좀 더 일찍 대비하지 못한 내가 바보야", "모든 것이 후회스러워"라는 생각과 느낌, 말을 반복하며 부정에 초점을 일치시키게 된다.

반면에 낙관주의는 "지금의 불경기에 무엇을, 어떻게 준비하면 새로운 기회를 만들 수 있을까", "지금의 어려움을 이겨낼 수 있다면 더 많은 기회가 생길 거야", "그동안 열심히 살아왔기 때문에 이번에도 잘 극복할 수 있을 거야", "난 충분히 할 수 있어"라며 긍정에 초점을 일치시키고 원하는 성취 결과를 얻게 된다.

100% 낙관주의는 안전장치가 없기 때문에 폭망할 수 있는 위험이 있고 100% 비관주의는 희망을 잃어버리기 때문에 무기력하고 병적인 상태가 될 수 있다. 그래서 진정한 낙관주의는 비관주의적 관점까지도 전체성으로 통합하여 합리성을 가질 수 있을 때 완성되는 것이다.

불안한 이유

 일시적인 불안은 생활 속에서 느낄 수 있는 보편적인 감정이지만 불안한 심리가 일상생활에 지장을 주는 정도로 강도가 세거나 상태가 오래 지속된다면 만성적인 스트레스에 시달리게 될 위험에 노출된다.
불안의 강한 강도가 오래 지속되면서 스트레스 반응이 나타나면 변화를 해야 하는 신호로 받아들여 새로운 조치를 빨리 취해야 한다.
불안이 중독된 습관으로 굳어져 지속적으로 스트레스를 받게 되면 삶의 걸림돌을 만들기 때문이다.

 불안장애와 함께 생기는 스트레스로 인해 심리적, 신체적인 문제를 일으키게 되면 자신의 긍정적인 자원과 단절되는 좁혀진 경계를 갖게 된다. 그리고 불안장애로 오랫동안 고통을 겪는 사람들은 대부분 스트레스 지수가 높기 때문에 우울증을 함께 경험하는 경우가 많다.
지나친 불안과 각성으로 인한 스트레스가 누적되면 우울증과 같은 심리적인 문제를 일으킬 뿐만 아니라 원만한 인간관계나 일, 공부를 정상적으로 하는데도 어려움을 겪게 되는 것이다.

원래 불안이라는 감정은 걱정과 관련된 부정적인 자극에 대처하는 긍정적이고 건강한 반응이지만 이러한 불안심리가 반복되어 생기는 스트레스가 만성이 되면 뇌는 착각을 일으켜 우리의 항상성과 기저선을 불안한 상태에 맞추게 된다. 이후에 걱정과 불안한 마음이 자동화되어 반복적으로 나타나게 되면 현재의 스트레스 반응상태를 유지하기 위해 마음과 몸의 각성상태를 높인다. 이 상태에서는 미세한 자극에도 불안심리가 극도로 활성화되어 일반화가 진행되면서 심각한 화학적 중독상태에 빠져버린다.

불안에 중독되는 처음 시작은 대부분 어떤 경험에 대한 생각과 느낌 때문에 생긴다. 자신의 경험에 대해 부정적 느낌을 갖게 하는 환경과 주변의 피드백에 의해 생긴 부정적인 감정이 뇌에 기억되어 부정적인 신경회로를 형성하게 된다. 부정적 신경회로가 부정적 경험을 반복적으로 떠올리게 만들면서 미래에 부정적인 느낌이 또 일어날 수 있다는 생각 때문에 또다시 불안을 키우게 되고 실제 불안한 상황이 아닌데도 불안을 느끼게 되는 것이다.

불안은 과거에 형성된 부정적 느낌과 기억이지만 그 기억이 현재 상태를 왜곡시켜 미래에 닥쳐올 일에 대한 걱정을 만들면서 불안한 심리상태를 만들고 교감신경계를 활성화시킨다. 이제는 생각만으로도 불안을 느끼면서 불안과 관련된 화학물질을 분비하게 되고 그 물질이 다시 불안을 증폭시키게 된다. 이렇게 되면 불안에 대한 요인이 전혀 없는데도 불안에 대한 생각만으로 불안을 일으키는 불안반응이 자동화되는 중독상태에 빠지게 되는 것이다.

헵의 원리에 의해 불안한 상태를 유지시키는 신경회로가 활성화되면서 관련된 다른 신경회로와의 연결을 빠르게 활성화시켜나간다. 이러한 불안상태가 반복되어 패턴이 만들어지면 불안과 관련된 신경회로가 미래를 불안한 생각으로 가득 채워 지속적으로 스트레스 반응을 일으키게 되면서 심리적, 신체적인 문제가 생기게 되는 것이다.

이렇게 되면 불안에 대한 생각을 하지 않아도 자동적으로 불안을 느끼게 되며 그 느낌이 다시 불안에 대한 믿음을 강화시키고 그 믿음이 우리의 존재를 불안한 상태로 만들기 때문에 스스로 스트레스를 받게 되는 잘못된 순환고리를 만들게 된다.

불안에 대한 생각이 만들어낸 느낌에 의해 믿음이 만들어지면 현실에서 그것은 절대적인 사실이 되고 그러한 믿음에 의해 사실이라고 착각하는 불안한 경험과 피드백이 불안한 생각을 더 강화하여 불안한 현실을 만든다. 이렇게 해서 우리는 불안의 순환고리에 구속되어 전혀 불안한 상황이 아닌데도 마음에서 불안을 키워 처음의 가상적인 불안이 현실에서의 진짜 불안으로 증명되는 것이다.

우리의 똑똑한 뇌는 어떤 것이라도 반복적으로 느끼게 되면 습관의 순환고리를 만들어 자동화시킨다. 불안으로 인해 생기는 스트레스는 대부분 실제 불안한 상황 때문이 아니라 불안에 대한 생각의 초점이 만든 느낌일 뿐이다. 그렇기 때문에 불안에 맞추어진 초점을 전환하는 순간 불안은 약해지거나 사라지게 되는 것이다.

상태불안

    사람들은 살아가면서 자신의 의지와 상관없이 불안을 자주 느끼게 되지만 불안이 왜 생기는지에 대해 제대로 알지 못하기 때문에 불안한 정서를 자주 겪게 되면서 지속적으로 스트레스를 받게 되는 경우가 많다. 이렇게 불안 때문에 스트레스를 반복적으로 받게 되면 자신의 긍정적인 자원과 에너지를 효율적으로 활용할 수 없는 상태가 되어 수행에 지장을 받을 수밖에 없어진다.

    이처럼 사람들은 불안한 정서 때문에 스트레스에 시달리고 있다.

불안은 성격적 특성에 의해 영향을 받게 되는 특성불안과 특정한 상황이나 상태에 따라 영향을 받게 되는 상태불안으로 분류한다.

그중에서 상태불안은 누구나 가지고 있는 보편적인 정서이기 때문에 긍정적인 것으로 볼 수 있다. 다만 상태불안이 특성불안에 의해 지나치게 높아지게 되면 비정상적이고 부정적인 상태를 만들게 되면서 수행에 지장을 주는 것이 문제가 되는 것이다.

운동선수가 평소 훈련과정에서는 자신의 기량을 충분히 발휘하여 운동수행에 전혀 문제가 없다가도 중요한 경기 상황만 되면 지나친 각성과 불안을 느끼게 되면서 멘탈이 붕괴되는 경험을 반복하게 되는 경우가 있는데 이것을 '상태불안'이라고 한다. 이러한 상태불안이 반복적으로 일어나게 되면 만성적인 스트레스를 일으키게 된다. 나중에는 만성적인 스트레스를 일으키는 자기 자신의 부정적인 정서에 대해서도 불안을 학습하여 불안에 중독된 순환고리를 만들게 될 수도 있다.

예를 들어 축구선수가 평소 훈련과정에서 페널티킥을 찰 때는 안정된 심리상태에서 성공률이 높다가도 경기 상황에서 페널티킥을 찰 때는 지나친 각성과 불안을 느끼게 되면서 어처구니없는 실축을 하게 되는 것도 상태불안 때문이다. 선수의 상태불안이 통제하기 힘들 정도로 높게 되면 심장박동이 급격히 빨라지고 몸의 긴장과 경직, 심리적 불안 수준이 지나치게 높아져 수행이 급격히 떨어지게 된다.

이러한 상태불안은 일상생활 속에서도 많이 경험하게 된다. 중요한 면접시험을 보거나 무대에 올라 여러 사람 앞에서 발표를 해야 할 때도 상태불안은 어김없이 찾아온다. 회의 중 자기 발표순서가 가까워질수록 심장박동이 비정상적으로 빨라지면서 주의의 폭을 지나치게 좁혀 해야 할 말을 제대로 못하는 것도 상태불안 때문이다. 원래 상태불안은 상태나 상황에 가장 적합한 각성상태를 만들기 위해 가지고 있는 긍정적이고 보편적인 반응이다. 이와 같이 우리는 상태불안이 가지고 있는 긍정적인 역할 덕분에 좀 더 효율적인 반응을 할 수 있고 활력을 얻을 수 있게 되는 것이다.

대부분의 상태불안은 특정한 상태에서 느끼는 불안이기 때문에 그 상태를 만든 시간이 지나거나 상황이 바뀌게 되면 자연스럽게 사라지게 된다. 오히려 상태불안을 적절히 조절, 통제할 수 있을 때 다량 분비된 아드레날린을 활용하여 놀라운 집중력과 폭발적인 에너지를 동원할 수 있기 때문에 수행에 긍정적인 영향을 미친다. 그래서 효율적인 과제 수행을 통해 성취를 이루기 위해서는 상태불안이 반드시 필요한 것이다. 그 이유는 아드레날린이 증가하면 심장박동을 빠르게 증가시키고 발한, 근육긴장, 주의의 초점을 좁히게 되면서 신체의 유기적 협업체계를 이루어 완벽한 수행을 돕기 때문이다.

아드레날린의 분비는 싸움-도피 반응을 빠르게 준비하여 그 상황과 상태에 가장 적합한 반응을 할 수 있게 해준다. 즉, 특정 상태에서 느끼게 되는 상태불안은 자신의 숨겨진 잠재능력을 활용할 수 있게 해주어 원하는 성과를 얻게 해주는 것이다. 지나친 특성불안에 의해 상태불안이 통제하기 힘든 상태를 만들지만 않는다면 상태불안은 우리 삶의 소중한 자원과 에너지를 사용할 수 있게 해준다.

사람들은 누구나 불안을 가지고 있으며 그러한 정서는 건강하고 자연스러운 현상이다. 불안의 정서가 무조건 부정적인 것이 아니기 때문에 그것을 해석하고 통제할 수 있는 능력을 가지는 것이 중요하다. 그래서 체계적인 멘탈 훈련을 통해 특성불안을 낮추고 상태불안을 긍정적으로 활용할 수 있는 멘탈 능력이 필요한 것이다.

연어의 스트레스

연어는 민물 하천에서 태어나 성체가 되면 험난한 여정을 통해 넓은 바다로 나간다. 이렇게 민물에서 태어난 연어가 넓은 바다로 나가 염분이 가득한 바닷물에서 생존할 수 있는 상태로 변화하는 과정을 염분적응이라고 한다.

연어는 기나긴 여정에 도전하며 자신의 안전과 생존이 크게 위협받는 시련과 스트레스를 지속적으로 겪으면서도 여정을 포기하지 않는다. 어떠한 스트레스 상황이 닥쳐도 멈추지 않고 계속 헤엄쳐나간다.

그런데 이렇게 기나긴 여정의 끝이 바다가 아니라 다시 처음 태어난 고향으로 회귀하는 것이라는 사실에 경이로움을 느낀다. 연어가 처음 태어난 곳에서 자신의 생을 마감하기 위해 회귀하는 과정에는 더 많은 시련과 위험이 도사리고 있기 때문에 연어가 받는 스트레스는 바다로 나아갈 때보다 훨씬 더 많이 받게 받게 된다.

이처럼 연어는 바다로 나아갈 때도 엄청난 시련을 겪으며 스트레스를 받게 되지만 부화를 위해 회귀하는 과정에서는 안전과 생존에 위협을 받기 때문에 훨씬 더 큰 스트레스를 받는다. 고향으로 돌아가는 환경이 처음보다 더 척박하게 바뀌고 인간을 비롯한 포식자들이 호시탐탐 노리는 사냥감의 신세가 되면서 최고의 스트레스를 받게 된다.

이와 같이 연어는 자신의 안전과 생존이 크게 위협받는 최고의 스트레스를 받으면서도 다음 세대를 부화시켜야 하는 사명을 완수하기 위해 원래 태어난 강으로 거슬러 올라가는 도전을 결코 포기하지 않는다. 연어는 자신의 안전과 생존에 대한 위협적인 상황을 아랑곳하지 않고 자신의 사명을 완수할 수 있는 목적지에 도달할 때까지 계속 앞으로 나아가는 것이다.

연어가 회귀하는 기나긴 여정은 종에 따라 차이가 있지만 최장 1600km에 이른다. 연어는 일반적으로 하루에 약 40km를 헤엄치며 자신이 처음 태어난 고향을 찾아간다고 한다. 이러한 관점에서 보면 인간의 삶도 연어와 큰 차이가 없다고 볼 수 있다.

인간은 태어나면서부터 자신의 자원과 에너지를 동원하여 스스로를 성장시키고 더 넓은 세상을 향해 날갯짓하며 꿈을 펼친다.
기나긴 여정에는 수많은 장애물을 만나고 시련을 겪게 되지만 그러한 고난과 시련을 겪는 과정에서 받게 되는 극한 스트레스를 자신의 성장과 목표성취를 위한 디딤돌과 징검다리로 만들어 원하는 성취 결과를 얻을 때까지 도전을 멈추지 않는다.

여기에서 전제되어야 하는 것이 바로 자신의 사명을 실현시키기 위한 꿈과 목표가 뇌에 구체적이고 선명하게 프로그래밍되어 있어야 한다는 것이다. 자신의 사명과 꿈, 목표가 구체적이고 선명하지 못한 사람들에게는 극한 스트레스가 삶의 장애물이 되거나 걸림돌이 되기 때문이다. 하지만 자신의 사명을 실현시키기 위한 구체적이고 선명한 꿈과 목표를 가진 사람들은 고난과 시련을 겪는 과정에서 받게 되는 극한 스트레스가 성취를 위한 소중한 자원과 디딤돌이 된다.

연어는 자신의 삶이 스트레스의 연속이지만 스트레스에 좌절하거나 포기하지 않고 자신의 사명을 실현시키기 위해 모든 자원과 에너지를 동원한다. 우리의 삶도 마찬가지로 스트레스의 연속이지만 자신의 사명을 실현시키기 위한 구체적이고 선명한 꿈과 목표를 설정하여 뇌에 프로그래밍시킬 수만 있다면 그 어떤 스트레스에도 적응하고 극복할 수 있다. 그래서 중요한 것이 우리 삶의 사명을 찾는 것이고 그 사명을 실현시키기 위한 구체적이고 선명한 꿈과 목표를 설정하여 뇌에 생생하게 프로그래밍시키는 것이다.

삶의 성취를 실현시키기 위한 모든 행동은 뇌에 프로그래밍된 결과이다. 뇌에 프로그래밍되었다는 것은 광케이블처럼 굵은 전용신경회로가 구축되어 우선적으로 활성화될 수 있도록 대기하고 있다는 의미이다. 이처럼 뇌에 자신의 꿈과 목표에 대한 전용신경회로가 구축되면 꿈과 목표를 이루기 위한 자동적인 시스템이 작동되기 때문에 NCR적인 꿈과 목표가 CR적인 현실에서 이루어질 수밖에 없는 것이다.

벙커 심리

포탄이 비오듯이 쏟아지는 전장에서 자신의 안전과 생존을 위해 머리를 내밀지 않고 위험한 상황이 지나고 안정될 때까지 숨어서 기다리는 것과 같은 소극적인 행동을 하는 것을 안전한 벙커에 숨는다는 의미로 '벙커 심리'라고 한다.

심리상담과 멘탈코칭을 진행하다 보면 과거의 트라우마나 만성적인 스트레스로 인해 현실에서 자기 자신과 주변 사람, 환경과의 상호작용이나 접촉을 정상적으로 하지 못하는 내담자를 많이 만나게 된다.

이런 내담자들은 과거의 부정적인 경험에 연합되어 지금 현재를 접촉하지 못하기 때문에 과거의 생각과 정서가 지배하는 좁혀진 경계에 숨게 되는데 이것도 일종의 벙커 심리로 이해할 수 있다.

과거의 트라우마나 만성적인 스트레스로 인해 뇌가 부정적인 생각이나 정서에 중독된 상태에 빠지게 되면 현재의 우울함과 무기력한 상태를 계속 유지해야 한다. 이렇게 되면 부정적으로 중독된 상태를 계속 유지시켜주는 자신의 좁혀진 경계를 뛰어넘는 새로운 변화에 대해서는 완강히 저항하게 된다. 왜냐하면 트라우마와 스트레스에 중독된 사람은 중독상태에 빠져있을 때 가장 편안함과 안정감을 느끼기 때문에 기존의 중독된 상태를 파괴하는 새로운 긍정적인 변화를 위한 자극에 대해 저항할 수밖에 없는 것이다.

이렇게 중독상태가 되면 자신의 의지와 상관없이 과거의 트라우마와 스트레스를 경험하게 만드는 특정한 생각과 느낌, 말, 행동을 반복적으로 재연한다. 그 결과 현재의 중독상태를 유지하는 신경회로를 더 강화하게 되면서 변화에 저항하는 심리를 갖게 된다. 그래서 부정적 정서에 중독된 사람들은 긍정적인 변화를 위한 심리상담과 멘탈 훈련과정 자체를 아주 힘든 고통으로 받아들일 수도 있기 때문에 저항 심리를 갖게 되는 것이다.

중독상태가 심한 내담자의 경우 변화를 위한 심리상담과 멘탈 훈련을 고통으로 받아들이기 때문에 중도에 포기하기가 쉬워진다. 그 이유는 트라우마와 스트레스에 중독된 현재 상태를 유지해야 하는 상황에서 새로운 변화는 귀찮고 고통스러운 것으로 받아들이기 때문이다. 그래서 기존의 중독상태에서 벗어나 긍정적인 변화를 하는데 분명히 도움이 되는 심리상담과 훈련을 거부하게 되는 것이다.

이것이 바로 중독현상이다. 이미 주변 사람들과 환경으로부터 단절된 상태에서 트라우마와 스트레스에 중독된 습관을 만들게 되면 역설적이게도 현재의 부정적인 상태에 머무르는 것을 오히려 편안하고 안정적으로 느끼게 된다. 이처럼 우리 뇌가 중독된 상태에 빠지게 되면 좁혀진 경계와 안전지대가 되는 벙커에 숨는 것이 가장 안정적이고 편안함을 주는 최고의 선택이라고 착각하게 되는 것이다.

그래서 벙커 심리에 갇히게 되면 벙커 안에 있는 자신을 정당화시키는 비합리적인 신념체계를 형성한다. 이 상태에서 자신의 좁은 경계가 만든 편향된 세상모형을 진짜 세상이라고 착각하며 벙커에서 나오는 도전을 두려워하게 된다. 벙커 밖에는 자신의 안전과 생존을 위협하는 수많은 요소들이 존재하고 있다는 그릇된 신념을 일반화시키기 때문에 벙커 안에 계속 머무르게 되는 것이다.

미국의 대통령이었던 트럼프는 평소 공개행사나 TV 출연 등으로 대중 앞에서 자신의 존재를 드러내는 것을 좋아하는 스타일이지만 대선에서 패배한 이후 백악관에 머물며 긴 침묵을 이어갔다. 절대적인 권력에 대한 집착이 자신의 패배를 인정하지 못하게 만들면서 현실적인 패배를 받아들이기가 두려워 백악관이라는 안전한 벙커에서 버티고 있었던 모습이 바로 벙커 심리인 것이다.

벙커 심리가 일시적으로 편안함과 안정감을 느끼기도 하지만 너무 길게 지속되면 궁극적으로 자기 상실을 겪게 될 가능성이 높아지고 다른 사람들과 환경과의 상호작용이나 접촉에 장애를 갖게 만들 수도 있다.

학습된 무기력과 스트레스

개에게 반복적으로 전기충격을 가하는 실험을 통해 개가 전기충격에 어떻게 반응을 일으키게 되는지를 관찰하는 과정에서 스트레스에 의한 학습된 무기력 현상을 발견할 수 있다.

실험실에 개를 가두고 반복적으로 전기충격을 가했을 때 처음에는 개가 스트레스 상황에서 벗어나기 위해 강렬하게 움직이지만 그러한 움직임이 현재의 고통에서 벗어나는데 전혀 도움이 되지 않는다는 사실을 깨닫게 되면 그 상황에서 벗어나는 노력을 포기하게 된다. 상식적으로 생각하면 개가 극심한 고통을 주는 전기충격의 스트레스 상황에서 벗어나기 위해 계속적으로 발버둥 치는 것이 정상적인 반응이지만 그러한 노력이 아무런 도움이 되지 않는다는 사실을 알아차리게 되면 제자리에 얼어붙기를 선택하게 되는 것이다.

일반적으로 개는 자신의 안전과 생존에 심각한 위협을 주는 스트레스 상황에 노출되었을 때 그 대상이나 상황과 싸우기 위한 경계태세를 갖추거나 신속하게 도피를 선택하게 된다. 하지만 싸움-도피 반응을 선택할 수 없는 막다른 상황에서는 제자리에 얼어붙기를 선택한다. 싸움이나 도피보다 제자리에 얼어붙기를 통해 움직이지 않는 것이 자신의 안전과 생존에 더 유리하다고 판단하기 때문에 아무런 반응도 하지 못하고 얼음처럼 굳어지게 되는 것이다.

이러한 얼어붙기가 반복되면 자신에게 고통을 주는 상황에서 벗어날 수 있는 새로운 환경이 주어져도 개는 싸움이나 도피를 선택하지 못하고 그냥 얼어붙기를 반복적으로 선택하여 무기력한 상태에서 고통스러운 경험을 계속하게 된다. 이렇게 무기력한 상태를 반복적으로 경험한 개는 자신에게 고통을 주는 전기충격에서 벗어날 수 있는 안전한 상황을 새롭게 제공해주어도 그냥 자리에 앉아 얼음처럼 굳어진 상태에서 낑낑거리기만 한다.

왜냐하면 충격에 의한 얼어붙기가 반복되면 관련된 화학물질에 중독되어 있는 상태에서 얼어붙기를 선택하는 전용신경회로를 우선적으로 발화시켜 자동적으로 얼어붙기 반응이 나타나기 때문이다. 이후 개는 자신에게 전기충격의 고통을 주었을 때 조건형성된 실험실과 관련된 미세한 자극과 단서에도 얼어붙기 반응을 일으키게 되면서 학습된 무기력 현상을 일반화하게 된다.

긍정심리학의 창시자이자 심리학 교수인 마틴 셀리그만은 이러한 반응을 바탕으로 '학습된 무기력'이라는 개념을 정립했다. 우리 주변에는 의외로 많은 사람들이 반복적인 스트레스와 실패 경험 때문에 학습된 무기력 현상을 겪게 되면서 정상적인 싸움-도피 반응이나 합리적인 반응을 포기해버리는 것을 볼 수 있다. 힘든 고통을 주는 현재의 상황에서 더 나은 선택을 할 수 있음에도 불구하고 과거의 실패 경험과 관련된 전용신경회로가 구축되어 있기 때문에 새로운 변화를 위한 노력을 스스로 포기하게 되는 것이다.

너무 쉽게 자신의 경계를 좁혀버리거나 안전지대 사이즈를 축소하여 수동적이 되거나 희생자의 역할을 기꺼이 수용하는 비겁자가 되는 선택을 한다. 이러한 선택은 뇌가 부정적인 경험이 반복되면서 무기력한 중독상태를 만들기 때문에 자신의 의지와 상관없이 나타난다.

자유의지가 작동되지 못하게 되면 자기 자신의 통제력과 주도권을 상실한 상태에서 자신의 긍정적인 자원과 에너지를 차단하고 오로지 학습된 무기력 현상을 반복하게 되는 것이다.

이렇게 되면 자신의 자유의지로 새로운 선택과 노력을 할 수 없기 때문에 그 어떤 것도 변화시킬 수 없다는 부정적인 자기 제한 신념을 일반화하게 되면서 무기력한 상태에서 더 편안함을 느끼기까지 한다.

모든 중독은 형태만 다를 뿐이며 중독상태에 빠지게 될 때 자신의 존재감을 느낄 수 있게 되고 무의식적 차원에서는 중독상태에서 가장 안정감과 편안함을 느끼게 된다.

반복적인 학습된 무기력 현상을 겪게 되면 우리 뇌는 중독상태에 빠진다. 알코올중독, 니코틴중독, 마약중독, 게임중독, 도박중독 등과 마찬가지로 학습된 무기력도 의식에서는 중독상태에서 빠져나오고 싶어하지만 무의식에서는 중독상태에서 편안함과 안정감을 느낄 수 있기 때문에 중독된 패턴을 반복적으로 사용하게 되는 것이다.

중독된 무기력 현상을 겪게 되면 현실에서 겪게 되는 모든 고통과 불쾌한 정서, 불안, 우울, 스트레스, 무기력 등을 참아내며 자신을 한없이 축소하게 된다. 이러한 중독된 상태에서는 현재의 문제를 해결할 수 있는 능력이 있다는 사실을 믿지 않을 뿐만 아니라 스스로의 삶을 통제할 수 있는 능력도 없다는 부정적인 자기 제한 신념을 강화시켜 스스로 그 신념에 구속당하는 선택을 반복한다. 자신의 자유의지로 새로운 선택을 하고 변화를 위한 실행을 할 수 있다는 절대적인 사실은 믿지 않고 무기력한 현재의 상태에 대한 부정적인 신념을 굳혀 부정적인 자기 제한 신념에 스스로 통제당하는 선택을 반복하게 되는 것이다.

이 상태에서는 자신이 가진 자원과 에너지를 긍정적으로 활용하여 현재의 문제상황을 변화시키는 것에 사용하지 못한다.
오히려 자신의 자원과 에너지를 현재의 고통을 계속 겪을 수 있는 나쁜 상태에 적응시키고 그러한 고통을 계속 유지시키는데 투입하는 어리석은 선택을 하게 될 가능성이 높아진다. 이렇게 되면 새로운 학습이나 인간관계, 일, 연애, 사랑, 창조, 문화생활, 봉사, 도전, 호기심, 실험정신 등과는 멀어지는 마음의 걸림돌이 생기게 된다.

학습된 무기력 현상을 겪게 될 때 우리는 원하지 않는 환경적 상황에 통제당하기 때문에 환경에 휘둘리는 존재가 될 수밖에 없다.
그래서 필요한 것이 지금 현재에서 자기 자신을 알아차리고 접촉할 수 있는 마음의 쿠션을 가지기 위해 멘탈에 대한 공부와 훈련이다.

자기 상실

　트라우마를 경험한 사람들의 뇌는 충격에 의해 전체성이 결여되어 정상적인 자기 자신과의 알아차림과 접촉이 힘들기 때문에 다른 사람들과 라포를 형성할 수 없을 뿐만 아니라 친밀한 관계 형성도 어렵다.

자신의 트라우마 경험이 견디기 힘들 만큼 정서적으로 충격적인 끔찍한 사건이었다면 다량의 화학물질을 분비하여 뇌를 중독상태에 빠지게 만들어 굵은 전용신경회로를 구축하게 된다.

　이러한 충격적인 경험은 자신의 안전과 생존을 최우선으로 하는 생존본능기전을 발현시켜 지속적인 스트레스에 노출되게 만든다.

트라우마로 인해 만성적인 스트레스가 생기게 되면 평소에도 과하게 예민한 상태를 만들기 때문에 안정된 상태에서 자기 자신을 알아차리고 접촉할 수 없을 뿐만 아니라 다른 사람들과도 안정적이고 온전한 접촉을 할 수 없는 접촉 경계 혼란을 겪게 될 가능성이 높아진다.

다른 사람들과의 정상적인 관계를 발전시키기 위해서는 자신과의 접촉이 우선되어야 한다. 자신과의 접촉이 어려운 이유는 과거의 트라우마 기억이 선명하게 재연되면서 자신이 과거에 겪었던 경험과 자신의 반응행동에 대한 수치심과 다시 만나야 하기 때문이다. 트라우마 사건이 타인이나 환경에 원인이 있는 경우가 많지만 지금 현재에서 심리적 고통을 겪게 되는 주체는 자기 자신이기 때문에 과거의 선택과 대응에 더 큰 후회 감정과 수치심, 분노가 생기게 된다. 이렇게 되면 자신이 겪게 된 부정적인 감정을 스스로 경멸하며 자기 상실이라는 블랙홀에 빠지게 되는 것이다.

이처럼 견디기 힘들 만큼의 충격적인 사건이나 사고로 인하여 정신적 외상을 입은 사람들은 자신의 세상모형에 트라우마를 채색시켜버리기 때문에 이후 자기 자신과 주변 환경에서 일어나는 일들을 객관적으로 알아차리거나 접촉을 할 수가 없게 된다. 왜냐하면 트라우마 경험에 의해 조각난 기억들 때문에 뇌가 전체성을 형성하지 못하는 상태에 계속 머물러있어 주변의 자극과 정보를 통합적이고 합리적으로 해석하지 못하도록 만들기 때문이다.

다행히 우리 뇌는 천억 개가 넘는 뉴런의 시냅스 연결에 의해 통합된 전체성으로 작동되고 있기 때문에 그 어떤 것이든 상상하고 창조할 수 있는 가소성을 가지고 있다. 그래서 상상하는 것만으로도 행복한 미래를 그릴 수 있고 설렘이 있는 과거를 회상할 수도 있다. 이처럼 우리 뇌가 통합된 전체성으로 작동될 수 있을 때 트라우마와 외상 후 스트레스 장애의 좁혀진 경계와 안전지대에서 벗어날 수 있게 된다.

정신병자

흔히 정신적인 장애를 가진 사람을 얕잡아 부르거나 비정상적인 행동을 하는 사람들을 속되게 표현할 때 정신병자라는 말을 사용한다. 사전적 의미로 정신병자란 극단적인 반사회적 인격장애를 말한다. 평소에는 정상적인 모습을 보이지만 자신의 욕구를 충족시키기 위해 극단적인 공격 성향을 보이기도 한다. 이러한 정신적인 문제의 이면에는 만성적인 스트레스가 자리 잡고 있다.

만성적인 스트레스를 받게 되면 스트레스로 인한 심리적, 신체적, 사회적인 부조화가 일어나게 되면서 자기 상실을 겪게 될 가능성이 높아진다. 자기 상실을 겪게 되면 참자기를 만나지 못하기 때문에 다른 사람들과의 관계 능력에도 장애가 생기게 된다.

우리 주변에는 정신적인 문제 때문에 스트레스를 받으며 고통 속에 살아가는 사람이 의외로 많다. 그러한 정신적인 스트레스로 인해 생긴 억압된 감정이나 부조화 때문에 뇌가 통합된 전체성을 상실하게 되는 정도가 아주 심해질 때 정신이상자로 분류하거나 정신병자라는 진단명을 붙이게 되는 것이다.

일반적으로 정신병자라는 말을 듣게 되면 정상이 아니라는 선입견이 생긴다. 중요한 것은 정상이 아니라는 말이 정신병자라는 낙인인지 아니면 평범하지 않다는 뜻인지에 대한 정확한 이해가 필요하다. 왜냐하면 우리가 판단하는 정상의 기준을 누가 정하는가에 따라 무엇이 정상이고 비정상인지가 정해지기 때문이다.

서로의 다름일 뿐인데도 불구하고 자신과 다르다는 이유로 틀림의 잣대를 들이대며 정신병자라는 낙인을 찍어 다름을 가진 사람들을 마치 괴물로 여기는 편향을 할 수도 있다. 마치 눈이 하나뿐인 사람들이 모여 살아가는 세상에서는 눈이 두 개인 사람이 비정상 취급을 받는 것과 같은 것이다.

사람은 모두가 다른 존재이다. 어떤 특정 요인이나 반복적인 학습과 경험에 의해 뇌의 전용신경회로가 다르게 구축되어 서로의 차이를 만들기 때문에 다름을 가진 존재일 뿐이다. 그렇기 때문에 함부로 비정상이라거나 정신병자라는 프레임을 씌워서는 안 된다. 이러한 편향적이고 경직된 관점으로 세상을 바라보게 되면 마치 일등만 정상이고 나머지는 모두가 비정상이라고 판단하는 것과 마찬가지의 삐뚤어진 세상모형을 가질 수도 있기 때문이다.

도대체 누가 정상이고 누가 비정상인가?

우리 사회에는 특정 이념이나 진영에 깊이 빠져 자기 자신과 같은 대상과 집단은 정상이고 자신과 다른 대상과 집단은 비정상이라고 판단하는 집단 광기에 허우적거리는 사람들이 너무나 많다.

서로의 다름을 수용하거나 인정하지 못하고 자신들이 가진 집단의 힘을 빌려 자신들과 다름을 가진 개인과 집단을 틀림의 관점으로 매도하고 공격하는 행태가 더 큰 비정상이다. 어느 누구도 완전한 사람은 존재하지 않는다. 그런데도 불구하고 자기 자신은 정상이고 자신과 다름을 가진 사람을 틀림의 관점으로 편향시켜 비정상으로 바라보게 된다면 스스로가 비정상적인 존재가 되는 것이다.

이러한 관점에서 보면 누가 정신병자인가?

이 모든 것이 과거의 반복적인 학습과 경험으로 형성된 전용신경회로에 의해 만들어진 생략, 왜곡, 일반화된 세상모형이 만든 가짜일 뿐이다. 우리 뇌는 가짜 세상모형에 대한 절대적인 믿음을 만들어 그 믿음에 스스로 통제당하는 착각의 챔피언이다. 그래서 뇌를 어떻게 사용하는가에 대한 방법을 제대로 알아야 하는 것이다.

인간의 뇌는 세상에서 가장 복잡하다. 천억 개가 넘는 뉴런의 병렬적인 시냅스 연결이 만들어내는 신경회로의 숫자는 헤아릴 수 없을 만큼 많기 때문에 뇌를 제대로 알지 못하고 함부로 사용하게 되면 큰 장애를 일으키게 될 수도 있다. 그래서 복잡한 뇌를 어떻게 사용하는가에 대한 정확한 설명서가 필요하다. 아무리 좋은 자동차를 가지고 있어도 어떻게 조작하는지를 모르고 도로에 나간다면 아주 위험한 상황을 맞이할 수도 있는 것처럼 인간의 뇌도 잘못 사용하게 되면 치명적인 오류와 장애를 겪게 되기 때문에 뇌 사용설명서가 필요한 것이다.

우리 주변에는 자신의 뇌를 합리적으로 사용하는 방법을 모르고 잘못 사용하여 정신적, 신체적, 사회적으로 심각한 스트레스를 겪으며 살아가는 사람들이 많다. 그래서 우리 뇌도 몸처럼 트레이닝시켜 근육을 만들어야 한다. 사람들은 눈에 보이는 몸은 운동을 통해 부지런히 관리하여 근육을 만들지만 마음을 만들어내는 뇌를 운동시켜 근육을 만드는 것에는 무관심한 경우가 많다.

뇌 근육을 키운다는 것은 뇌를 몸처럼 직접 단련시켜 눈에 보이는 근육을 만드는 것이 아니라 멘탈 공부와 훈련을 통해 마음의 쿠션을 강화시켜나간다는 뜻이다. 즉, 뇌를 적절히 자극할 수 있는 새로운 학습과 경험을 반복하여 신경회로의 배열과 조합을 확장하고 연결을 강화시켜서 유연성을 키워 신경가소성을 활용할 수 있는 상태를 만드는 것이 뇌 근육을 키우는 과정이다.

이렇게 뇌 근육을 키우고 마음의 쿠션을 강화시켜 합리적인 세상모형을 가지게 될 때 자기 자신과 다른 사람에 대한 온전한 알아차림과 접촉이 가능해지고 서로의 다름을 틀림으로 편향하지 않고 존중해줄 수 있는 존재가 될 수 있는 것이다.

치료가 필요한 정신적 장애는 질병을 앓고 있는 것이기 때문에 의학적 치료를 통해 더 나은 상태로 변화할 수 있도록 도움을 주어야 한다. 하지만 서로의 다름을 정신적 문제로 쉽게 단정 짓는 어리석음은 우리 모두를 피해자로 만들 뿐이다.

실패에 대한 두려움

　우리 뇌는 어떤 생각을 떠올리는 것만으로도 특정한 화학물질을 다량으로 분비시키고 그 생각과 관련된 시냅스 연결의 배열과 조합이 바뀌게 되는 가소성을 가지고 있다. 생각은 과거의 학습과 경험에 의해 형성된 기억시스템이 존재하기 때문에 가능하며 기억시스템은 뇌의 시냅스 연결이 강화된 것이다.

　이러한 시냅스 연결이 통합된 전체성을 완성하고 평소 자주 사용하거나 정서적 의미가 큰 기억과 관련된 시냅스 연결은 굵게 만들어 전용신경회로를 구축하게 된다. 이렇게 뇌가 전용신경회로를 구축하여 통합된 전체성을 완성하게 되면 개인의 신념체계가 굳어지면서 주관적이고 자기중심적인 독특한 세상모형이 만들어진다.

　사람들은 모두가 서로 다른 학습과 경험에 의해 자기 자신만의 고유한 시냅스 연결과 전용신경회로를 구축하여 주관적이고 자기중심적인 신념체계와 세상모형이 서로 다르게 만들어지기 때문에 똑같은 세상을 살아가면서도 서로 다른 세상을 경험하며 살아가는 존재가 된다.

그렇기 때문에 사람들마다 다른 신념체계와 세상모형에 따라 불안과 스트레스 수준이 다를 뿐만 아니라 불안과 스트레스 요인에 대한 반응도 서로 다를 수밖에 없는 것이다.

불안과 스트레스는 상관성을 가지고 서로에게 영향을 미치기 때문에 불안이 스트레스를 높일 수도 있고 스트레스가 불안을 높일 수도 있다. 일반적으로 불안은 인지적 불안과 생리적 불안, 신체적 불안으로 나눌 수 있으며 이 세 가지 불안은 비국소성으로 순환고리를 만들고 있기 때문에 하나의 시스템으로 작동된다.

예를 들어 외부에서 주어지는 위협적인 신호나 자극에 의해 인지적으로 심한 불안을 느낄 때 생리적 각성과 더불어 신체적인 긴장도 동반되면서 스트레스 반응을 일으킨다. 그래서 인지적 불안이 생리적, 신체적 불안을 증폭시키고 생리적, 신체적 불안이 또다시 인지적 불안을 증폭시키는 패턴이 반복되면서 불안과 스트레스에 중독된 순환고리를 만들게 되는 것이다.

세 가지 불안은 개념적으로 서로 구분은 될 수 있지만 분리될 수 없는 하나의 시스템으로 작동되고 있기 때문에 어느 한 가지에 변화가 생기게 되면 다른 두 가지도 함께 변화하게 되는 비국소성과 전체성을 가지고 있다. 이러한 불안상태에서 벗어나기 위해 관점 바꾸기로 인지적 상태를 바꾸든 호흡훈련을 통해 생리적 상태를 바꾸든 이완훈련을 통해 신체적 상태를 바꾸든 상관없이 하나의 긍정적인 변화를 통해 전체의 긍정적인 변화를 이끌어낼 수가 있게 되는 것이다.

불안에서 벗어나 편안함과 안정감을 느끼게 되는 것도 인지적, 생리적, 신체적으로 어느 하나의 작은 변화에서부터 전체의 변화가 시작되는 것으로 볼 수 있다. 그렇기 때문에 전체를 바꾸기 위해서 부분의 변화에 초점을 일치시키는 선택이 필요한 것이다.

불안을 심하게 느끼는 상태에서는 초점을 일치시키는 것이 힘들어지기 때문에 주의산만 요소가 발생해 여러 가지 심리적 간섭이 발생하게 되면서 주의집중상태를 지속하기가 어려워진다. 또한 적정 수준을 뛰어넘는 심한 각성상태가 되면 주의의 폭이 지나치게 좁혀지면서 효율적인 수행에 필요한 중요한 단서까지 차단해버리기 때문에 정상적인 판단과 수행이 어려워지게 된다.

만약 성장과정에서 실수나 실패에 대해 부모와 권위자로부터 부정적인 피드백이나 처벌을 반복적으로 받은 경험이 있는 사람이라면 뇌에 실수나 실패에 대한 두려움의 감정이 함께 연합된 전용신경회로와 기억시스템을 가지고 있을 가능성이 높다.

이런 경우 성인이 된 이후에도 실패에 대한 두려움과 관련된 전용신경회로가 쉽게 활성화되기 때문에 자기 자신을 스스로 제한하는 부정적인 신념을 갖게 될 가능성이 높아진다. 사람들은 현재에서 어떤 자극에 대해 두려움을 느낄 때 과거의 기억과 유사한 작은 자극과 단서와 관련된 전용신경회로가 쉽게 활성화되어 과거의 불안한 감정을 현재에서 재연하게 된다.

멘탈코칭센터에서 운동선수들과 일반인, 학생들과의 멘탈 상담과 훈련을 진행하다 보면 많은 사람들이 실수나 실패에 대한 두려움 때문에 자신의 자원과 에너지를 제대로 사용하지 못하고 있다는 것을 알 수 있다. 이런 사람들은 과거의 실수나 실패에 대한 처벌받은 학습과 부정적인 피드백으로 뇌에 부정적인 기억시스템을 구축하고 있기 때문에 현재에서 존재하지 않는 불안에 대한 확고한 신념체계를 형성하여 자기 자신을 지나치게 위축시키고 좁혀진 경계에 갇혀버린다.

이렇게 되면 의식적 차원에서는 합리적 신념체계가 작동되지만 잠재의식적 차원에서는 깊이 뿌리내린 부정적 자기 제한 신념에 의해 스스로 불안한 존재를 만들게 된다. 불안과 관련된 과거의 부정적 정서는 관념적 세계일 뿐이지만 과거 기억에 대한 확고한 신념체계가 구축되면 불안은 지금 현재에서 절대적 사실이 되는 것이다.

이 상태에서는 현실에서 어떤 과제를 수행할 때 과거의 기억시스템에 연합되어 있는 불안과 관련된 미세한 자극과 단서만 주어져도 과거의 부정적인 감정이 통째로 불려 나와 정상적인 사고와 판단에 걸림돌을 가지게 된다. 이러한 불안한 정서를 상시적으로 느끼게 만드는 심리적인 걸림돌을 가지게 되면 큰 힘을 들이지 않아도 쉽게 처리할 수 있는 일상적인 과제나 수행, 인간관계조차 효율적으로 처리하지 못하게 되는 무기력한 상태에 빠지기 쉬워진다.

예를 들어 운동선수가 평소 훈련과정에서는 안정된 심리상태에서 자신의 기량을 충분히 발휘하여 수행능력이 뛰어나지만 중요한 대회에만 나가면 심리적 부담감으로 지나친 각성과 불안을 느끼게 되면서 주의의 폭이 지나치게 좁혀져 쉽게 할 수 있는 기초적인 운동 기술, 동작,

전략조차 제대로 수행하지 못하거나 신속한 판단과 반응을 하지 못해 경기를 망치는 패턴을 반복하는 경우가 있다.

이러한 부정적인 상태를 만들어내는 것은 대부분 실수나 실패에 대한 두려움 때문인 경우가 많다. 실수나 실패에 대한 두려움이 생기는 이유는 과거의 실수나 실패경험에 대한 처벌이나 부정적인 피드백이 조건형성된 것으로 볼 수 있다. 이렇게 실패에 대한 두려움이 생기는 이유는 부정적인 경험에 의해 형성된 과거의 기억시스템이 지금 현재에서 자기 자신과 주변 환경을 온전히 알아차리거나 접촉하지 못하도록 방해하고 있기 때문이다.

실수나 실패경험에 대해 부정적인 피드백을 반복적으로 받았던 과거의 나쁜 기억시스템이 활성화되면 현재는 과거의 부정적인 정서에 완전히 구속된 상태가 된다. 이처럼 우리가 불안과 스트레스를 안정적으로 통제할 수 있을 때 안전과 생존을 지켜주는 안전판의 역할을 하지만 우리가 불안과 스트레스를 통제할 수 없을 때 우리 삶을 제한하는 걸림돌이 될 수 있다는 사실을 알아야 한다.

우리가 성인이 된 이후에 느끼는 지나친 불안은 대부분 과거의 잘못된 기억시스템에 의해 자신의 의지와 상관없이 자동적으로 재연되는 것으로 볼 수 있기 때문에 과거의 기억시스템을 바꾸기 위해 현재의 상태를 바꾸는 멘탈 훈련이 필요한 것이다.

뇌 전용신경회로

사람들은 반복적인 학습과 경험에 의해 구축된 전용신경회로의 통제 속에 자신만의 독특한 세상모형을 형성하여 살아가는 존재이기 때문에 똑같은 세상을 살아가면서도 모두가 다른 세상을 경험하며 살아가게 된다. 그렇기 때문에 사람들은 주관적이고 자기중심적인 세상모형에 의해 생략, 왜곡, 일반화된 생각과 느낌, 말, 행동을 반복하며 살아가는 독특한 존재가 되는 것이다.

이처럼 반복적인 학습과 경험에 의해 구축된 전용신경회로가 우리의 세상모형을 만들기 때문에 전용신경회로가 어떻게 구축되는가에 따라 우리의 존재와 정체성이 결정된다. 즉, 어떠한 학습과 경험이 반복되거나 강한 정서적 의미가 있는 경험이 주어지게 되면 전용신경회로가 구축되고 이후의 학습과 경험은 먼저 구축된 전용신경회로의 통제 속에 생략, 왜곡, 일반화되는 것이다.

먼저 입력된 정보가 뒤에 입력된 정보를 차단하거나 생략, 왜곡, 일반화시키고 편집하여 먼저 입력된 정보에 부합되도록 영향력을 미치는 심리기전을 초두효과라고 하며 이것은 뇌에 전용신경회로가 굵게 구축된 것으로 볼 수 있다. 우리가 잘 알고 있는 첫인상이나 고정관념, 선입견이 모두 초두효과에 의해서 생기게 되는 것이다.

만약 먼저 입력된 정보가 반복적으로 제공되었거나 정서적 의미가 큰 경험이었다면 뇌에 전용신경회로가 구축된 상태이기 때문에 초두효과가 작동되어 이후의 모든 학습과 경험을 조작하게 된다.

특히 종교적인 강한 믿음이나 편향된 이념, 정치집단의 소속, 정서적 경험, 트라우마, 강한 스트레스, 자신의 안전과 생존에 관련된 경험에 대해서는 잘못된 것이거나 합리성을 상실했다 하더라도 뇌에 전용신경회로를 구축하여 절대적인 신념을 만들어버리기 때문에 생략, 왜곡, 일반화가 더 심해질 수 있다.

이렇게 되면 이후의 모든 학습과 경험 과정에서 먼저 입력된 정보에 의해 편향적으로 활성화된 전용신경회로가 강력한 초두효과를 발휘하게 만든다. 사람들이 사이비 종교에 현혹되거나 특정 이념에 심취하게 될 때나 트라우마로 인한 외상 후 스트레스 장애에 시달리게 될 때 합리적인 사고와 이성적인 판단 능력을 잃어버리게 되는 것도 초두효과가 강력한 힘을 발휘하기 때문이다. 대부분의 심리적인 문제를 일으키는 원인도 결국은 먼저 입력된 잘못된 정보가 전용신경회로를 구축하여 뇌를 통제하기 때문에 생기는 것이다.

우리 뇌는 충격적인 경험에 의한 트라우마나 외상 후 스트레스 장애,

끔찍한 정서적인 경험, 반복적인 경험에 대해서는 그것을 절대적인 사실로 받아들이고 사실로 받아들인 것에 대해서는 강한 믿음을 만들어 스스로 그 믿음에 통제당하게 되는 착각의 챔피언이다.

이러한 현상은 먼저 입력된 정보가 뇌에 굵은 전용신경회로를 구축해 일반적인 신경회로의 배열과 조합에 우선하여 주도권을 행사하게 되면서 지금 현재의 실체적 진실에 대한 알아차림과 접촉에 장애를 만드는 접촉경계혼란 때문에 나타난다.

우리가 현재를 살아가면서도 과거에 구속된 삶을 살아가게 되는 이유가 초두효과에 의해 우리의 생각과 느낌, 말, 행동이 영향을 받고 있기 때문이다. 만약 초두효과가 현재의 삶에 부정적인 영향을 미치게 된다면 긍정적인 최신효과를 낼 수 있는 새로운 학습과 경험을 반복하여 긍정적인 전용신경회로를 구축하고 새로운 세상모형을 만들어 기존의 초두효과를 소거시킬 수 있어야 한다.

우리 뇌가 가진 신경가소성은 새로운 학습과 경험이 반복적으로 주어지면 전용신경회로를 구축하여 새로운 세상모형을 만들 수 있는 능력을 가지고 있다. 다시 한번 강조하지만 우리 뇌는 그 무엇이든 반복하면 그것을 사실로 받아들이고 사실로 받아들인 것에 대해서는 강력한 믿음을 만들어 스스로 그 믿음에 통제당하는 착각의 챔피언이다.

스트레스와 뇌

지식정보화시대를 살아가는 현대인들에게 정보는 삶의 중요한 자원이 된다. 정보가 곧 그 사람의 능력이 되고 부의 원천이 되기 때문이다. 이처럼 일상적인 우리의 삶은 유용한 자극과 정보를 얼마나 빠르게 많이 가질 수 있느냐에 의해 삶의 결과가 달라진다.

하지만 우리에게 제공되는 자극과 정보가 꼭 유용한 것만 있는 것은 아니다. 우리 삶에는 불필요한 자극과 정보도 끊임없이 제공되기 때문에 뇌에 과부하가 걸려 자기조절과 통제 능력을 상실하기 쉽다.

사람들은 일상생활 속에서 바보상자로 불리는 TV를 보며 여유시간을 허비하거나 휴대폰에 영혼까지 맡기면서 잠시도 눈을 떼지 못할 정도로 종속된 생활패턴을 보이기도 한다.

이러한 과정에서 뇌에 부담이 되는 불필요한 지식까지 쏟아져 들어와 산만한 상태를 만들거나 합리적 사고를 하는데 지장을 초래하게 된다.

이렇게 유입된 정보들 중에 유익한 정보를 활용해서 도움을 얻기도 하지만 일부 정보는 별로 중요하지 않거나 죽음, 질병, 폭력, 불신, 사치, 증오, 범죄, 음란, 어두운 욕망 등과 관련된 나쁜 생각과 감정, 말, 행동을 일으키는 요인이 되기도 한다.

이러한 부정적인 정보를 뇌에 반복해서 주입시키게 되면 불필요한 신경회로를 활성화시키고 관련된 화학물질을 다량으로 분비하여 마음과 몸을 과하게 각성시키거나 중독된 패턴을 만든다. 이렇게 과한 각성과 중독된 상태가 오랫동안 지속되면서 심신의 부조화가 생기고 스트레스가 쌓이게 되는 것이다.

그뿐만 아니라 과거의 나쁜 기억과 미래에 대한 걱정을 예측하면서도 스트레스가 쌓이게 된다. 스트레스는 현재에서 자기 자신과 다른 사람, 환경을 만나지 못하고 과거와 미래의 관념적 세계에 갇혀있는 상태에서 생기기 쉽다. 그렇기 때문에 과거와 미래의 경계에 갇혀 지금 현재에서 온전히 자기 자신을 만나지 못한 상태로 그 원인을 오직 과거와 미래에서만 찾으려 하기 때문에 근본적인 해결이 안 되는 것이다.

관념적 세계인 과거와 미래가 아닌 실존적 세계인 지금 현재에 온전히 머물 수 있게 될 때 스트레스가 우리 안에 오랫동안 존재할 수 없기 때문에 지금 현재를 만나는 것이 중요하다. 부정적인 과거 기억이 재연되거나 미래에 대한 부정적 예상에 의해 걱정하는 마음이 생길 때 스트레스를 느낄 수 있기 때문에 지금 현재에 온전히 집중하게 되면 스트레스가 지속되지 못하는 것이다. 왜냐하면 모든 스트레스는 우리 뇌가 현재를 알아차리거나 만나지 못하고 과거와 미래 속에서 그것을 현실이라고 착각하는 과정에서 나타나기 때문이다.

우리 뇌는 아주 먼 과거의 특정 기억을 회상하는 것만으로도 아드레날린 분비를 촉진하며 자율신경계를 활성화시켜 혈압을 올리고 심장박동수를 빠르게 하여 긴장상태를 만들 수 있는 착각의 챔피언이다. 마찬가지로 우리 뇌는 미래에 좋지 않은 일이 생길 수도 있다는 예상을 하며 걱정하는 마음이 생기는 찰나의 순간에 불안한 감정을 느끼게 하는 화학물질을 분비시키고 존재하지 않는 불안에 대비하기 위한 긴장과 각성상태를 유지시킨다. 이 모든 것을 1.4kg밖에 되지 않는 우리의 작은 뇌에서 통제하고 있는 것이다.

뇌에는 천억 개가 넘는 뉴런이 있으며 각 뉴런은 수만 개 이상의 다른 뉴런들과 병렬적 연결을 짓고 있다. 이 연결을 시냅스 연결 또는 신경회로라고 부른다. 뉴런의 시냅스 연결에 의한 정보는 전기적 신호나 화학물질에 의해 전달된다. 이러한 전기화학적 작용으로 구축된 전용신경회로에 의해 생각과 느낌, 말, 행동이 만들어지기 때문에 역으로 생각과 느낌, 말, 행동을 반복하면 전용신경회로가 바뀌게 되면서 우리 삶의 성취결과를 창조하는 신념체계가 형성되는 것이다.

그래서 신념체계가 어떻게 형성되는가에 따라 스트레스와 상관성을 가지게 되고 삶의 성취결과도 달라지게 된다. 결국 스트레스도 뇌신경회로와 화학물질의 분비에 의해 일어나는 것이기 때문에 우리가 어떤 생각과 느낌, 말, 행동을 통해 뇌에 무엇을 입력하느냐에 따라 스트레스 반응이 달라지게 되는 것이다.

뇌의 선택

　인간은 이성적인 뇌를 가진 존재이면서 때로는 감정적인 뇌를 가진 존재가 되기도 하고 본능적인 뇌를 가진 존재가 되기도 한다.

이 세 가지 뇌는 의미적으로 구분은 할 수 있으나 분리는 할 수 없는 하나의 시스템으로 연동되고 있다. 어느 한 가지 뇌만 계속해서 주도권을 행사할 수 없기 때문에 상황과 상태에 따라 서로 주도적인 역할을 맡으며 전체성으로 작동한다. 이 세 가지 뇌는 서로 독립적으로 작동되거나 대립하기도 하지만 서로의 부족한 점을 보완해주기 위해 함께 작동되고 있는 것이다.

　만약 트라우마를 야기시킬 만큼 자신의 안전과 생명을 위협하는 극심한 스트레스 상황에 노출되면 이성적인 뇌 영역이 일시적으로 정지되거나 혼란을 경험할 수 있다. 이러한 극심한 스트레스 상황으로 인한 혼란 상태가 일시적으로 그치지 않고 지속되면 이성적인 뇌가 더 이상 그 상황을 조절하거나 통제할 수 있는 능력을 상실하기 때문에 다음 단계의 반응시스템이 작동한다.

반응시스템은 감정적인 뇌 영역이 순식간에 활성화되어 싸움-도피 반응을 선택하여 자신의 안전과 생명을 지키기 위한 기전이 일어나는 상태이다. 격렬하게 싸움을 할 것인지 아니면 신속하게 도피를 할 것인지를 판단하여 자신의 안전과 생명을 지키는데 유리한 선택을 하게 된다. 이 상태에서도 문제가 해결되지 못하고 충격의 강도가 이성적인 뇌와 감정적인 뇌가 견딜 수 있는 역치를 뛰어넘게 되면 다음 단계의 반응 시스템이 작동한다.

이성적인 뇌와 감정적인 뇌가 자신의 안전과 생명을 지키기 위한 정상적인 반응시스템을 더 이상 작동시키지 못하게 될 때 그 자리에 얼어붙게 되는 선택을 하게 된다. 이렇게 본능적인 뇌 영역이 완전한 주도권을 행사하는 상황에서 얼음처럼 굳어지는 트라우마 증상들을 야기시키게 되는 것이다.

인간의 뇌와 신경계의 원시적이고 본능적인 부분들은 다른 포유류나 파충류의 뇌와 거의 유사하다. 다만 인간의 뇌는 이성적인 뇌 영역인 전두엽의 자유의지가 작동되고 있기 때문에 이성과 감정, 본능적인 삼위일체의 뇌기능이 균형을 맞추고 상황과 상태에 가장 적합한 전체성으로 통합되어 반응을 할 수 있다.

하지만 전두엽의 자유의지가 작동될 수 있는 역치를 뛰어넘는 충격적인 사건이나 사고로 인한 극심한 스트레스가 주어지면 포유류 뇌나 파충류 뇌가 주도권을 행사하게 되면서 이성적인 뇌 영역이 일시적으로 제 기능을 하지 못하게 된다. 이처럼 특정한 사건이나 사고로 인한 충격에 의해 이성적인 뇌가 주도권을 상실한 상태에서 겪는 혼란스러움과 높은 강도의 스트레스가 트라우마를 야기시키게 되는 것이다.

트라우마 경험에 의해 극심한 외상 후 스트레스 장애를 겪게 되면 차츰 트라우마에 중독되어 과거에 구속된 삶을 살아가게 될 수도 있다. 트라우마 증상이 처음 그것을 촉발한 사건 그 자체로 인해 발생한다고 착각할 수도 있지만 실제로는 처음의 트라우마 경험 때문에 트라우마 증상이 반복적으로 나타나는 것은 아니다. 왜냐하면 처음의 트라우마 경험은 이미 지나간 과거일 뿐이기 때문에 어떤 형태로든 자기를 괴롭힐 수 없다. 오히려 과거의 트라우마 경험에 대한 반복적인 생각이 트라우마 증상을 일으키는 것이다.

정확하게 설명하면 처음 트라우마 경험을 했을 때 부정적인 감각과 감정을 제대로 해소하지 못하고 축적된 상태로 몸에 남겨둔 얼어붙은 에너지 때문에 발생하게 된다. 이렇게 몸에 축적된 잔류 에너지는 신경계 안에 갇혀 분리된 상태에서 전체성으로 통합되지 못하고 마음과 몸에 큰 혼란과 상처를 남긴다.

이러한 상태를 회복하기 위해 우리 안에 선천적으로 내재된 건강한 에너지를 활성화시키고 자기 자신을 회복함으로써 우리는 그 얼음을 녹일 수 있다. 그 얼음이 더 이상 우리 삶을 왜곡시키고 제한하지 못하도록 하기 위해서는 우리 안에 꽁꽁 얼어있는 에너지를 녹이는 따스한 햇살과 입김의 작용을 하는 마음의 쿠션을 만들어야 하는 것이다.

뇌의 힘

스탠퍼드대학의 신경내분비학자 로버트 사폴스키 박사는 자신의 저서 "왜 얼룩말은 위궤양에 걸리지 않는가"에서 얼룩말의 스트레스 반응에 대해 명쾌한 설명을 했다.

얼룩말의 스트레스 반응은 사자에게 쫓길 때에 작동하게 된다. 얼룩말이 사자에게 쫓기는 스트레스 반응이 멈추어지기 위해서는 도망에 실패하여 사자에게 잡아먹히거나 도망에 성공하여야 한다.

다행히 사자로부터의 도망에 성공하게 되면 얼룩말은 더 이상 사자에게 쫓길 때 작동되었던 스트레스 반응이 필요 없기 때문에 원래의 안정적인 상태를 다시 회복하게 된다.

얼룩말은 다른 포식자나 사자에게 다시 쫓기기 전까지는 아주 편하게 쉬거나 풀을 뜯어먹는 행동을 한다. 사자에게 쫓길 때 작동되었던 스트레스 반응을 계속 유지하면서 사자가 언제 다시 자신을 공격할지를 걱정하며 스트레스 호르몬을 계속 분비하여 불안장애나 외상 후 스트레스 장애를 겪지 않는다. 얼룩말은 위험상황에서 스트레스 호르몬을 분비하여 싸움-도피 반응을 신속하게 하지만 그 상황이 종료되었거나 자신이 현재 안전하다고 판단되면 원래의 정상적인 상태로 빠르게 회복하여 마음에 담아두지 않게 되는 것이다.

이러한 스트레스 반응은 다른 동물들에게서도 비슷하게 관찰된다. 이처럼 야생의 동물들은 일시적으로 스트레스와 관련된 심신의 부조화와 소모를 겪게 되지만 대부분 스트레스 상황이 종료되면 더 이상 스트레스에 중독된 패턴을 보이지 않는다. 물론 동물들도 사람과 마찬가지로 반복적이고 지속적인 스트레스에 노출되면 스트레스 호르몬 때문에 위궤양에 걸리거나 각성상태를 재연하게 되지만 그런 일들이 반복적으로 일어나는 일은 많이 없다.

오직 인간만이 스트레스를 일으킨 상황이 종료되었음에도 불구하고 스트레스 반응을 지속하면서 처음의 스트레스 요인과 상관없이 자신의 스트레스 반응에 대한 생각과 정서가 순환고리를 만들어 스트레스 반응을 무기한 지속시키는 능력이 발달되어 있다. 이러한 현상이 나타나는 것은 인간이 동물과 달리 고등한 지각과 사고, 언어, 정서적인 능력을 갖고 있어 처음 스트레스 반응이 일어날 때 이러한 능력들이 융합적으로 함께 관여하기 때문이다.

스트레스는 뇌에서부터 시작되기도 하고 몸에서부터 시작되기도 하지만 대부분의 스트레스는 뇌에서 시작된다. 동물과 비교했을 때 오직 인간만이 가진 고등한 뇌의 기능 때문에 머릿속에서만 존재하는 생각과 정서 때문에 스트레스에 중독된 패턴을 갖게 되면서 끊임없이 자기 스스로를 망가뜨리는 어리석음을 보이는 것이다.

오래전에 겪었던 트라우마 경험을 상황이 완전히 종료되었음에도 불구하고 머릿속에서 반복적으로 재연시키게 되면 그것은 현실이 된다. 이렇게 계속 과거의 부정적인 경험에 대한 생각과 정서를 재연시키면서 아드레날린을 과잉분비하고 자율신경계의 각성과 심혈관질환에 취약하게 만드는 최악의 상황으로 몰고 가는 것이다.

그래서 현실에 존재하지 않는 머릿속의 과거 기억에 사로잡혀 외상 후 스트레스 장애를 겪게 되기도 한다. 이처럼 인간의 뇌는 현실에서 존재하지 않는 스트레스 요인에 대한 생각과 그 생각에 대한 또 다른 생각이 꼬리에 꼬리를 물면서 연쇄작용을 일으켜 관련된 화학물질을 분비하여 전용신경회로를 구축하게 된다.

전용신경회로가 구축되면 뇌에서 만든 생각과 정서를 현실에서 재연시키는 힘이 작동되기 때문에 그것은 현실로 실현될 가능성이 높아진다. 만약 우리 뇌가 가진 이 놀라운 성취와 창조의 힘을 자신이 하는 일이나 공부에 사용할 수 있다면 그것이 현실에서 성취될 가능성이 매우 높아지게 된다. 우리 뇌는 착각의 챔피언이라는 별명에 어울리게 그것이 긍정이든 부정이든 가리지 않고 초점을 일치시키고 반복하면 그것을 현실로 만드는 능력을 가지고 있기 때문이다.

뇌의 네트워크

　뇌는 천억 개가 넘는 뇌세포가 서로 병렬적으로 복잡한 시냅스 연결을 짓고 각 부분이 통합된 전체성으로 방대한 네트워크를 형성하고 있다. 그렇기 때문에 뇌는 통합된 전체성으로 작동될 때 가장 이상적인 기능을 할 수 있게 된다. 만약 견디기 힘들 만큼의 충격적인 사건이나 사고로 인하여 생기는 정신적 외상을 입게 되면 뇌의 전체성에 구멍이 생겨 정상적인 기능을 할 수 없어진다.

　뇌의 가장 중요한 기능은 자신의 안전과 생존을 보장하는 것이기 때문에 네트워크의 활성화 상태도 자신의 안전과 생존을 도울 수 있도록 시스템이 체계화되어있다. 즉, 어떤 위협과 절망적인 상황에서도 가장 중요한 것은 자기 자신의 안전과 생존을 위한 시스템을 우선적으로 가동시키는 것이다. 인간의 기본적 욕구인 수면과 식욕, 성욕, 소유욕, 통제욕 등도 궁극적으로는 자신의 안전과 생존에 더 유리한 상태를 만들기 위한 최선의 선택이라고 볼 수 있다.

만약 충격적이고 끔찍한 트라우마 경험에 의한 정신적 외상이 지속적인 스트레스 상태를 만들게 되면 안전과 생존을 위한 감정과 본능적인 뇌 영역이 더 많이 활성화되어 과잉 각성상태를 계속적으로 유지시킨다. 이 상태에서는 합리적 사고와 인지기능을 담당하는 이성적인 뇌 영역이 제 기능을 하지 못하기 때문에 동물적인 뇌 영역이 주도권을 행사하여 민감한 경계태세를 갖추게 된다.

이처럼 민감한 경계태세를 지속하면 스트레스 반응에 자신의 에너지가 소모되면서 쉽게 방전되어버리기 때문에 무기력과 만성적인 우울, 불안에 빠지기 쉬워진다. 그뿐만 아니라 자기 상실을 겪게 되면서 자기 자신에 대한 알아차림과 접촉이 힘들어지기 때문에 다른 사람들과 환경을 온전히 알아차리고 접촉하는데도 극심한 혼란을 겪게 된다.

우리는 다른 사람들과 환경을 알아차리고 접촉할 때 자신의 경계로 외부세계의 경계와 접촉하게 되는데 자기 상실을 겪게 되면 이 경계에 혼란이 생겨 '접촉경계혼란'을 겪게 될 가능성이 높아진다. 이성적인 뇌는 다른 사람들과 환경을 알아차리고 접촉할 수 있는 유연한 경계를 만들어 외부세계와의 연결과 소통을 원활하게 해주는 기능을 하고 있는데 이 중요한 기능에 문제가 생기게 되는 것이다.

트라우마 경험에 의한 정신적 외상으로 만성적인 스트레스를 겪게 되면 감정적인 영역을 담당하는 포유류 뇌와 본능적인 영역을 담당하는 파충류 뇌가 과잉 활성화되어 심리적, 생리적, 신체적인 문제뿐만 아니라 사회적 관계 능력에도 치명적인 장애를 일으키게 된다.

왜냐하면 이성적인 뇌가 주도권을 완전히 상실한 상태에서는 뇌가 유연성을 잃어버리기 때문에 접촉경계혼란을 일으켜 외부세계와의 관계 형성 능력에 걸림돌을 만들기 때문이다.

　뇌는 방대한 네트워크를 구성하여 통합된 전체성으로 작동되고 있기 때문에 어느 하나의 뇌 영역이 문제를 일으키게 되면 비국소성에 의해 전체적으로 문제를 확대하게 된다. 하지만 이러한 문제가 생기게 된다 하더라도 우리의 자유의지로 얼마든지 원하는 상태로 변화할 수 있기 때문에 절망할 필요는 없다. 학습과 경험, 인간관계, 피드백의 종류에 따라 뇌가 방대한 네트워크를 구성하여 통합된 전체성으로 작동되면서 새로운 학습과 경험을 반복하게 되면 얼마든지 변화할 수 있는 가소성을 가진 존재이기 때문이다.

　우리 뇌는 그 무엇이든 반복적으로 경험하게 되면 전용신경회로를 구축하여 그것을 사실로 받아들이고 사실로 받아들인 것에 대해서는 강한 믿음을 만든다. 이렇게 형성된 믿음을 현실화시키기 위한 신념체계를 형성하게 되면 스스로 그 신념에 통제당하기 때문에 현실적인 변화가 일어나게 되는 것이다.

　뇌는 방대한 네트워크를 구성하여 통합된 전체성으로 작동되고 있기 때문에 부분의 하나를 바꾼다는 것은 전체를 바꾸는 것과 같다. 그것이 반복적인 생각과 느낌, 말, 행동 중에서 그 무엇을 바꾸든 결과는 전체가 바뀌게 되는 원리이다.

뇌의 민감성

　현대인들은 일상에서의 과중한 일이나 인간관계, 공부 등으로 다양한 스트레스를 받게 되면서 각종 질병에 노출된 상태로 살아간다.

어떤 사람은 스트레스 때문에 소화기 계통이 안 좋아지고 또 어떤 사람은 심혈관질환 때문에 고생을 하거나 간이 나빠지기도 한다.

　이처럼 사람들은 일상생활 속에서 자신의 의지나 선택과 상관없이 여러 가지 스트레스를 겪으며 질병에 취약한 존재가 된다. 스트레스는 모든 질병과 유관성을 가지고 있기 때문에 스트레스를 만병의 근원이라고까지 하는 것이다. 만약 이러한 스트레스가 몸이 아닌 뇌에 반복적으로 주어지게 된다면 어떻게 될까?

　뇌는 신체에서 제공되는 모든 자극과 정보를 취합하여 종합적으로 분석하고 해석하며 가장 적합한 판단과 반응을 하는 중요한 역할을 하고 있다. 그렇기 때문에 우리는 뇌의 존재 이유와 기능, 사용법을 제대로 알아야 하고 스트레스가 뇌에 미치는 영향에 대해서도 정확하게 알고 대처할 수 있어야 한다.

철학자 아르놀트 겔렌이 '인간의 기원'에서 말했듯이 인간은 동물과 비교해서 신체적으로는 생존 조건이 완벽한 존재가 아니다. 그래서 인간보다 더 힘이 강한 포식자의 먹잇감이 되지 않기 위해 신체적인 기능을 보완할 수 있는 아주 탁월한 뇌를 갖게 되었다고 주장하는 것이다.

인간의 탁월한 뇌가 말초신경계의 모든 신체기능을 상보적 관계 속에서 조절 통제하여 인류의 문명을 발달시키고 계속적인 진화를 할 수 있게 만들었다. 인간이 만물의 영장이 되어 먹이사슬의 정점에 오를 수 있게 된 것은 동물들보다 덩치가 월등히 크거나 이빨이나 발톱이 날카로워서가 아니라 좀 더 고등적인 뇌를 가졌기 때문이다.

인간의 뇌가 고등적인 탁월한 능력을 유지하기 위해서 필요한 것이 민감성이다. 이렇게 중요한 뇌의 민감성은 긍정적인 기능과 더불어 부정적인 기능을 하는 양면성을 가지고 있다. 만약 견디기 힘들 만큼의 충격적인 사건이나 사고, 만성적인 스트레스에 노출되면 민감하게 반응하여 정상적인 신경회로의 배열과 조합에 문제가 생기게 되면서 심각한 정신적 장애가 생기게 된다.

뇌가 스트레스 요인에 의해 의식적, 무의식적으로 부정적인 정서를 일으키는 민감한 상태가 너무 오래 지속되면 뇌의 건강한 전체성에 큰 구멍이 생긴다. 이러한 과중한 역할이나 견디기 힘든 충격적인 사건, 사고로 인하여 생긴 스트레스에 뇌가 민감하게 반응하여 혹사당하게 되면 엉뚱한 신경회로의 배열과 조합을 만들어 정상적인 기능에 심각한 장애를 일으키게 될 수도 있다.

뇌는 스트레스 반응의 강도가 역치를 뛰어넘을 정도로 강하거나 빈도가 많아지면 스트레스 요인을 제거하거나 자신의 상태를 바꾸어서 현재의 스트레스 상태에서 벗어나려는 선택을 한다. 이때 외부적인 상황을 바꿀 수 없을 때 자신의 상태를 긍정적으로 변화시키는 스트레스 반응을 통해 스트레스를 극복하거나 해소하게 된다.

이렇게 상황과 자신을 바꾸는 선택이 아무런 효과를 기대할 수 없게 될 때 스트레스를 자기 안에 가두어버린다. 내면에 스트레스를 가두게 되면서 생긴 부정적인 에너지가 관련된 신경회로를 반복적으로 활성화시키고 주변 신경회로를 더 많이 조합시켜 확장하게 된다.
그래서 점차 처음의 스트레스 요인과 상관없는 더 많은 스트레스 반응을 일으키게 되는 것이다.

이 과정에서 스트레스 반응이 견디기 힘들어지면 뇌의 기능을 과잉 활성화하여 민감성을 최대화시켜 초조와 불안한 상태를 만들기도 하고 반대로 무기력하거나 우울한 정서를 강화시켜 민감성을 최대한 낮추는 선택을 통해 자신의 안전과 생존에 유리한 상태를 만들기도 한다.
충격적인 사건이나 사고로 인한 트라우마나 만성적인 스트레스는 정신적 외상에 의한 뇌기능의 장애를 일으켜 신체적인 외상과는 비교가 안 될 정도로 심각한 후유증을 남긴다. 그래서 우리 뇌가 건강할 때 뇌와 스트레스에 대한 관심을 갖고 공부해야 하는 것이다.

생활양식

전두엽의 고유 기능인 자유의지로 얼마든지 통제할 수 있는 습관들 중에도 그것을 제대로 관리하거나 통제하지 못해 스트레스 반응을 일으키는 요인들이 많다. 그러한 스트레스 요인들에 의해 통제되지 않는 스트레스 반응이 자신의 의지와 상관없이 반복적으로 일어나게 되면 나쁜 습관이 만들어지고 나중에는 자신의 자유의지로 통제할 수 없는 중독된 패턴을 만들게 된다.

우리 뇌는 그 무엇이든 반복적으로 경험하게 되면 그것을 사실로 받아들여 믿음을 만들고 전용신경회로를 구축하기 때문에 중독된 패턴을 만든다. 그러한 반복적인 경험이 좋은 생활양식이든 나쁜 생활양식이든 가리지 않고 그 경험과 관련된 안정적인 상태를 유지하기 위해 중독된 반응을 보이게 되는 것이다.

예를 들어 반복적인 과도한 알코올 섭취는 일시적으로 기분전환과 스트레스를 해소하는데 긍정적인 영향을 미치게 된다고 착각할 수도 있지만 실제로는 스트레스 호르몬인 코르티솔의 혈중농도가 훨씬 높아지기 때문에 궁극적으로 스트레스를 더 많이 받는다. 특히 반복적인 알코올 섭취로 인하여 중독된 상태가 되면 지속적으로 스트레스에 시달리게 되면서 그 상태에서 벗어나기가 어려워진다.

수면도 스트레스와 깊은 상관성이 있기 때문에 숙면을 취하는 것이 스트레스 관리와 해소에 도움이 된다. 만약 계속해서 잠을 자지 못하는 수면 박탈을 겪게 되면 우리 몸은 교감신경계를 과잉 활성화시켜 미주신경의 기능을 약화시키기 때문에 혈압이 급상승해지면서 심장마비가 일어나 사망할 위험이 높아진다.

만성적인 수면 부족은 생리적으로 스트레스 호르몬인 코르티솔의 분비를 증가시킨다. 수면 부족은 심리적으로도 아주 민감한 상태를 유지하도록 만들기 때문에 사소한 자극에도 스트레스 반응을 일으켜 숙면을 방해하는 요인을 더 많이 만들게 된다. 그뿐만 아니라 수면 부족은 활동성을 줄이기 때문에 운동 부족으로 인한 복부지방과 심혈관질환의 주요 원인이 되기도 한다.

그 외에도 스트레스와 관련된 요인들 중에서 큰 영향을 미치는 것으로 식이조절 실패와 규칙적인 운동습관을 갖지 못하는 것도 있다. 육고기 위주의 너무 기름진 식단과 조절되지 않는 과식은 복부지방을 축적해 나쁜 콜레스테롤 수치를 증가시키기 때문에 교감신경계를 과잉 활성화하여 스트레스 호르몬인 코르티솔의 분비를 촉진시키고 스트레스로 인한 심혈관질환에 취약하게 만든다.

또한 시간이 없다는 핑계로 운동을 하지 않는 것도 중요한 스트레스 요인이 되기 때문에 규칙적인 운동습관을 갖는 것이 스트레스를 예방하고 해소하는데 도움이 된다. 규칙적인 운동습관 자체는 강도와 빈도, 시간, 종류의 구성요소에 따라 일시적으로 심리적, 신체적인 스트레스 자극 요인이 될 수 있지만 그러한 스트레스에 점차적으로 적응하는 과정에서 스트레스에 대한 내성과 응집력이 강해지기 때문에 규칙적인 운동습관이 중요한 것이다.

이와 같이 규칙적인 운동습관을 갖는 것이 분명히 스트레스 예방과 해소에 도움이 되는 선택이지만 사람들은 이런저런 핑계로 운동을 회피하는 경우가 많다. 규칙적인 운동습관은 심리적, 생리적, 신체적인 기능을 활성화시켜 면역체계를 강화시킬 뿐만 아니라 교감신경계와 부교감신경계의 상반된 활성화 능력을 조절, 통제할 수 있는 내성과 쿠션을 만들기 때문에 스트레스에 대한 심리적, 신체적인 유연성을 가지게 해준다. 이처럼 식이조절이나 규칙적인 운동과 같은 일상적인 생활양식에 따라 스트레스 수준이 달라질 수 있고 스트레스를 조절, 통제하는 능력도 달라지게 된다.

중요한 것은 우리의 자유의지가 정상적으로 작동될 수 있다면 일상적인 생활양식을 바꾸어 스트레스에 대한 내성과 응집력을 키우는 것이 얼마든지 가능하다는 사실이다. 일상생활 속에서의 작은 습관을 바꾸는 것만으로도 스트레스에 대한 심리적 내성과 응집력이 달라지고 마음의 쿠션도 더 강화될 수 있기 때문이다.

스트레스와 환경

만성적인 스트레스가 신체적, 생리적, 심리적, 사회적으로 미치는 부정적인 영향에 대해서는 누구나 알고 있을 정도의 상식이 되었다. 그런데도 많은 사람들이 만성적인 스트레스로 인해 자신의 삶이 쪼그라들고 마음과 몸의 질병에 시달리며 심지어 생명까지도 위협받고 있으면서도 그것을 쉽게 망각하며 살아간다.

특히 그러한 스트레스 상황이 반복되거나 정서적 의미가 큰 충격적인 사건을 경험하게 되면 스트레스를 일으키는 일정한 패턴이 만들어져 자신의 의식과 자유의지가 제대로 작동하지 못하는 중독상태를 만들기 때문에 더 큰 문제를 일으키게 된다.

만약 스트레스를 제대로 해소하지 못하고 계속 누적시켜 자기 안에 키우게 되면 처음의 스트레스 요인이 만든 문제는 더 이상 스트레스원이 되지 않을 수도 있다. 처음의 스트레스 요인이 문제를 계속 일으키게 되는 것이 아니라 그로 인해 파생된 여러 가지 생각과 감정이 더 큰 문제를 일으키고 나중에는 수습하기가 힘든 상태를 만들기 때문이다.

흔히 스트레스를 만병의 근원이라고 말한다. 이 말속에는 모든 심리적, 신체적 질환의 기저에는 스트레스가 연관되어 있다는 뜻이 포함되어 있다. 그렇기 때문에 건강한 삶을 위해서는 스트레스를 잘 관리하는 것이 가장 중요하다.

1980년대 미국 농무성은 동물 권리 운동가들로부터 동물 권리에 대해 압력을 받고 실험실 동물관리지침을 수정할 것을 권고했다. 물론 이 권고는 동물들에게 더 좋은 환경을 만들어주기 위한 긍정적인 의도에서 나왔다. 개별 수용된 실험실 원숭이들을 일주일에 한 시간 정도 큰 우리로 옮겨 다른 원숭이들과 함께 지내는 자유를 누릴 수 있도록 제안을 한 것이다. 그 당시의 결정은 동물들의 스트레스 해소와 휴식, 어울려 즐기며 사회성을 기를 수 있는 좋은 방법으로 여겨졌기 때문에 환영을 받았다.

하지만 이것은 동물에 대해 너무나 무지한 사람들이 그들의 상식선에서 결정한 현명하지 못한 결정이었을 뿐이다. 왜냐하면 동물들에게 가장 중요한 것은 자기 자신의 안전과 생존이며 새로운 환경에 노출될 때 안전과 생존을 위한 스트레스에 적응하는 단계와 시간이 필요하기 때문이다. 동물들이 낯선 환경에 노출되면 서로를 경계하며 탐색하고 상호 위계를 정하는 시간이 필요한데 일주일에 한 시간씩 어울리는 방법은 원숭이들이 매번 새로운 환경에 적응해야 하는 상황에 노출되어야 하기 때문에 엄청난 스트레스가 될 수밖에 없었다.

일주일에 한 번, 한 시간씩 주어지는 공동생활은 동물들이 서로를 이해하고 새로운 환경에 적응하는 것이 아니라 오히려 경계심과 긴장, 불안을 느끼며 스트레스 상태에 놓이게 만드는 잘못된 방법인 것이다. 스트레스를 잔뜩 받은 상태에서 다시 원래의 개별 사육실로 돌아가기 때문에 원숭이들을 행복하게 만들기 위해 시행했던 방법이 오히려 원숭이들의 스트레스 지수만 높이는 부정적인 결과를 낳게 되었다.

짧은 만남의 시간에서 얕은 알아차림과 접촉이 반복되지만 이들에게 함께 있는 시간의 의미는 매번 만날 때마다 새롭게 시작되기 때문에 그것은 또 다른 싸움-도피 반응을 일으키는 불안한 경험의 반복일 뿐이었다. 원숭이들의 스트레스를 해소하고 더 즐겁고 행복한 환경 조성을 위한 이 조치가 오히려 원숭이들을 불안과 공포, 스트레스 상황으로 몰아넣을 수도 있는 것이다.

사람도 마찬가지로 새로운 사람들과 낯선 환경에 노출되면 경계와 불안으로 스트레스를 받게 된다. 어느 정도의 적응 기간이 지나고 주변 사람들과 환경의 자극에 익숙해지면서 안전함을 느끼게 될 때 처음에 겪었던 스트레스를 더 이상 겪지 않아도 되기 때문에 인간도 동물과 마찬가지로 안전함을 느끼는 충분한 적응단계와 시간이 필요하다. 만약 특정 대상과 환경에 대한 불안이나 기피 반응을 심하게 가지고 있을 경우 짧은 시간의 간헐적 접촉보다 긴 시간의 다발적인 접촉이 스트레스를 해소하는데 도움이 된다.

우리 뇌는 그 무엇이든 반복하면 그것을 사실로 받아들이고 믿음을 만들어 그 믿음에 스스로 통제당하는 착각의 챔피언이다.

그래서 자신이 접촉하는 대상과 환경에 대한 확실한 알아차림과 접촉이 반복되거나 지속되면 충분히 안정적인 적응능력을 가질 수 있기 때문에 더 이상 스트레스에 구속당하지 않아도 되는 것이다.

스트레스 연구의 선구자인 새폴스키는 한 우리에 함께 가둔 상태로 미국으로 선적되어 온 야생 원숭이들을 관찰하는 과정에서 스트레스가 얼마나 무서운 것인지를 알 수 있었다. 도착 당시 상당수 원숭이들은 육체적 상처가 아니라 열악한 환경에 갇혀서 받은 반복적인 스트레스와 정신적 외상에 의해 죽어있었기 때문이다.

이 사례에서 사람이나 동물이 반복적이거나 충격적인 자극이 지속되고 그것으로부터 영원히 벗어날 수 없다는 부정적 신념을 형성하여 끊임없는 스트레스에 노출될 때 얼마나 혹독한 대가를 치러야 하는지를 알 수 있다. 아무리 건강한 사람이라도 조율되지 않는 반복적인 스트레스는 신체적으로 손상을 줄 뿐만 아니라 정신적으로도 심각한 후유증을 남기고 심한 경우 목숨을 앗아갈 수도 있기 때문이다.

과도한 스트레스가 오랫동안 반복되어 활성화되면 심장에 무리를 주거나 고혈압을 일으키고 면역체계를 약화시켜 당뇨와 만성질환에 걸릴 가능성이 높아진다. 그뿐만 아니라 무기력과 우울, 긴장, 불안, 공포, 트라우마 등의 심리적인 문제도 함께 일으키게 된다. 이처럼 스트레스를 제대로 예방하거나 해소하지 못하면 그 스트레스가 우리 삶을 통제하여 원하지 않는 삶의 결과를 얻게 될 수도 있는 것이다.

스트레스 호르몬

어떤 생각을 떠올리는 순간 우리 몸은 그 생각과 관련된 화학물질을 분비하여 그 생각이 더 확장될 수 있는 시스템을 만든다.

생각뿐만 아니라 느낌과 말, 행동을 어떻게 하느냐에 따라서도 몸에서 분비되는 물질은 변화하게 된다. 이러한 변화를 주도하는 자율신경계는 우리 몸의 변화를 주도하기도 하지만 변화된 몸 상태를 유지시키기 위한 역할을 하기도 한다.

우리 몸은 현재의 기저선 상태를 안정적으로 유지하기 위한 항상성을 가지기 위해 끊임없이 필요한 화학물질을 분비한다. 이처럼 마음과 몸이 안정적으로 평형을 유지하기 위해 스트레스 호르몬인 아드레날린과 코르티솔의 균형 잡힌 상태를 유지하는 것이 매우 중요하다.

만약 어떤 스트레스 자극과 요인에 효율적으로 반응하기 위해 분비된 아드레날린이 지나치게 많아지면 우리 몸은 스트레스에 제대로 반응하기 위한 적절한 각성상태를 유지하지 못하기 때문에 주의의 폭이 좁혀지고 안정된 상태에서의 정상적인 반응을 할 수 없는 수행 붕괴를 경험하게 된다. 이와 같이 스트레스로 인해 너무 과한 아드레날린의 분비가 지속되면 수행의 붕괴뿐만 아니라 혈압의 급격한 상승으로 심장과 뇌혈관에 치명적인 손상을 줄 수도 있다.

또한 스트레스로 인해 아드레날린의 과한 분비가 혈관 속의 궤양으로 알려진 반점이나 상처를 만들어 끈끈한 플라크가 쌓이게 되면 혈관 벽이 좁혀진 상태를 만들면서 좁혀진 통로를 통과하는 혈류를 압박하게 된다. 우리가 일상에서 쉽게 무시하고 살아가기 쉽지만 스트레스가 생명에 치명적인 동맥경화를 유발하면서 돌연사를 일으키는 심장마비와 뇌졸중의 주요 원인이 되기도 하는 것이다.

'과유불급'이라는 말은 무엇이든 지나치게 과한 것은 부족함만 못하다는 뜻이다. 위급한 상황에서 알맞은 아드레날린 분비는 몸을 적당히 긴장시키거나 각성시켜 외부 위협으로부터 자신을 지켜주는 도움을 주게 되지만 너무 과한 아드레날린의 분비는 오히려 지나친 각성상태를 만들어 안정된 멘탈 상태의 붕괴가 일어나게 될 뿐만 아니라 여러 가지 위험한 질병의 원인이 되기도 하는 것이다.

코르티솔도 마찬가지로 적절한 수준의 균형을 유지하지 못하게 되면 여러 가지 문제를 낳는다. 스트레스와 관련된 호르몬인 코르티솔이 과잉분비되어 정상적인 기능을 하지 못하는 상태가 되면 다양한 스트레스 요인에 효율적으로 반응할 수 없는 무기력한 상태를 만들어 심각한 문제를 일으키게 된다. 코르티솔이 면역체계에 일종의 브레이크 작용을 하고 있기 때문에 과도한 코르티솔 분비는 면역계가 정상적인 기능을 하지 못하도록 억제시키는 부작용이 생기게 되는 것이다.

이러한 메커니즘을 알게 되면 감기나 바이러스, 각종 질병에 걸렸을 때 왜 스트레스가 치명적인 문제를 일으키는지를 이해할 수 있게 된다. 특히 암과 같은 심각한 질병의 경우 암의 진행속도를 몇 배나 빠르게 하는 요인이 코르티솔 과다분비와 관련이 있는 것으로 볼 수 있다. 반면 코르티솔 분비가 너무 적을 경우에는 면역체계가 통제를 잃게 되어 염증이나 알레르기 등의 자가 면역질환을 일으키는 요인이 된다.

코르티솔은 신체의 내부 시계에 따라 반응한다. 아침에 깊은 잠에서 깨어나 잠자리에서 일어날 수 있게 만드는 것도 스트레스 호르몬인 코르티솔의 도움을 받는다. 그렇기 때문에 이상적인 코르티솔 분비 수준은 잠자리에서 일어나게 하는 아침에 가장 높고 오후에 줄어들며 저녁에 가장 낮아진다. 하지만 심각한 우울증을 앓고 있는 사람들의 코르티솔 수준은 대체로 24시간 높은 수준을 유지하며 저녁때쯤에 가장 높은 수준을 유지한다. 그래서 우울증을 겪고 있는 사람은 낮보다 저녁에 우울한 정서를 더 심하게 느끼게 되는 것이다.

신체적으로도 코르티솔 분비 균형이 깨지면 복부지방 증가, 근육량 감소, 골밀도 감소 등이 일어나며 뇌의 여러 영역에도 손상을 주게 된다. 이처럼 스트레스의 강도가 세거나 만성적인 스트레스로 인한 호르몬 분비의 불균형이 심하게 일어나게 되면 마음뿐만 아니라 신체까지 점점 더 병들게 만들어 건강을 잃게 될 수도 있다.

스트레스 호르몬의 역할

외부 자극에 의해 스트레스가 발생하면 우리 몸은 스트레스로 생길 수 있는 여러 가지 문제에 대처하기 위해 관련된 호르몬을 분비하도록 만드는 화학적 작용을 한다. 또한 스트레스 호르몬이 뇌의 여러 영역에 작용하여 생각과 두려움, 분노, 감정, 말, 기억, 식욕, 행동 등에 영향을 미치게 된다. 그뿐만 아니라 생식과 대사, 면역 등을 조절하는 다른 호르몬 시스템과 상호작용을 통해 현재 상태를 그대로 유지하거나 바꾸는 역할도 함께 한다.

그래서 일시적인 스트레스가 아닌 만성적인 스트레스나 견디기 힘들 만큼의 충격적인 스트레스에 노출되면 심리적, 생리적, 신체적인 건강 상태에 문제를 일으키게 될 뿐만 아니라 사회적 관계 능력에도 여러 가지 문제를 일으키게 되는 것이다.

우리가 잘 알고 있는 스트레스 호르몬인 코르티솔과 아드레날린은 일시적으로 몸을 지키기 위해 불필요한 연결을 적절히 차단하고 혈액순환을 도우며 빠른 반응과 같은 긍정적인 역할을 하게 된다.

하지만 이러한 반응이 오래 지속되면 인체의 면역체계가 차단되고 심장에 과부하가 걸리며 혈압이 상승하는 등의 부작용이 생기게 된다.

스트레스 호르몬의 작용으로 생기는 문제는 열거하기도 어려울 만큼 넘치지만 대표적으로 다음과 같은 문제를 만들어낸다.

첫째, 스트레스 호르몬이 과다하게 분비되어 스트레스 반응이 활성화되면 자신의 자유의지로 스트레스 반응을 중단하기가 어려워진다.

그리고 스트레스가 지속되면서 불안과 우울, 무기력 등의 심리적인 문제가 발생하고 신체 긴장, 경직, 성욕감소, 고혈압, 당뇨 등과 같은 신체적, 생리적인 문제가 함께 나타나게 되면서 노화가 촉진된다.

둘째, 스트레스 호르몬이 과다하게 분비되어 스트레스 반응이 활성화되면 건강에 유익한 고밀도 콜레스테롤(HDL)이 감소하고 저밀도 콜레스테롤(LDL)이 증가하여 중성지방 같은 유해한 지방의 수치가 상승한다. 이러한 변화가 대사증후군에 걸릴 위험과 식욕을 높여 비만과 당뇨, 고지혈증의 원인이 되기도 하는 것이다.

셋째, 스트레스 호르몬인 코르티솔이 인체의 면역체계를 강화하는 중요한 화학물질의 분비를 차단해버린다. 그래서 만성적인 스트레스를 받게 되면 여러 가지 질병에 노출되기 쉬워지는 것이다. 이것은 코르티솔이 과다분비되면 면역체계가 억제되어 인체가 감염에 대항하는 능력이 저하되기 때문이다.

이러한 호르몬의 지속효과는 일반적으로 남성보다 여성이 더 오래간다. 그래서 연인이 다툰 후 남성은 빨리 잊고 기분을 회복하지만 여성은 마음속에 오랫동안 남겨두는 것으로 해석할 수 있다.

넷째, 스트레스 호르몬이 과다하게 분비되면 생식과 성생활에 관련된 호르몬의 분비를 감소시키기 때문에 건강한 성생활이나 임신에 부정적인 영향을 미치게 될 수도 있다. 진화론적 관점에서 살펴보면 지속적인 스트레스는 자신의 안전과 생존을 위협받고 있는 상태이기 때문에 이 시기에 성행위와 임신을 하는 것에 대해 잠재의식 차원에서 저항할 수도 있는 것이다.

다섯째, 스트레스 호르몬이 과다하게 분비되면 성장호르몬 분비가 억제된다. 안전과 생존에 위협을 받고 있는 상황에서 성장호르몬 분비가 억제되면 성장호르몬의 중요한 역할들이 중지된다. 성장호르몬은 성장을 돕는 역할뿐만 아니라 지방을 분해하고 근육을 강화하며 질병과의 싸움, 노화 예방 등에도 관여하는 등 여러 가지 역할을 맡고 있다.

여섯째, 스트레스 호르몬이 과다하게 분비되어 인체가 오랫동안 각성된 상태에서 기저선을 형성하게 되면 심신이 지쳐 감각과 반응이 둔감해진다. 이것이 우리가 만성적인 스트레스에 노출되면 우울과 무기력한 상태에 빠지고 심신이 완전 녹초가 되는 이유이다.

일곱째, 스트레스 호르몬이 과다하게 분비되어 각성된 상태를 오랫동안 지속하게 되면서 이성적인 뇌가 주도권을 상실하게 되고 감정적인 뇌가 주도권을 행사하게 된다. 이렇게 감정적인 뇌가 주도권을 행사하게 되면 싸움과 도주, 얼어붙기 반응을 선택하게 되면서 안정된 상태에서 합리적인 선택이 힘들어진다.

스트레스 호르몬 과다

사람들은 스트레스 없이 평화롭게 살아가고 싶어 하기 때문에 스트레스를 받는 것 자체에 스트레스를 받으며 살아간다.

그래서 스트레스를 받게 되면 스트레스원에 대한 스트레스보다 스트레스 반응에 대한 스트레스에 더 민감하게 된다. 나중에는 스트레스 요인이나 자극이 없는데도 불구하고 스스로 스트레스 상황을 만들어 스트레스 반응을 일으키는 중독된 패턴을 보이기도 한다. 반복적인 스트레스에 노출되면서 차츰 스트레스에 중독되면 자신의 의지와 상관없이 스트레스가 일어나게 되는 것이다.

우리의 삶은 스트레스를 받지 않고 살아갈 수 없기 때문에 스트레스에 대한 올바른 이해와 대처방법을 제대로 아는 것이 중요하다.

적절한 수준의 쾌적 스트레스는 우리의 안전과 생존을 위한 적응력을 높여주거나 활력을 주기도 하고 면역체계를 강화시켜주기도 하기 때문에 꼭 필요한 자극과 반응이다. 다만 견디기 힘들 만큼의 충격적인 자극이나 장기간 지속되는 스트레스로 인하여 심리적, 생리적, 신체적, 사회적으로 부정적인 영향을 받게 되면서 나쁜 스트레스에 중독된 패턴을 형성하는 것이 문제가 될 뿐이다.

어떤 요인에 의해 일단 스트레스를 받게 되면 아드레날린과 코르티솔이 분비되면서 스트레스 상황에 효율적으로 적응할 수 있는 각성된 신체 상태를 만든다. 각성된 상태를 만들어야 적절한 스트레스 반응을 할 수 있기 때문이다. 이러한 스트레스에 의한 각성상태가 조기에 해소되지 못하고 장기간 노출되면 스트레스와 관련된 화학물질의 분비에 교란이 생기게 되면서 문제를 일으키게 된다.

스트레스에 장기간 노출되어 나쁜 영향을 미치는 호르몬이 과다하게 분비되면 스트레스에 반응하는 비정상적인 각성상태에 잘못된 기저선을 맞추거나 중독된 습관을 만들어 스트레스 상황이 아닌 일반적인 자극에 대해서도 스트레스로 인지하여 상황 적응능력이 떨어지고 스트레스를 제대로 처리하지 못할 수도 있다.

스트레스 호르몬의 과다분비가 반복되거나 오랜 기간 지속되면서 심리적인 문제뿐만 아니라 생리적, 신체적, 사회적으로도 심각한 문제를 일으키게 된다. 만성적인 스트레스로 코르티솔이 과다하게 분비되면 골밀도 감소, 인슐린 효과 둔화, 만성피로, 무기력, 불안장애, 집중력 부족, 대인관계 기피, 감정 기복 심화, 뇌 손상, 심혈관계 질환, 기억력 감퇴 등과 같은 심리적, 생리적, 신체적, 사회적인 문제가 발생하여 정상적인 삶을 영위하지 못하는 최악의 상황을 맞이할 수도 있는 것이다.

물론 스트레스를 겪었다고 모두가 이런 심각한 문제가 발생하는 것은 아니다. 왜냐하면 환경적 변화나 운동과 공부, 일, 대인관계 등은 모두 스트레스를 일으키는 요인이지만 그러한 스트레스가 무조건 우리를 병적으로 만들지 않기 때문이다. 오히려 이러한 일시적이거나 단기적인 스트레스는 심리적 내성과 응집력을 길러주어 우리를 더 성장시키고 건강하게 만들어줄 뿐만 아니라 항상성이 작동되어 원래의 건강한 기저선을 빠르게 회복시켜준다.

　이러한 긍정적인 결과가 나타나는 것은 스트레스에 적응하고 극복하는 과정에서 새로운 신경회로를 확장하거나 재배열시켜 스스로를 업그레이드하여 심리적 내성과 응집력을 높여주는 효과가 생기기 때문이다. 다만 만성적인 스트레스가 오랜 기간 지속되거나 견디기 힘들 만큼의 충격적인 사건이나 사고로 인하여 스트레스 호르몬이 과다분비되는 것은 분명히 문제를 일으키게 된다.

　우리 뇌와 몸은 그 무엇이든 반복하거나 지속하면 그것을 사실로 받아들이고 강력한 신념체계를 형성한다. 이렇게 형성된 신념체계에 부합하기 위해 기존의 존재와 정체성과 관련된 신경회로의 배열과 조합을 바꾸어서라도 새로운 신념체계에 적응하는 놀라운 신경가소성을 가지고 있다. 다행한 것은 장기간의 스트레스와 호르몬 과다분비도 가소성의 예외가 될 수 없기 때문에 새로운 긍정적인 학습과 경험이 반복적으로 지속되면 자신의 존재와 정체성까지 바꾸게 된다는 사실이다.

스트레스 부작용

스트레스는 양날의 칼처럼 우리가 어떻게 대처하고 적응하는가에 따라 건강과 성취, 행복한 삶을 위한 디딤돌이 될 수도 있고 방해하는 걸림돌이 될 수도 있다. 중요한 것은 우리가 스트레스를 조절, 통제할 수 없을 때 스트레스가 우리를 통제하게 되면서 스트레스 상태에 중독될 수 있다는 사실이다. 그래서 만성적으로 스트레스에 중독되었을 때 나타날 수 있는 부작용들에 대해 알아볼 필요가 있다.

【스트레스는 건강을 해친다】

스트레스가 무조건 나쁜 것이 아니라는 사실은 이제 알 수 있게 되었다. 하지만 만성적인 스트레스에 중독된 상태가 오랫동안 지속되면 건강을 유지하는 면역체계가 억제되어 각종 질병에 걸리기 쉬워지기 때문에 문제가 되는 것이다. 일반적으로 병원을 찾는 환자의 90% 이상이 심리적, 신체적인 스트레스를 경험하고 있다고 한다. 그래서 만성적인 스트레스를 오랫동안 방치하면 만병의 근원이 되는 것이다.

【스트레스는 인간관계를 망친다】

만성적인 스트레스는 마음과 몸을 극도로 예민한 각성상태로 유지하기 때문에 일상적인 자극과 정보에 대해서도 뇌가 과잉 활성화되어 공격성을 드러내거나 신경질, 짜증 등을 자주 내게 된다. 사람들은 관심과 공감, 칭찬을 받고 싶어 하기 때문에 날카롭게 반응하며 공격적인 행동을 하는 사람을 좋아하지 않는다. 스트레스는 이성적인 상태에서 생각과 느낌, 말, 행동을 하게 만드는 신경회로의 배열과 조합을 방해하고 동물적인 상태에서 싸움-도피를 우선적으로 반응하도록 하기 때문에 원만한 인간관계를 발전시키기 어렵게 만든다.

【스트레스는 행복을 내쫓는다】

결과목표를 지나치게 지향하게 되면 현실과의 괴리가 생겨 스트레스를 받게 될 가능성이 높아진다. 특히 성취결과에 대한 당위성으로 지나친 각성과 집착이 생기게 되면 만성적인 스트레스를 겪게 될 가능성이 높아지기 때문에 과정에 대한 즐거움과 행복을 느끼기 힘들어질 수 있다. 그래서 결과목표는 선명하게 설정하면서도 과정 속에서 더 많은 의미와 가치를 찾고 그 속에서 행복을 느끼는 것이 필요하다.

【스트레스는 무기력하게 만든다】

만성적인 스트레스는 공부나 일, 인간관계, 창의적인 사고나 활동을 위해 사용해야 할 건강한 에너지를 빨아들이는 블랙홀이 되어 에너지를 고갈시켜 무기력한 상태를 만든다. 에너지가 없는 것이 아니라 정상적인 기저선을 유지하고 건강과 활력을 위해 사용하여야 할 에너지가 만성적인 스트레스를 잠재우기 위해 과도하게 동원되기 때문에 필요한 곳에 사용할 에너지가 방전되어버리는 것이다.

【스트레스는 일을 망친다】

일을 효율적으로 잘하기 위해서는 통합된 전체성으로 자기 자신의 상태를 일에 집중할 수 있게 만들어야 한다. 하지만 만성적인 스트레스는 통합된 전체성이 결여되어 분아 상태에 있기 때문에 효율적인 작업이 안 되는 것이다. 그뿐만 아니라 집중력을 떨어지게 만들어 효율적인 수행을 위한 일의 능률이 떨어진다.

【스트레스는 부정적인 세상모형을 만든다】

사람의 마음에는 두 마리의 늑대가 있다. 한 마리는 긍정적인 먹이를 주어야 활동하는 늑대이고 다른 한 마리는 부정적인 먹이를 주어야 활동하는 늑대이다. 만성적인 스트레스는 싸움-도피 반응상태를 유지하기 때문에 안전과 생존을 위해 부정적인 늑대에게 먹이를 많이 주는 선택을 하게 만들어 부정적인 세상모형을 만든다. 부정적인 세상모형을 가지게 되면 우리의 존재와 다른 사람, 세상까지도 모두가 부정적으로 비치게 된다.

【스트레스는 자존감을 떨어지게 한다】

스트레스는 뇌의 전체성에 부정적인 정서를 묻히기 때문에 자기 자신에 대한 개념에도 부정적인 영향을 미치게 된다. 자기가 평가하는 자신이 가치가 없거나 존귀하지 않다고 여기게 되면 다른 사람들도 자기 자신을 존중하지 않는다.

【스트레스는 호기심과 실험정신을 잃게 만든다】

우리의 삶은 끊임없는 호기심으로 새로운 도전과 실험을 통해 긍정적인 변화와 성취를 이루어가는 과정이다. 스트레스는 자기 자신과의 라포를 상실하게 만들기 때문에 설렘을 느끼는 새로운 호기심이 생기지 않는다. 그뿐만 아니라 자기 자신과의 라포를 상실하게 되면 다른 사람들과 세상에 대한 호기심과 실험정신도 잃어버리게 된다.

면역체계

스트레스가 만병의 근원이라고 불리는 이유는 우리의 정신과 신체에 생기는 대부분의 질병과 관련이 되어있기 때문이다.

특히 만성적인 스트레스가 우리 몸의 면역체계를 약화시켜 세균과 바이러스 감염에 취약한 상태를 만들기 때문에 신체적인 질환을 일으키는 촉매 역할을 할 뿐만 아니라 정신적으로도 우울과 무기력, 불안 등의 여러 가지 장애를 일으키는 요인이 된다. 그뿐만 아니라 만성적인 스트레스가 부정적인 사고와 감정, 말, 행동을 반복하게 만들어 뇌에 그와 관련된 전용신경회로를 구축하여 부정적인 자기 제한 신념에 갇혀 자기 상실을 겪게 만든다.

이렇게 부정적인 자기 제한 신념에 갇혀 부정적인 상태를 계속 유지하게 되면서 다른 사람들과 환경과의 상호작용까지 차단되어 좁혀진 안전지대 안에 갇히는 신세가 된다. 좁혀진 경계와 안전지대에 갇히게 되는 상태가 오랫동안 지속되면 자신도 모르게 부정적인 중독상태에 빠지게 되면서 자신의 존재까지 부정적으로 변화시킨다.

이처럼 만성적인 스트레스가 우리의 신체적인 질환뿐만 아니라 심리적인 내성과 응집력을 약화시키고 사회적인 관계가 차단되는 문제를 일으키게 될 수도 있다. 이러한 문제 때문에 면역체계가 점점 더 억제되고 마음의 쿠션도 약해지면서 정상적인 사고와 감정, 행동을 할 수 없는 무기력한 존재가 되는 것이다.

이와 같이 면역체계가 억제되고 마음의 쿠션이 약해져 저항력이 약화된 상태에서 지속적으로 스트레스를 더 받게 되면 외부의 세균이나 바이러스, 부정적인 자극과 정보와 같은 침입자를 제압하기 위해 필요한 전투력을 동원하지 못하고 마음과 몸이 쉽게 제압당하는 신세가 될 수도 있다. 이런 상태에서 반복적으로 침입자를 물리치기 위해 힘든 싸움을 하게 되면 정신적으로도 피폐해지고 신체적으로도 에너지가 고갈되기 때문에 심신이 지쳐가고 무기력한 존재가 되면서 노화가 촉진되는 부작용까지 생긴다.

이렇게 노화가 급속히 진행되면 세균과 바이러스에 의한 급성 감염뿐만 아니라 만성적인 감염이 계속 발생하게 될 수도 있다. 감염에 의해 세균을 비롯한 여러 가지 미생물이 염증반응을 촉발하면서 마음과 신체의 모든 시스템이 노화되고 이렇게 노화가 촉진되는 상태에서 만성적인 스트레스에 반복적으로 노출되면 면역력은 더 억제되고 저항력이 약화될 수밖에 없어진다.

노화과정의 많은 부분이 자기 몸에 구축된 방어기전의 부작용이기 때문에 방어체계를 튼튼하게 구축하여야 한다. 하지만 만성적인 스트레스는 이 중요한 방어기전이 엉뚱하게 작용하도록 만들어 여러 가지 감염에 취약한 상태를 만들게 된다.

우리는 손톱에 작은 가시가 박히면 아픔을 느끼기 때문에 어떻게 해서라도 뽑아낸다. 그리고 몸에 상처가 나면 감염을 막고 빠른 회복을 위해 외과적 처치를 신속하게 한다. 하지만 우리의 마음과 몸을 소리없이 공격하여 여러 가지 질병을 일으키는 만성적인 스트레스에 대해서는 너무나 무관심하거나 애써 억압하며 무시해버린다. 당장 눈앞에 보이지 않는다고 무시하게 되면 우선은 일시적으로 편안함과 안정감을 줄 수 있지만 미래에 감당하기 어려운 고통으로 우리 삶을 망가뜨리게 되는 것이 만성적인 스트레스이다.

실제로 멘탈코칭센터에서 멘탈 상담과 훈련을 진행하다보면 센터를 방문하는 많은 사람들이 과거에 겪은 자신의 트라우마 경험 때문에 지속적으로 스트레스와 불안을 겪고 있다는 것을 알 수 있다.
표면적으로 드러나는 심리적 문제인 우울, 불안, 공황장애, 무기력, 강박, 분노조절장애, 불면, 대인공포, 발표불안 때문에 고통을 호소하는 사람들이 많지만 그것은 대부분 가지적인 것들이다.

이러한 심리적인 문제의 뿌리에는 대부분 자신이 자각하지 못하는 과거의 트라우마와 스트레스가 작용하고 있다. 그래서 트라우마와 스트레스, 불안에 대한 정확한 이해와 극복 방법을 알아야 하는 것이다.

스트레스와 면역력

모두가 똑같은 환경에서 바이러스에 노출이 되어도 면역력 정도에 따라 항체를 형성하기 때문에 더 건강해질 수도 있고 심각한 질병에 걸릴 수도 있다. 면역계는 생물이 외부에서 침입해들어오는 이물질의 다양한 공격에 저항하는 능력을 담당하는 방어체계이다.

모든 동물과 식물은 조직의 화학성에 따라 선천면역으로 불리는 자연면역력을 가지고 있다. 인간의 면역체계도 마찬가지로 신체의 감염과 상처에 맞서는 방어체계를 구축하여 외부 침입에 대비하게 되며 방어체계를 뚫고 들어온 항원 때문에 입은 손상을 신속히 치료한다.

자연면역력은 피부나 점막 등의 물리적 장벽과 생물학적 과정에 기초하며 기름샘이나 땀샘의 분비물, 소변, 위산, 담즙산 등 몸에서 분비되는 모든 분비물에는 몸에 침입하는 미생물을 억제하거나 파괴하는 단백질이 포함되어 있다. 하지만 자연면역력만으로 모든 외부 침입에 효과적으로 방어할 수 없기 때문에 후천면역인 적응면역 반응을 통해 세포와 림프구의 상호작용이 시작된다. 적응면역의 목적은 항체의 형성을 자극하여 감염에 대한 면역이 생기도록 하는 것이다.

이러한 면역은 오래 지속될 수도 있고 짧은 동안만 지속될 수도 있다. 골수에서 생성되어 혈액을 따라 이동해온 면역세포는 신체의 건강한 조직과 바이러스, 기생충과 같은 광범위하고 다양한 병원체를 구분한다. 백혈구는 외래 물질에 대해 그 무엇이든 적으로 여기고 파괴의 대상으로 판단하기 때문에 자기 자신의 건강한 조직과 외부 침입자를 구분하는 것이 매우 중요한 것이다.

우리 몸에 상처가 나거나 감염이 생기면 제일 먼저 국소적인 염증반응이 일어나게 된다. 상처 부위에서는 감각신경세포들이 통증에 대한 메시지를 뇌로 보내 몸에 문제가 생겼음을 보고한다. 상처 주변에 집결된 면역세포는 주변 혈관의 변화를 촉발하여 상처 부위가 빨갛게 부어오른다. 또한 면역세포들은 백혈구를 불러들여 박테리아와 같은 외부 침입자를 파괴시키고 향후 나타날 수 있는 동일한 외부 침입자에 대응할 수 있는 항체를 형성하게 된다. 면역체계의 또 다른 국소적인 반응은 외부 침입자를 물리력을 동원하여 격퇴시키는 것이다.

호흡기에 침입한 바이러스는 기침이나 재채기로 배출시키고 소화기에 침입한 바이러스와 세균은 토하거나 설사를 통해 외부로 배출시켜버린다. 이러한 면역시스템은 국소적인 반응으로 수습이 가능하지만 국소적으로 대응할 수 있는 역치를 뛰어넘는 상황이 전개되면 면역체계가 시상하부에 경고를 보내 전체성으로 반응을 하게 된다.

시상하부에서 체온을 올려 신체 전반을 병원균이 생존하기 어려운 환경으로 바꾼다. 그뿐만 아니라 스트레스 요인으로 생긴 감염을 처리하기 위해 시상하부와 뇌하수체, 부신 축을 활성화시켜 스트레스 호르몬인 코르티솔을 분비시킨다. 면역 반응 초기에는 코르티솔이 에너지를 축적시키고 백혈구를 피부나 기타 조직으로 신속하게 보내 면역 반응을 활성화시키는 긍정적인 역할을 한다. 그러나 신체의 면역 반응이 일정 수준에 다다르면 코르티솔은 반대적인 역할을 하며 면역체계를 공격하여 무력화시키는 방향으로 작용하게 된다.

이와 같이 면역계는 스트레스 반응 체계의 핵심요소로써 긍정적인 기능과 부정적인 기능을 동시에 갖고 있다. 단기적으로는 면역체계가 활성화되어 외부 침입자로부터 자신을 지켜주는 경호원과 같은 긍정적인 역할을 하게 되지만 이러한 패턴이 오랜 기간 만성적으로 과잉 활성화되면 자신의 건강한 에너지를 고갈시키기도 한다. 일시적으로 찾아오는 급성 스트레스는 백혈구를 감염부위에 급하게 파견하여 침입자를 격퇴시키고 감염부위 신체가 침입자를 이길 수 있도록 도움을 주어 면역계 반응을 긍정적으로 향상시켜준다.

그러나 지속적이고 만성적인 스트레스는 면역계를 억제하거나 무력화시키기 때문에 신체가 감염에 취약한 상태에 놓이게 된다.

즉, 면역체계는 스트레스에 긍정적인 반응과 부정적인 반응을 보일 수 있으며 이러한 반응의 결과는 심리적 내성과 마음의 쿠션이 어느 정도인가에 따라 달라질 수 있는 것이다.

면역력 감소

해소되지 않고 누적된 만성적인 스트레스는 심리적, 생리적, 신체적, 사회적으로 건강한 전체성에 구멍을 만들기 때문에 면역계가 악영향을 받을 수밖에 없다. 우리가 만성적인 스트레스를 받거나 갑자기 견디기 힘들 만큼 정서적으로 충격적인 자극을 받게 되면 컨디션이 나빠지거나 무기력해지고 열이 나며 마치 감기에 걸렸을 때의 증세와 비슷한 경험을 하게 된다.

이러한 경험은 다양한 연구결과에서 과학적으로 증명이 된다. 많은 과학자들에 의해 만성적인 스트레스가 상부 호흡기관 감염에 걸리기 쉬워지는 원인이 이미 밝혀져 있기 때문에 그다지 놀랄 일은 아니다. 신체는 갑자기 급성 스트레스를 받게 되면 그 스트레스가 주는 상처에 효율적으로 대처하기 위해 면역체계에 비상을 걸어 면역계의 활동이 일시적으로 증가하게 된다. 그래서 스트레스가 우리 삶의 활력을 주고 건강한 상태를 유지시켜주는 내성과 쿠션을 길러주는 긍정적인 기능을 하는 것이다.

하지만 만성적인 스트레스는 면역체계의 반응이 일시적으로 억제되거나 약한 상태를 만들기 때문에 여러 가지 질병에 감염될 위험이 높아진다. 물론 이러한 만성적인 스트레스가 꼭 일시적으로만 면역체계에 문제를 일으키게 되는 것은 아니다. 스트레스가 얼마나 만성적인가에 따라 신체적 능력에 차이가 생기면서 면역체계가 약해지는 정도가 달라지기 때문이다.

예를 들어 빈곤한 생활수준에서 지속적으로 겪게 되는 스트레스는 금새 해소되기가 쉽지 않기 때문에 만성적인 스트레스가 될 가능성이 높다. 이러한 만성적인 스트레스가 사람들의 노화를 촉진시키고 우울증과 범불안장애에 시달리게 만들어 정신적, 신체적, 사회적으로 심각한 문제를 일으키게 된다. 그래서 성장과정에서 학대나 빈곤, 폭행, 방치, 따돌림, 무시, 왕따 등으로 트라우마 경험을 하게 되면 만성적인 스트레스에 시달리게 될 가능성이 높아진다. 이러한 트라우마 경험에 의한 기억이 바로 외상 후 스트레스 장애로 발전하게 되는 것이다.

성장과정에서의 트라우마 경험으로 인하여 외상 후 스트레스 장애를 겪게 되면 성인이 된 이후에 우울증, 불안장애, 자해, 자살, 도박, 게임, 약물중독에 대한 위험도가 높아질 뿐만 아니라 여러 가지 질병으로 사망할 가능성도 높아진다. 이처럼 스트레스 자체가 너무 오래 지속되거나 견디기 힘들 만큼의 충격적인 사건이나 사고로 인하여 트라우마 경험이 외상 후 스트레스 장애를 일으키게 되면 과잉적으로 활성화된 교감신경계가 잘못된 항상성과 기저선을 형성하게 된다.

이렇게 되면 심각하지 않은 일반적인 자극이나 정보에 대해서도 수시로 과민반응하여 교감신경계가 과잉 활성화되면서 신체가 부적절한 반응을 하는 경우가 자주 생긴다. 그래서 일상생활 속에서 안전과 생존에 크게 위협이 되지 않는데도 불구하고 조금이라도 낯설거나 도전적인 상황에 직면하면 뇌의 착각기능에 의해 과민반응하여 스트레스를 더 많이 경험하게 되는 것이다.

예를 들어 중요한 시험이나 낯선 사람과의 미팅, 여러 사람 앞에서의 발표, 새로운 직장, 고객과의 만남, 면접 등을 볼 때 누구나 약간의 스트레스를 받는다. 이러한 상황에서도 정상적인 반응을 하는 경우 일시적으로 싸움–도피 반응이 일어나 교감신경계를 활성화시키게 되지만 경고를 울리던 상황이 평범한 자극으로 인식이 바뀌게 되면 부교감신경계를 활성화시켜 원래의 안정된 상태로 회복하게 된다.

그러나 만성적인 스트레스에 노출되어 있거나 트라우마 기억에 의해 외상 후 스트레스 장애를 겪고 있을 경우 활성화된 교감신경계가 항상성을 잃어버리고 비정상적인 각성상태를 정상적인 기저선으로 착각하여 각성상태를 계속 유지하면서 신체에 치명적인 위해를 가한다.
결국 만성적인 스트레스가 신체적, 정신적인 균형을 무너뜨려 질병과의 싸움을 해야 하는 건강한 면역력을 약하게 만드는 것이다.

스트레스와 질병

의학이 발달되어 난치병으로 여겨졌던 대부분의 질병들을 치료할 수 있는 현대의 문명사회에서도 과거에 우리가 전혀 경험하지 못했던 새로운 전염병과 같은 질병들이 계속적으로 발생하고 있다. 특히 코로나19와 같이 전혀 예상하지 못하고 준비하지도 못한 질병들이 미래에 더 많이 나타날 것으로 예상된다.

이처럼 우리는 다양한 질병의 위험에 노출된 상태로 살아가고 있으며 그중에서도 대표적으로 우리를 질병에 가장 취약하게 만드는 역할을 하는 것이 바로 만성적인 스트레스이다. 스트레스는 직접적으로 여러 가지 질병을 일으키는 원인이 되기도 하지만 이미 발생한 질병의 진행속도를 앞당기는 나쁜 역할을 하기도 한다.

어느 누구도 스트레스를 받지 않고 살아갈 수는 없으며 어떤 형태로든 여러 가지 요인에 의해 스트레스에 반복적으로 노출된 상태에서 살아간다. 예를 들어 학생은 공부와 성적 때문에, 운동선수는 부상과 경기 성적 때문에, 어른은 일과 인간관계 때문에, 가정주부는 가사노동과 자녀교육 때문에 스트레스를 받는다.

이렇게 보면 현대인들의 생활패턴은 스트레스의 연속이라고 할 수 있다. 그렇기 때문에 일상생활 속에서 스트레스를 제대로 관리하지 못하거나 해소하지 못하게 되면 심리적, 생리적, 신체적, 사회적인 여러 가지 문제가 생기게 된다. 지속적으로 주어지는 부정적인 유해 스트레스는 우리의 마음을 힘들게 할 뿐만 아니라 신체를 지치고 병들게 하며 사회적 관계 능력까지 완전히 무력화시킨다.

다행히 인간은 이러한 유해 스트레스에도 적응하고 극복할 수 있는 내성과 가소성을 충분히 가지고 있기 때문에 멘탈 훈련을 통해 스트레스를 극복하고 마음의 쿠션을 강화할 수만 있다면 안전한 생존의 바탕 위에 발전적인 진화를 계속할 수 있다.

중요한 것은 스트레스 자체가 모두 나쁜 것이 아니라는 사실이다. 스트레스에 잘못 반응하는 해석과 선택이 나쁜 것일 뿐이며 우리의 해석과 선택에 따라 스트레스가 우리 삶의 독이 되기도 하고 약이 될 수도 있기 때문이다. 우리가 살아가면서 겪게 되는 스트레스가 무조건 나쁜 것이 아니라는 사실을 깨닫게 된다면 스트레스를 삶의 성취자원으로 활용할 수도 있다. 그래서 스트레스에 대한 공부와 멘탈 훈련을 통해 스트레스의 특성을 이해하여 스트레스를 삶의 활력과 성취를 위한 에너지로 사용할 수 있는 능력을 가져야 하는 것이다.

예를 들어 두 사람이 같은 질병에 걸렸지만 병의 진행과정이 서로 다른 이유 중 하나가 개인의 스트레스에 대한 반응이 다르기 때문일 수도 있다. 질병의 발생에는 다양한 요인이 있지만 질병의 진행과 가장 깊은 관련이 있는 것은 스트레스이다. 같은 질병에 걸렸어도 스트레스 반응에 따라 질병의 진행속도가 달라지기 때문이다. 스트레스와 질병의 상관관계에 대해서는 굳이 설명을 할 필요가 없을 정도로 스트레스가 질병을 악화시킨다는 사실을 모르는 사람은 없을 것이다.

스트레스와 관련된 재미있는 이야기를 소개한다.

한스 셀리에는 1930년대에 체내 호르몬 사이의 연관성을 연구하는 내분비학 공부를 하는 과정에서 매일 쥐에게 특정 물질을 주사하려 하였으나 안타깝게도 그는 손재주가 없어 쥐에게 주사를 놓으려다가 놓치고 떨어뜨리는 실수를 연발했다.

그는 아침마다 놓친 쥐를 잡기 위해 빗자루를 들고 쫓아다녔다.

몇 개월 동안 이런 일을 반복한 셀리에는 쥐들을 연구하다가 놀라운 사실을 발견하게 되었다. 매일 쫓겨 다니며 생존에 위협을 받았던 쥐들이 스트레스로 인해 소화성궤양이 생겼고 부신들이 엄청나게 커졌으며 면역 조직들이 위축되어 있었다. 이후 여러 마리의 쥐들을 대상으로 한 같은 실험에서도 비슷한 결과가 나타났다. 연구사례에서 알 수 있듯이 만성적인 스트레스 상태가 지속되면 여러 가지 질병에 노출될 위험 확률을 높이고 면역기능을 약화시키게 되는 것이다.

많은 사람들이 예상치 못한 자연재해나 경제여건, 사건사고, 질병 때문에 심한 스트레스를 받으며 살아간다. 이렇게 오랫동안 스트레스에 노출되면 면역기능이 떨어져 질병에 걸릴 위험성이 상대적으로 높아지게 된다. 이처럼 면역체계가 약해지면 일반적인 질병뿐만 아니라 생명을 위협하는 특정 전염병에도 취약한 상태를 만들어 우리의 안전과 건강을 위협하게 되는 것이다.

스트레스가 전염병을 직접 만들지는 않지만 스트레스가 전염병에 취약한 상태를 만드는 것은 분명하다. 또한 스트레스가 오랫동안 지속될 때 기저질환들의 진행속도를 앞당기고 건강과 생명까지도 위협할 수 있는 것도 사실이다. 만약 우리 삶에서 스트레스가 없다면 내성과 적응능력이 결여되어 생존과 진화를 할 수 없게 될지도 모른다.
하지만 스트레스가 너무 많거나 오랫동안 지속될 때도 심각한 후유증으로 인하여 우리의 안전과 생존이 위협을 받게 될 수도 있다.

그래서 우리에게 나쁜 영향을 미치는 스트레스를 극복하는데 도움이 되는 멘탈에 대한 이해와 훈련이 필요한 것이다. 반복적인 멘탈 호흡과 이완훈련, 자율훈련, 관점 바꾸기, 패턴 깨기, 주변시야 훈련, 분리와 연합기법, 메타기법, 인지행동치료 등의 다양한 프로그램을 활용한다면 스트레스를 극복하는데 도움을 받을 수 있다. 그뿐만 아니라 멘탈에 대한 이해와 훈련을 통해 마음의 쿠션을 강화하게 되면 스트레스를 삶의 성취자원으로 활용할 수 있기 때문에 스트레스가 건강하고 행복한 삶의 걸림돌이 아닌 디딤돌로 변화하게 된다.

스트레스와 고혈압

우리가 잘 알고 있듯이 만성적인 스트레스가 심리적 장애를 일으키는 핵심 요인이 되기도 하지만 여러 가지 생리적, 신체적인 질병을 일으키는 중요한 요인이 되기도 한다. 내적, 외적 환경 변화에 대한 인간 유기체의 정상적이고 건강한 반응인 스트레스는 우리 삶 자체라고 할 만큼 일상생활 속에서 크고 작은 스트레스를 겪으면서 살아가고 있으며 스트레스가 전혀 없는 삶은 존재하지 않는다.

스트레스와 관련된 많은 이론들과 연구결과들이 쏟아져 나오고 있는 가운데 진화생물학 및 발생생물학을 중심으로 새로운 복합적 이론이 소개되고 있다. 알로스테시스라는 생소한 용어가 어느 정도 익숙해질 만큼 많이 사용되고 있는 것도 스트레스가 특정 소수의 사람들에게 해당되는 것이 아니라 보통 사람들의 삶에서 누구나 일상적으로 겪게 되는 것이 되었기 때문이다. 알로스테시스라는 용어는 자율신경계,

HPA축, 내분비계, 심혈관계, 면역계, 대사계 과정의 활성으로부터 생리적 기능의 변화를 통해 안정성을 유지하는 능력을 의미한다.

일반적으로 우리가 알고 있는 자율신경계와 관련된 항상성과 유사한 개념이면서 두 가지는 서로 차이를 보인다. 알로스테시스는 생리적 조정뿐만 아니라 생동적 조정을 통해 안정성을 얻는 과정인데 반하여 항상성은 고정된 설정치로 유기체의 기능을 유지함으로써 생리적 안정을 유지시켜준다. 광의적 개념에서 항상성으로 이해될 수 있는 복원력이 스트레스 반응으로 각성된 비정상적인 상태를 원래의 정상적인 상태로 회복하게 만들게 되는 것이다.

스트레스가 우리의 마음뿐만 아니라 신체적인 건강에도 직간접적으로 영향을 미치고 있다는 사실을 모르는 사람은 없을 것이다.
우리는 그것을 잘 알고 있으면서도 매일 스트레스를 받으며 스트레스가 일으키는 반응에 중독된 상태에서 스트레스를 완전히 해소하지 못한 채로 살아가고 있다. 이러한 만성적인 스트레스가 심혈관계 질환에 취약하게 만드는 구체적인 요인으로 밝혀지면서 스트레스가 만병의 근원이라고 하는 말이 증명되고 있는 것이다.

이처럼 우리가 특정한 스트레스 자극을 받거나 충격적이고 정서적인 끔찍한 경험을 하게 되면 그 자극과 경험을 자신의 안전과 생존에 관련된 스트레스로 인지하여 신체는 그 상황에 가장 잘 적응하기 위해 포도당이라는 연료와 산소를 필요로 하게 된다. 이렇게 되면 산소와 포도당을 신체 구석구석까지 신속하게 배달을 할 수 있도록 심장은 더 빠르게 뛰면서 과부하 상태를 만든다.

이러한 과부하 상태는 일상생활 속에서의 다양한 인간관계나 공부, 일을 하는 과정에서 겪을 수 있는 다른 스트레스 요인에도 재빨리 적응할 수 있는 유연한 상태를 유지하기 위해 혈압 상태를 수시로 조절한다. 그래서 안전과 생존에 위협이 되는 응급상황에서뿐만 아니라 일상생활 속에서의 비응급상황에서도 신속하게 적절한 반응을 할 수 있게 도움을 주게 된다.

예를 들어 아침에 일찍 일어나 운동을 할 때, 가족과 대화를 할 때, 공부나 일을 할 때, 많은 차량이 다니는 도로에서 운전을 할 때 갑자기 닥친 위협상황에서 신속하게 효율적으로 대처할 수 있게 도움을 주는 것이다. 이와 같이 혈압의 변화는 응급상황에서뿐만 아니라 대부분의 비응급상황에서 일어나는 다양한 자극과 일들에 적극적으로 반응할 수 있게 도움을 주고 있다.

하지만 감당하기 힘든 급격한 스트레스나 만성적인 스트레스가 주어지면 심혈관계에 심각한 문제가 생기게 된다. 급격한 혈압의 변화나 높은 혈압 상태가 오랫동안 지속되면 침묵의 암살자라는 별명을 가진 고혈압을 일으키는 원인이 되기 때문에 문제가 되는 것이다.

스트레스로 인해 발생하는 고혈압은 심장마비, 동맥경화 등의 질환을 일으키는 위험인자 중 하나이기 때문에 건강적인 문제뿐만 아니라 생명까지도 위협하는 위험요인이 될 수 있다.

스트레스가 고혈압의 원인 중 하나라는 사실을 모르는 사람이 없을 정도로 이미 상식이 되었지만 많은 사람들이 생명을 위협하고 있는 고혈압의 유발 요인인 만성적인 스트레스를 너무 소홀히 하고 있는 것이 현실이다. 스트레스가 외부적 자극에 의해 생겼든 내부적 요인에 의해 생겼든 상관없이 만성적인 스트레스에 대한 통제력 상실은 그게 어떤 수준이든 간에 혈압에 부정적인 영향을 미치고 심장에도 즉각적으로 나쁜 영향을 미치게 된다는 사실은 분명하다.

고혈압의 주요 증상으로는 가슴 두근거림, 피로감, 두통, 어지러움 등이 있으나 대부분 뚜렷한 증상 없이 지내다가 건강검진이나 병원 진료 과정에서 발견되는 경우가 많다. 고혈압은 소리 없이 다가오는 죽음의 악마라고 할 정도로 증상이 없는 경우가 대부분이기 때문이다.

고혈압은 지방과 여러 찌꺼기들로 이루어진 침착물인 '플라크'가 동맥에 달라붙게 만든다. 이렇게 달라붙은 침착물에 의해 혈압이 다시 올라가기 때문에 고혈압은 계속 악화된다. 고혈압으로 생기는 동맥경화 진행과정은 콜레스테롤과 다른 종류의 지방들을 포함해서 지방 띠가 심장으로 가는 혈관뿐만 아니라 뇌의 주요 혈관에도 달라붙어 혈관벽의 압력을 높이거나 막아버리기도 한다. 플라크는 혈관을 좁게 만들뿐만 아니라 심장으로부터 받은 압력 때문에 침착물이 파열되어 생기는 혈전을 형성시켜 혈관을 좁게 만든다.

이처럼 혈전에 의해 심장으로 공급되는 산소가 부족하거나 차단되면 협심증이나 심근경색, 심장마비가 올 수도 있으며 아주 위급한 상황이 될 수도 있기 때문에 혈압관리가 중요하다. 뇌에서 이러한 위급한 상황이 일어나게 되면 뇌경색이나 뇌출혈과 같은 뇌졸중을 일으키는 요인이 되기 때문에 스트레스 관리가 무엇보다 중요한 것이다.

즉, 스트레스 관리가 혈압을 관리하는 것과 같다고 볼 수 있다.

무월경과 월경불순

　무월경은 어떤 원인에 의해 월경이 없는 상태를 의미하며 월경불순은 어떤 원인에 의해 월경이 정상적인 패턴을 잃어버리고 주기가 일정하지 않은 상태를 말한다. 이 두 가지는 각종 스트레스 환경 속에서 살아가는 현대 여성들에게 빈번하게 일어나고 있는 현상이다. 스트레스가 무월경과 월경불순의 가장 큰 원인은 아니지만 중요한 원인을 제공하는 것은 부정할 수 없는 사실이다.

　무월경은 일반적으로 원발성 무월경과 속발성 무월경으로 구분할 수 있다. 원발성 무월경은 이차 성징이 없을 때 14세, 이차 성징이 있을 때 16세가 되어서도 월경이 없는 상태를 말한다. 속발성 무월경은 월경이 있었던 여성이 연속적으로 3회의 월경주기 동안 또는 6개월 이상 월경이 없는 경우를 말한다.

　원인에 따라서 여러 가지 증상이 동반되기도 하지만 무월경의 대표적

증상은 월경이 없는 것이기 때문에 쉽게 알 수가 있으며 폐쇄 처녀막의 경우는 자궁 내에서 계속 월경이 발생하지만 혈액이 밖으로 나오지 못해 복부 팽만감이나 복부 통증 등이 나타난다. 염색체 이상으로 인해 난소에 선천성 결함이 있으면 심장에도 문제가 발생하게 되고 목뒤의 형태가 변화하는 등의 증상이 나타날 수도 있으며 이런 경우에는 난소에서 악성 종양이 발견될 가능성도 있다.

무월경은 스트레스와 비만, 심한 운동, 마른 체형, 신경성 식욕부진, 염색체 이상, 해부학적 구조의 이상 등 다양한 원인에 의해 발생할 수 있지만 어떤 원인이든 상관없이 오랫동안 지속되면 원래의 정상적인 월경이 힘들어진다. 특히 스트레스의 누적은 호르몬 불균형을 유발하기 때문에 무월경뿐만 아니라 월경불순의 원인이 되기도 한다.

예를 들어 정신적 스트레스로 인한 신경성 식욕부진의 주요 증상은 스스로 굶고 있는 젊은 여성에게 전형적으로 나타나는 생식장애로써 이러한 장애가 더 심한 스트레스를 받게 만든다. 계속적인 스트레스로 체중이 줄고 저장지방이 고갈되면 안드로겐을 에스트로겐으로 바꿀 수 있는 충분한 지방이 갑자기 사라지기 때문에 생식에 장애가 생기게 되는 것이다.

이렇게 되면 에스트로겐이 적게 생산됨으로써 여성 생식계의 여러 단계를 억제하는 안드로겐의 농도가 증가하게 된다. 그것이 빈곤에 의한 굶주림이든 체중조절을 위해 스스로 선택한 단식이든 상관없이 생식기능은 억제될 수밖에 없게 되는 것이다.

만약 처음의 정신적 스트레스가 해결되지 않으면 몸무게가 다시 늘어나도 월경주기가 원래의 정상으로 돌아오지 못하게 될 수도 있기 때문에 심한 다이어트를 하는 것은 위험할 수도 있다. 몸무게 감소에 따른 안드로겐 증가는 극심한 운동을 하는 여성에게 나타나는 생식기능장애의 하나이다. 특히 운동을 너무 많이 하는 여성은 초경이 몇 년간 늦어질 수도 있고 월경이 불규칙하거나 완전히 멈출 수도 있다.

물론 적절한 운동을 할 때 받게 되는 일시적인 스트레스는 신체가 운동에 적응하는 과정에서 오히려 스트레스를 해소시켜주는 기능을 할 뿐만 아니라 정신과 신체의 회복탄력성을 높여주기 때문에 전혀 문제가 되지 않는다. 오히려 적절한 운동은 정상적인 월경을 할 수 있는 생식기능을 발달시켜주기 때문에 도움이 된다.

여성이 임신을 하게 되면 많은 칼로리를 소모하게 되며 아기를 키우는데는 더 많은 칼로리가 필요하기 때문에 상당량의 지방축적 없이는 쉽지가 않다. 이처럼 만성적인 스트레스에 의한 신경성 식욕부진이 지속되어 지방세포를 위축시키게 되면 정상적인 월경을 어렵게 만들어 임신을 불가능하게 만들 수도 있는 것이다.

이러한 메커니즘은 신체가 월경이 없는 상태에서 임신이 불가능한 것으로 볼 수 있지만 다른 관점으로 보면 지방이 고갈된 최악의 조건에서 자신의 안전과 생존을 위해 임신을 할 수 없는 상태를 만들어야 하기 때문일 수도 있다. 왜냐하면 지방이 없는 상태에서 임신을 하는 것이 어렵기도 하지만 출산 이후에 아기를 키우는데 필요한 에너지를 공급할 수 없다고 판단하여 무월경 상태를 만드는 것이 자신을 지키는데 더 유리할 수도 있다는 판단을 하기 때문이다.

어떤 주장이 맞고 틀린 것이 중요한 것이 아니라 스트레스가 지속되어 에스트로겐이 감소하면 무월경과 월경불순을 겪을 수도 있으며 심장질환과 골다공증 등의 여러 가지 질병을 유발하는 요인으로도 작용하여 건강상태에 치명적인 손상을 가져올 수 있기 때문에 심각한 문제가 된다. 그래서 무월경과 월경불순에 대한 정확한 원인을 분석하고 그 요인이 심리적인 것인지, 생리적인 것인지, 신체적인 것인지에 따라 다른 대응이 필요하다. 원인에 따라 의학적인 도움이 필요할 수도 있고 심리적인 상담이나 식이요법, 운동요법 등 대응과 처방이 달라질 수 있기 때문이다.

이처럼 만성적인 스트레스가 무월경과 월경불순의 요인이 되기도 하지만 심리적, 신체적인 여러 가지 질병을 일으키고 무기력한 상태를 만들기도 하는 것이다. 만성적인 스트레스가 우리 삶 전반에 심각한 문제를 일으키기 때문에 스트레스에 적응하고 극복할 수 있는 심리적 내성과 응집력을 기르고 마음의 쿠션을 강화시켜야 한다. 여성이 겪는 만성적인 스트레스가 무월경과 월경불순의 주된 원인은 아니라고 하더라도 영향을 미치는 것은 분명한 사실이다.

스트레스와 임신

    불임은 힘든 정신적 스트레스와 고통을 안겨주기 때문에 당사자의 입장에서 보면 자신의 잘못이 아닌데도 불구하고 자신의 삶을 스스로 황폐화시킬 수 있는 심각한 의학적 재앙이 될 수도 있다.

불임의 고통을 겪고 있는 사람은 다른 사람들과의 관계에서 열등감과 소외감을 느낄 수 있고 자존감이 저하될 수 있으며 친구들과 가족, 친척들로부터 보이지 않는 소외를 당할 수도 있기 때문에 우울증의 위험이 증가한다. 불임이 자신의 잘못이 아닌데도 불구하고 주변의 왜곡된 시선과 지나친 관심에 스트레스를 더 많이 받게 되는 것이다.

    스트레스를 일으키는 요인은 다양하다. 일반적으로 열정적이고 성취욕이 강한 사람은 사회생활에 잘 적응하고 성공할 가능성이 높지만 그만큼 스트레스를 많이 받는다. 또 매사에 수동적이고 소극적인 태도로 타인을 지나치게 의식하며 위축된 삶을 살아가는 사람도 표면적으로는 사회성이 좋고 배려심이 깊은 사람으로 비추어지지만 내적으로는 많은 스트레스를 받고 있다. 중요한 것은 이러한 스트레스가 단기간에 해소되지 못하고 지속적으로 누적되는 과정에서 사람에 따라 자연임신을 하는데 어려움을 겪게 될 수도 있다는 사실이다.

　다양한 연구결과에 의하면 지속적이고 만성적인 스트레스가 임신의 가능성을 낮추고 불임이 될 가능성을 높인다는 사실이 밝혀졌다. 사회생활을 하며 쌓인 스트레스를 제대로 해소하지 못해 스트레스 강도가 점점 더 높아지면 남녀 모두 생식능력에 부정적인 영향을 미치게 되는 것은 익히 알려져 있는 사실이다.

　남자는 직장에서의 업무 스트레스뿐만 아니라 대인관계, 가정사, 경제적 능력, 사회적 위치, 사회적 비교 대상의 존재가 되면서 심리적으로 받게 되는 상대적 박탈감과 무력감 등으로 성욕의 감퇴와 정자 수에 문제가 생길 수 있다. 여성의 경우도 마찬가지로 가사노동, 직장생활, 가족과의 갈등, 경제적 여유, 친구나 이웃과의 비교 등으로 불필요한 스트레스를 많이 받기 때문에 성욕의 감퇴와 여성호르몬 분비에 문제가 생길 수 있다. 그렇기 때문에 남녀 모두 스트레스를 제대로 해소하지 못하면 자연임신의 가능성이 낮아질 수 있는 것이다.

　스트레스가 임신에 절대적인 영향을 미치는 것은 아니지만 불임의 가능성에 부분적으로 영향을 미칠 수 있기 때문에 자연임신을 원한다면 스트레스를 제대로 관리하는 것이 중요하다. 또한 스트레스가 누적되면 남녀 모두 성욕이 감퇴되는 것도 자연임신을 방해하는 하나의 요인이 될 수 있다. 그래서 스트레스를 해소하기 위한 생활 속의 실천사항들을 잘 지키는 것이 중요하다. 다음은 스트레스를 극복하여 불임의 고통에서 벗어나기 위한 구체적인 실천사항이다.

첫째, 마음사용법에 대한 공부를 통해 마음의 민감성과 둔감성, 연합과 분리, 중앙과 주변, 전경과 배경, 초점과 분산, 관점 바꾸기 등의 유연한 세상모형을 활용한다. 스트레스에 보다 유연하고 자유롭게 반응할 수 있게 만드는 마음의 쿠션을 만든다.

둘째, 밝은 표정으로 자주 웃는 연습을 통해 긍정과 관련된 뇌신경회로를 활성화시키고 관련된 화학물질을 분비시켜 스트레스에 대한 심리적 내성과 응집력을 키운다. 밝은 표정으로 웃는 연습이 반복되면 내면에 긍정과 관련된 호르몬 분비가 증가하고 에너지도 충전된다.

셋째, 자기 자신과 주변 사람들에 대해 긍정적인 말을 자주 하고 주변 사람들을 칭찬하는 습관을 통해 다른 사람들과 세상을 좀 더 밝고 긍정적으로 접촉할 수 있는 자신의 긍정적인 상태를 만든다.
칭찬은 상대를 행복하게 만드는 바이러스이지만 칭찬하는 자신이 먼저 그 칭찬의 혜택을 보기 때문에 스트레스에 대한 심리적 내성과 응집력을 강화시키는데 도움이 된다.

넷째, 긍정적인 생각을 반복하게 되면 뇌에 긍정과 관련된 전용신경회로를 구축하여 관련된 화학물질을 분비하도록 만든다. 긍정적인 생각을 떠올리는 순간 그 생각과 관련된 신경회로가 활성화되고 화학물질이 분비되면서 긍정적인 감정이 함께 불려나오는 것이다.
그리고 긍정의 전용신경회로에 의해 긍정의 신념체계와 세상모형을 만들게 되면 자연스럽게 스트레스 요인이 줄어들게 된다.

다섯째, 긍정적인 느낌을 반복해서 가짐으로써 긍정적인 기분이 중독상태를 유지하게 만들어 스트레스 자극과 요인에 견디어내는 마음의 쿠션을 강화시킨다. 긍정적인 느낌과 생각이 순환고리를 만들게 되면 스트레스에 대한 심리적 내성과 응집력이 강해진다.

여섯째, 멘탈 호흡과 이완훈련, 자율훈련을 반복하여 긍정의 신경회로를 활성화시키고 긍정적인 신념체계와 세상모형을 갖게 만든다. 이러한 훈련을 통해 전용신경회로가 안정적이고 편안한 상태로 바뀌게 되면 스트레스 적응을 위한 심신의 유연성과 수용성이 높아진다.

일곱째, 긍정적인 생각과 느낌, 말과 관련된 행동을 반복함으로써 강력한 전용신경회로를 구축하여 긍정적인 상태를 유지시켜주는 마음의 쿠션을 강화시킨다. 긍정의 생각과 느낌, 말, 행동이 일치될 때 심신의 유연성이 증대되어 저항이 줄어든다.

여덟째, 규칙적인 운동을 통해 심리적, 생리적, 신체적인 면역기능을 향상시키고 삶의 활력을 증진시킨다. 운동이 면역기능뿐만 아니라 생리적 기능을 활성화시켜 성생활의 만족도를 높인다.

이상의 실천사항들을 생활 속에서 반복적으로 실천한다면 스트레스가 줄어들어 마음과 신체가 함께 건강해지고 유연성과 수용성이 높아지기 때문에 자연임신에 보다 더 긍정적인 영향을 미치게 된다.

발기부전

　사람들은 발기부전이라는 단어에 대해 너무 과민한 반응을 보이거나 아예 회피하는 경향을 보인다. 그리고 발기부전이 자신에게는 절대로 일어나서는 안되는 부끄러운 것이라는 잘못된 관점을 가지고 그것을 문제로만 치부하여 숨기려고만 한다.

　발기부전은 누구나 겪을 수 있는 가벼운 증상이며 그것을 직면하여 해결하기만 한다면 얼마든지 극복이 가능하다는 긍정적인 사고를 가지는 것이 그 무엇보다 중요하다. 발기부전의 사전적 의미는 "만족스러운 성생활을 누리는데 충분한 발기를 얻지 못하거나 유지할 수 없는 상태가 지속되는 것"이라고 정의한다.

　대부분의 사람들이 발기부전을 겪게 되면 심리적인 위축으로 자괴감, 자신감 상실, 콤플렉스, 열등감, 무력감, 좌절 등을 가지게 되면서 더 큰 문제를 야기시키는 경우가 많다. 이렇게 위축된 심리상태에서 삐뚤어진 세상모형을 만들어 배우자와의 신뢰 상실, 갈등 등으로 전반적인 관계 능력과 소통의 문제까지 생기게 된다. 처음의 개인적인 문제가 배우자와의 문제로 확장되면서 가정불화, 가정폭력 등의 사회적 문제까지 일으키게 되는 것이다.

발기부전에 대한 통계를 살펴보면 발기부전이 나이가 들면서 늘어나는 추세를 보이고 있으며 최근 대사증후군 등의 질환이 폭발적으로 증가하면서 함께 증가하고 있는 추세이다. 발기부전의 유병률이 나이와 상관관계가 있다는 것은 노화에 따른 각종 질환과 기능 저하가 원인이 되기 때문이다.

더불어 사회적 활동의 감소와 인간관계 폭이 좁혀지면서 겪게 되는 심리적인 스트레스도 중요한 원인이 된다. 이처럼 발기부전이 일어나는 원인은 심리적, 생리적, 신체적, 사회적으로 다양하게 찾을 수 있다. 주로 과거에는 심인성 요인이 절대적인 원인으로 지목되었지만 최근에는 유전과 생활습관, 흡연, 지나친 음주, 신체적 질병 등이 새로운 위험인자로 밝혀지고 있다.

특히 흡연, 당뇨, 고혈압, 이상지질혈증, 심장질환, 소화기계 질환, 근골격계 질환, 생식기계 질환, 비만, 약물중독, 트라우마, 우울증, 스트레스 등이 발기부전의 중요한 위험인자이다. 중요한 것은 우리의 마음과 몸은 심신상관성으로 연결된 하나의 시스템이기 때문에 신체적 질환이 생기게 되면 심리적인 문제가 함께 수반되며 반대로 심리적인 문제가 신체적인 질환의 요인이 되기도 한다.

이와 같이 신체적 질환에 의한 발기부전은 심리적인 스트레스를 수

반하기 때문에 발기부전을 더 악화시키는 요인이 된다.

그래서 발기부전의 위험인자 중에서 스트레스가 차지하는 비중이 점차적으로 높아지고 있는 추세이다. 심인성 질환으로 생긴 발기부전의 요인이 무엇이든 상관없이 스트레스는 증가될 수밖에 없고 그 스트레스가 발기부전을 더 악화시킬 수 있는 것이다.

심인성 발기부전은 주로 성장과정에서 생긴 트라우마나 애착 결핍, 스트레스, 불안장애 등이 원인이 될 수 있으며 성생활에 대한 불안, 배우자와의 관계에서 오는 긴장과 각성, 외상 후 스트레스 장애, 우울 등과도 깊은 관련이 있다. 어떤 원인에서든 발기부전을 경험하게 되면 본인에게는 충격적인 경험이 되기 때문에 그러한 부정적인 정서를 일으키는 경험이 조건형성되어 이후에도 심리적 불안으로 연속적인 발기부전이 일어나는 심각한 문제를 야기시키게 된다.

이러한 잘못된 조건형성이 악순환되면 주체하지 못하는 불안과 스트레스로 인해 성적인 관계의 즐거움이나 행복이 줄어들고 성적인 흥분도 잘 안되는 상태가 되어 발기부전이 고착화될 위험성이 높아진다.

발기부전은 질환 자체의 특수성으로 인해 일반적으로 드러내기를 회피하는 경우가 많다. 하지만 회피하고 숨길수록 발기부전으로 겪게 될 고통은 더 심해진다는 사실을 알아야 한다. 그렇기 때문에 발기부전의 원인이 심인성인지, 기질성인지를 먼저 파악하고 그에 맞는 치료방법을 선택하는 것이 필요하다.

줄기세포

스트레스는 우리의 정신적인 건강뿐만 아니라 신체적인 건강상태에도 크게 영향을 미치고 있다. 특히 역치를 뛰어넘는 충격적인 사건이나 사고에 의한 스트레스 자극이 주어지거나 만성적인 스트레스가 오랫동안 지속되면 마음뿐만 아니라 몸까지 병들게 만든다.

이러한 환경적 스트레스로 인해 우리 몸에 손상이 발생한 상태가 지속되면 치명적인 질환으로 진행될 수 있기 때문에 줄기세포가 손상된 몸을 재생시키기 위해 중요한 역할을 하게 된다. 스트레스원에 의해 분비된 스트레스 호르몬이 세포와 장기들을 손상시키면 줄기세포가 나서서 손상된 세포를 대체하고 장기를 복구시키는 작업을 하는 것이다.

우리가 힘든 일을 했거나 스트레스를 받은 후 충분한 휴식이 필요한 이유는 뇌를 쉬게 하여 스트레스로 손상된 세포와 조직을 줄기세포의 역할에 의해 정상적인 상태로 복원시키는 작업을 해야 하기 때문이다.

운동 중에 가벼운 상처를 입거나 몸의 장기가 손상되더라도 줄기세포의 중요한 역할 덕분에 원래의 정상적인 상태로 회복이 가능한 것이다. 이처럼 우리 몸의 장기가 소생을 위해 골수에서 줄기세포를 빌려와 응급조치를 함으로써 건강한 상태를 유지하게 된다.

하지만 스트레스가 반복되거나 오랫동안 지속되면 줄기세포의 복제 기능이 제 역할을 하지 못하기 때문에 심각한 문제가 발생할 수도 있다. 더 중요한 것은 만성적인 스트레스가 뇌기능에 치명적인 손상을 입힐 수 있다는 사실이다. 우리가 잘 알고 있듯이 만성적인 스트레스가 뇌기능에 손상을 주게 되면 기억과 학습을 담당하는 '해마'까지 손상을 입을 수도 있다.

성장과정에서 부모와의 애착형성에 문제가 있거나 친구들과의 신뢰관계 결핍, 왕따, 폭력 등 견디기 힘든 경험에 반복적으로 노출되면 외상 후 스트레스를 겪게 되면서 여러 가지 심리적 장애를 일으킨다. 이렇게 되면 스트레스가 우울증이나 무기력, 불안, 불면, 강박, 분노조절 장애, 조현병 등 각종 정신질환의 원인이 되며 심한 경우 뇌질환이나 뇌 손상의 위험을 높이게 된다.

신경줄기세포가 스스로를 파괴하는 '자가포식'현상은 세포가 악조건에서 세포 내부의 불필요한 물질을 스스로 분해해 세포를 보호하는 것이다. 세포가 생존을 위한 최후의 수단으로 자신의 일부를 먹는 작용인데 만약 이 과정이 잘못되거나 통제력을 잃게 될 때 오히려 세포의 죽음으로 이어질 수도 있다. 즉, 만성적인 스트레스로 인해 뇌세포의 손상과 신경줄기세포가 죽는 일이 생길 수도 있는 것이다.

이와 같이 스트레스로 인해 줄기세포가 제 기능을 하지 못하는 문제뿐만 아니라 죽는 일까지 벌어지면 마음과 몸 전반에 심각한 문제를 일으킨다. 만성적인 스트레스로 인해 면역체계가 억제되면서 각종 질병에 노출되기 쉬워지고 노화도 빨리 진행되는 것이다.

그뿐만 아니라 만성적인 스트레스는 합리적인 전체성을 가지고 효율적으로 운영하는 뇌의 시스템을 망가뜨리게 되면서 대인관계 능력과 사회 적응의 문제까지 일으켜 존재와 정체성의 혼돈을 겪게 만들기도 한다. 실제로 생활 속에서 겪고 있는 심리적인 문제와 신체적인 문제가 대부분 스트레스와 관련이 있다.

이처럼 만성적인 스트레스가 줄기세포에 치명적인 손상을 입히게 되면 마음과 몸에 손상을 줄 뿐만 아니라 사회적 관계 능력에도 여러 가지 문제를 일으키게 된다. 그래서 스트레스를 만병의 근원이라고 부르는 것이며 스트레스가 우리의 건강뿐만 아니라 사고와 감정, 행동에까지 영향을 미치게 되는 것이다.

물론 적절한 스트레스나 역치를 뛰어넘지 않는 스트레스는 우리에게 심리적 내성과 응집력을 높여주어 마음의 쿠션을 강화시켜주고 몸을 활력상태로 만들어주는 긍정적인 역할을 한다. 그리고 스트레스를 겪게 되는 과정에서 적응능력이 향상되어 스트레스에 대한 내성이 생김으로써 스트레스에 대한 반응이 대담해지고 앞으로 다가올 스트레스에도 잘 대응할 수 있는 유연성과 쿠션을 가지게 해준다. 그래서 '죽지만 않는다면 우리는 더 강해질 수 있다'는 말처럼 스트레스를 극복할 수만 있다면 우리 삶의 자원이 될 수 있는 것이다.

다혈질 성격

멘탈코칭센터에서 멘탈 교육과 상담, 수업을 진행하다 보면 생각보다 많은 사람들이 스트레스로 인해 과부하가 걸린 상태에서 여러 가지 심리적 고통을 겪고 있다는 사실을 알 수 있다. 이러한 심리적인 문제가 생리적, 신체적인 문제를 일으키게 되면서 심장질환과 고혈압, 신체의 경직 등과 같은 여러 가지 문제를 야기시키게 된다. 심신상관성에 의해 심리적인 문제가 신체적인 문제를 일으키게 되고 신체적인 문제가 다시 심리적인 문제를 더 키우는 것이다.

심리적인 문제 때문에 야기된 생리적, 신체적인 문제가 다시 피드백되면서 심리적인 문제를 더 키우는 악순환이 반복될 수 있다.

이와 같이 부적절한 악순환의 고리를 만들게 되면 우리 뇌는 그러한 패턴에 중독되어 합리적인 판단과 선택에 장애가 발생한다.

우리는 스트레스에서 어느 누구도 완전히 자유로울 수가 없기 때문에 스트레스에 대해 제대로 알고 스트레스를 통제할 수 있는 능력을 가지는 것이 필요하다.

　사람들은 서로 다른 유전과 경험에 의해 자신만의 독특한 성격을 형성하게 된다. 타고난 유전이 서로 다르고 저마다 다른 성장환경 속에서 학습과 경험이 반복되면서 개인의 독특한 존재와 정체성을 형성했기 때문에 성격도 서로 다를 수밖에 없다. 이처럼 사람들은 모두가 자신만의 독특한 성격을 갖고 살아간다. 그 성격이 타고난 천성이든 학습과 경험에 의한 후천적인 것이든 관계없이 성격이 그 사람의 존재와 정체성을 형성하고 있는 것이다.

　그래서 성격에 따라 스트레스에 반응하는 수준이 달라질 수 있다. 일반적으로 다혈질의 성격을 가진 사람들이 스트레스를 더 많이 받는다. 비슷한 강도의 스트레스가 주어졌을 때 사람들의 성격유형에 따라 반응이 다르게 나타나게 되는데 다혈질의 성격을 가진 사람이 더 격렬한 스트레스 반응을 보이게 되는 것이다.

　예를 들어 성격이 다혈질이면서 적대적인 성향을 가진 사람은 굳이 신경질적이거나 분노를 일으킬 필요가 없는 상황에서조차 격한 반응을 하며 혈압을 급격하게 상승시키고 심장박동을 빠르게 증가시켜 공격성을 최대한 끌어올린다. 이러한 성격의 소유자는 일반적인 평범한 자극이나 정보에도 과민하게 스트레스 반응을 하기 때문에 심혈관질환에 취약한 상태가 된다. 그 이유는 스트레스 반응에 의해 혈압이 상승하고 심장박동도 빨라지지만 상대적으로 혈액의 흐름이 빠르게 보조를 맞추지 못하게 되면서 전체적인 신체의 조화가 이루어지지 않은 상태에서 혈압과 심장박동이 부적응적으로 변하기 때문이다.

결국 다혈질적인 성격을 가진 사람은 많은 것들 중에서 가장 적합한 선택을 할 수 있는 유연성을 잃어버리기 때문에 가장 질 낮은 고정된 대처 방식을 선택함으로써 스트레스를 더 많이 받게 되는 것이다. 이런 성격을 가진 사람들은 마음의 쿠션을 강화시킬 수 있는 호흡훈련과 이완훈련, 자율훈련, 관점 바꾸기, 패턴 깨기 등의 멘탈 훈련을 통해 마음의 쿠션을 강화할 필요가 있다.

이러한 훈련을 통해 유연성을 강화시킬 필요가 있으며 유연성이 좋아지면 여러 가지 중에서 그 상황에 가장 적합한 것을 선택하고 그러한 상태를 지속하는 능력이 향상된다. 유연성을 행동적 융통성이라고 부르기도 하는데 행동적 융통성은 선택의 폭을 보다 넓혀주기 때문에 더 좋은 기회를 제공한다.

그리고 유연성은 고정된 관점과 좁혀진 경계에서 벗어나 현재의 문제 상황을 해결하기 위해 같은 상황을 다르게 볼 수 있고 다르게 생각하며 다르게 느끼고 다르게 말하며 다르게 행동할 수 있는 선택 능력을 갖게 해준다. 즉, 더 좋은 방법을 찾게 되는 대안적 사고와 행동을 통해 최상의 선택을 할 수 있는 능력이 유연성이다. 우리가 더 많은 공부를 하고 좋은 경험을 반복하는 이유도 더 좋은 결과를 얻기 위한 선택의 폭을 넓히는 것으로 볼 수 있는 것이다.

트라우마 경험

　현대인들이 겪고 있는 심리적 문제의 기저에는 대부분 크고 작은 트라우마가 자리 잡고 있으며 심한 트라우마 경험은 지워지지 않는 정신적 외상을 입게 만들어 사건 이후에도 지속적으로 스트레스 반응을 일으키게 된다. 그래서 대부분의 심리적 장애의 기저에는 트라우마가 자리 잡고 있다고 해도 과언이 아니다.

　일반적으로 트라우마는 큰 사건이나 사고를 경험했을 때 생긴다고 생각하기 쉽지만 그것은 트라우마를 제대로 이해하는데 걸림돌이 될 수 있는 좁혀진 관점일 뿐이다. 트라우마를 전체성을 가지고 좀 더 이해하기 위해서는 크게 두 가지 관점에서 접근할 필요가 있다.

　첫째, 트라우마는 살아가면서 경험하지 않아야 할 충격적이고 끔찍한 경험에 의해 뇌에서 다량의 화학물질을 분비하고 광케이블처럼 굵은 전용신경회로를 구축하여 오랜 시간이 경과한 이후에도 과거의 고통을 현재에서 다시 반복적으로 겪게 만든다. 예를 들어 전쟁이나 자연재해, 교통사고, 폭행, 따돌림, 성폭행, 반복적인 좌절과 실패경험 등은 심각한 정신적 외상을 입게 만들어 그 사건이 끝난 이후에도 지속적으로 스트레스를 받게 되면서 심리적 장애를 일으키게 된다. 이것이 트라우마로 인하여 생기게 되는 외상 후 스트레스 장애이다.

트라우마 경험은 자신의 안전과 생존을 위해 또다시 경험해서는 안 되는 고통스러운 기억이기 때문에 높은 수준의 긴장과 경계태세를 유지하며 대비하는 과정에서 만성적인 스트레스를 겪게 만든다.

만성적인 스트레스에 중독상태가 되면 평소에도 스트레스 반응을 빠르게 일으킬 수 있도록 각성수준을 높게 유지하여 관련된 자극에 신속하게 반응할 수 있는 민감한 상태를 유지시키게 된다. 그래서 심각한 트라우마 경험을 하게 되면 스트레스 반응을 신속하게 할 수 있도록 각성수준을 필요 이상으로 높이게 되면서 사소한 자극에도 민감하게 반응하게 되는 것이다.

둘째, 트라우마는 정상적으로 겪어야 할 경험들을 제대로 하지 못해 심한 결핍이 생기거나 억압과 관련된 전용신경회로가 뇌에 구축되어 미해결된 과제를 완결시키기 위해 끊임없이 회귀하는 과정에서 심리적 고통을 겪게 된다. 성장과정에서 부모나 주변 사람들로부터의 따뜻한 관심과 사랑, 지지, 공감, 격려, 긍정적인 피드백을 받지 못하거나 성공체험, 사회적 유대 등의 정상적인 경험이나 관계가 제공되지 못할 때 심각한 발달 트라우마가 생기게 되는 것이다.

이와 같이 성장과정에서 억압되었거나 결핍이 생겨 잠재의식에 미해결된 과제로 남게 되면 성장과정에서뿐만 아니라 성인이 된 이후에도 그것을 해결하기 위해 자신의 자원과 에너지를 과잉적으로 소진해버리기 때문에 정상적인 일이나 공부, 인간관계를 하는데 필요한 자원과 에너지를 동원하기가 힘들어진다. 그 상태가 오랜 기간 지속되면 과거에 결핍이나 억압으로 인해 생긴 문제를 해결하기 위해 지금 현재가 아닌 과거에 구속된 생각과 느낌, 말, 행동을 강박적으로 반복하기 때문에 현재에서 자기 자신과 다른 사람, 환경을 접촉하지 못하게 된다.

이처럼 트라우마는 '외상 후 스트레스 장애'로 발전되어 한 개인의 삶을 망가뜨릴 만큼 심각한 문제를 일으키게 되지만 트라우마에 의해 발생되는 심리적 문제들이 얼마나 심각한 고통과 후유증을 남기는지 관심을 갖는 사람은 의외로 드물다. 그 이유는 아직도 많은 사람들이 트라우마로 인해 자신이 얼마나 스트레스와 고통을 받고 있다는 사실을 알지 못하거나 주변에 그러한 사람들이 얼마나 많은지도 제대로 알지 못한 상태로 살아가고 있기 때문이다.

실제로 멘탈코칭센터에서 멘탈 상담과 훈련을 진행하다 보면 그들이 현재 겪고 있는 심리적 문제의 대부분이 트라우마와 관련되어 있다는 것을 관찰할 수 있다. 다만 자신의 문제가 성장과정에서 학습된 과거의 트라우마 경험의 재연에 의해 지금 현재에서 문제가 발생했다는 사실을 자신이 인식하지 못하고 있을 뿐이다. 많은 사람들이 자신이 겪고 있는 우울한 정서나 불안, 긴장, 강박, 무기력, 스트레스, 분노 등의 부정적인 감정들이 대부분 트라우마로 인한 증상이라는 것을 깨닫지 못하고 엉뚱한 곳에서 답을 찾기 위해 헤매는 것이다.

특히 우리가 일상생활 속에서 별로 대수롭지 않게 생각하는 경험이나 자극, 상황들도 트라우마 기억이 되어 스트레스로 남게 될 수 있다는 사실을 아는 사람은 많지 않다. 사소한 사건들로 인해 생기는 트라우마 기억과 부작용이 현재의 상황과 결과에 직접적인 인과관계가 증명되지 않는다는 이유로 애써 외면하고 있는지도 모른다.

트라우마로 인한 스트레스 반응은 우리 삶 전체에 매우 광범위하게 영향을 미치지만 지금 당장 표면적으로 나타나지 않기 때문에 잠재되어 있는 스트레스를 무시하게 되는 것이다.

멘탈코칭센터에서 오랜 시간 일반인과 학생, 운동선수를 대상으로 교육과 상담, 훈련을 진행하면서 깨닫게 된 것은 트라우마가 반드시 큰 사고나 사건 때문에 생기는 것이 아니라는 사실이다. 의외로 그들이 겪고 있는 증상이나 부정적인 사고, 행동 등의 문제들이 끔찍하고 충격적인 사건에 의해 나타나기보다 아주 평범하게 보이는 일상적인 자극이나 사건, 사람들과의 관계에서 일어나는 경우가 더 많은 것이다.

이러한 트라우마 경험들은 뇌의 기억시스템에 저장되어 있다가 그것과 관련된 미세한 신호에도 빠르게 반응한다. 그렇기 때문에 트라우마 경험을 갖고 있는 사람은 스트레스를 받거나 유사한 다른 사건을 경험할 때도 트라우마가 쉽게 재연될 수 있는 것이다. 아무리 작은 자극과 사건이라도 반복적으로 제공되면 큰 재난이나 사고에 의한 트라우마 증상과 비슷한 정신적 외상을 남기게 되어 지속적으로 스트레스를 받게 된다. 이것이 외상 후 스트레스 장애가 되는 것이다.

트라우마와 세상모형

　사람들은 서로 다른 환경에서 다른 학습과 경험에 의해 형성된 뇌의 전용신경회로가 만든 세상모형이 다르기 때문에 위험과 공포상황에 대처하는 방식과 능력도 달라진다. 서로의 세상모형이 다르기 때문에 그러한 경험에 대한 해석이 달라지고 트라우마 경험과 스트레스 반응도 달라지게 된다. 이처럼 상황과 상태에 대하여 저마다의 다른 세상모형에 의해 서로 다른 해석과 관점을 가지기 때문에 트라우마 경험과 스트레스 반응이 달라질 수밖에 없는 것이다.

　첫째, 트라우마 사건과 사고의 강도와 빈도, 시간, 종류에 따라 정신적 외상과 스트레가 달라진다. 외상 후 스트레스를 겪게 만든 트라우마 경험이 얼마나 충격적이고 끔찍했는지는 자기 자신의 주관적 해석에 따라 달라지게 될 뿐만 아니라 강도와 빈도, 시간, 종류에 영향을 받게 된다. 즉, 처음 겪었던 사건이 얼마나 걱정스럽고 공포스러운지,

얼마나 오랫동안 지속되었는지, 얼마나 자주 일어났는지, 어떤 종류인지에 따라 달라지게 되는 것이다.

이러한 경험들이 반복적으로 일어나게 될 때 견디기 힘들 만큼의 격렬한 부정적인 정서가 쌓여 정신적 외상과 스트레스 장애를 일으키게 되면서 외상 후 스트레스 장애를 겪게 된다.

둘째, 트라우마 사건을 경험할 때 어떤 환경에 놓여있었는지에 따라 정신적 외상과 스트레가 달라진다. 트라우마 경험 당시에 주변의 친구나 동료, 가족으로부터 도움을 받았는지, 아무런 도움을 받지 못했는지, 어떤 환경에 놓여있었는지에 따라 받게 되는 정신적 외상과 스트레스의 강도가 달라지게 되는 것이다. 그리고 트라우마 경험을 했을 때 쿠션 역할을 해주는 절대적 의존 대상으로부터 어떤 지지와 피드백을 받는가에 따라 정신적 외상과 스트레스가 달라지게 된다.

셋째, 개인의 특성에 따라 정신적 외상과 스트레스가 달라진다. 우리 마음과 몸은 심신상관성에 의해 하나의 시스템으로 작동되고 있기 때문에 마음의 쿠션과 신체의 회복탄력성이 상보적 관계를 맺고 있다. 즉, 신체적인 건강상태에 따라 정신적 외상과 스트레스가 달라지게 되고 마음의 쿠션 상태에 따라 신체적인 건강상태가 달라지게 되는 것이다. 또한 나이에 따라서도 서로 다른 반응이 나타난다.

예를 들어 낯선 장소에 혼자 방치된 경험이나 안전에 위협을 느낀 사건에 대해 갓난아기는 생존을 위협하는 충격으로 받아들일 수 있다. 또한 유아는 그러한 사건에 대해 안전을 위협하는 무서운 경험 정도로 받아들이게 된다. 그러나 어린이는 똑같은 경험에 대해 극심한 스트레스 상황 정도로 받아들일 수 있고 청소년이나 성인의 경우 그 상황에서 가벼운 불쾌함 정도를 느끼게 될 수도 있다.

넷째, 개인의 주관적이고 자기중심적인 세상모형에 따라 정신적 외상과 스트레스가 달라진다. 우리는 저마다의 타고난 유전적 기질을 바탕으로 반복적인 학습과 경험에 의해 자신만의 독특한 세상모형을 형성하고 있기 때문에 똑같은 세상을 서로 다르게 알아차리고 접촉하며 살아가는 존재이다. 자신의 주관적이고 생략, 왜곡, 일반화된 세상모형에 따라 자기개념이 긍정적이 되기도 하고 부정적이 될 수도 있다.

즉, 자신의 긍정적인 세상모형에 의해 자기개념을 갖게 될 때 심리적 내성과 응집력이 생기고 마음의 쿠션이 강화되어 외부의 자극과 충격에 견딜 수 있는 능력을 가지게 되는 것이다.

그렇기 때문에 어떤 위험에 처했을 때 긍정적이고 낙관적인 자기개념과 신념체계를 가지는 것이 매우 중요하다. 자기 자신의 통제력과 주도권을 잃지 않고 방어할 수 있다는 자기 자신에 대한 긍정적인 개념과 신념체계를 가지고 있을 때 스스로를 방어할 수 있는 능력이 높아지기 때문이다. 이러한 긍정적인 세상모형과 자기개념이 자신감을 향상시키고 마음의 쿠션을 강화시키게 되면 위협적인 트라우마 경험에 대해서도 좀 더 유연하게 대처할 수 있는 상태를 만들 수 있게 된다.

트라우마와 스트레스

멘탈코칭센터에서 내담자들을 대상으로 멘탈 상담과 훈련을 진행하면서 가장 많이 만나는 내담자의 문제가 스트레스와 불안이며 스트레스와 불안의 뿌리에는 대부분 트라우마가 작용하고 있다는 것을 알 수 있다. 센터를 방문하는 내담자들이 가지고 있는 여러 가지 멘탈적인 문제들은 표면적으로는 다양한 이름들을 가지고 있지만 대부분 트라우마라는 뿌리에서 뻗어 나온 가지적인 것으로 볼 수 있는 것이다.

이처럼 현재의 멘탈적인 문제를 일으키게 되는 원인이 표면적으로는 개별적인 증상에 국한되어있는 것처럼 보이지만 실제로는 과거의 트라우마 경험에 의한 기억이 뇌에 전용신경회로를 구축했기 때문이다. 과거의 트라우마 경험으로 형성된 기억을 바탕으로 현재 드러난 멘탈적인 문제에만 초점을 맞추기 때문에 자기 회복이 느리고 원래의 정상적인 멘탈 상태를 쉽게 회복하지 못하게 되는 것이다.

현재에서 자신이 겪고 있는 트라우마를 제대로 인식하든 인식하지 못하든 상관없이 멘탈적으로 고통을 겪게 되면 그 고통 상태에서 벗어나기 위해 강력한 회피적 전략을 사용하게 된다. 하지만 트라우마 경험이 너무 강해 스스로 통제할 능력을 상실했거나 그러한 경험이 반복되었다면 이미 트라우마가 주는 스트레스에 중독된 상태이기 때문에 과거의 트라우마 경험에 자기 자신을 계속 머물게 하는 이중성을 보이기도 한다. 착각의 챔피언인 뇌는 다시는 그러한 고통을 주는 트라우마 경험을 하기 싫어하면서도 그러한 상태에 빠지게 되는 것이다.

우리 뇌는 생존본능기전에 의해 심리적 고통을 느꼈던 과거의 트라우마를 다시 경험하는 것을 싫어하기 때문에 현재에서 극도로 예민한 각성상태를 유지하게 된다. 그렇기 때문에 긍정적인 의도로 활성화된 생존본능기전이 과거의 트라우마 경험과 유사한 작은 자극과 정보에도 민감한 반응을 일으키게 만들어 외상 후 스트레스 장애에 지속적으로 시달리게 되는 것이다.

이러한 긍정적 의도에 의한 반응이 오히려 트라우마 기억을 다시 활성화시켜 트라우마 경험을 재연하도록 만들기 때문에 그 고통은 영원히 멈추지 않는다. 트라우마 경험에 의한 기억이 있는 사람은 과거 경험 당시에 분비되었던 화학물질과 전용신경회로를 언제든지 활성화시킬 수 있는 최고의 경계태세를 갖추고 있기 때문에 미세한 자극에도 트라우마를 재연하게 된다. 이와 같이 트라우마 기억이 뇌에 굵은 전용신경회로를 구축하게 되면서 자기 자신에 대한 통제력을 상실하기 때문에 사소한 자극에도 민감하게 반응하며 충동적이고 공격적인 행동을 반복하게 되는 것이다.

이렇게 중독된 패턴이 반복되면 뇌는 외부 자극에 대한 정상적인 반응과 경고시스템에 문제를 일으켜 불필요한 화학물질을 다량으로 분비하거나 전용신경회로를 과잉 활성화시키게 되면서 정상적인 인간관계나 사회생활을 하는데 장애를 갖게 된다. 이 상태에서는 합리적인 사고와 감정, 말, 행동을 하지 못하기 때문에 상황과 대상에 어울리지 않는 엉뚱한 반응을 하게 될 수도 있다.

이러한 트라우마 경험이 치유되지 못하고 미해결 과제 상태로 오랜 기간 부조화를 겪게 되거나 억압된 상태로 뇌에 전용신경회로를 구축하여 기억화할 때 지속적으로 스트레스 반응이 나타나게 되는 것이다. 트라우마 경험에 의한 정신적 외상 때문에 지속적으로 스트레스를 받게 되면 자기 상실과 심각한 편향을 겪게 되면서 외상 후 스트레스 장애로 인한 후유증이 점점 더 심해진다.

외상 후 스트레스 장애를 장기간 겪게 되면 처음의 트라우마 경험에 의해 받았던 충격보다 더 무서운 후유증이 심각하게 발생할 수도 있기 때문에 주의해야 한다. 왜냐하면 트라우마 경험 자체보다 이후에 만성적인 스트레스를 받게 되면서 확장된 신경망이 뇌를 온통 트라우마와 관련 있는 회로를 과잉적으로 활성화하여 마치 광케이블과 같은 굵은 전용신경회로를 구축할 수 있기 때문이다.

중독된 패턴

착각의 챔피언인 뇌는 반복적인 경험이 쾌락이든 고통이든 상관없이 자극의 강도가 너무 강렬하거나 빈도가 너무 많아지게 되면 그와 관련된 다량의 화학물질을 분비하여 전용신경회로를 구축하게 된다.

인간의 뇌는 끊임없이 쾌락을 추구하도록 지향적 동기가 프로그래밍되어있기 때문에 극한 쾌락을 느끼게 되면 그 기억을 강화시켜 그러한 경험을 반복적으로 경험하려고 한다. 마찬가지로 뇌는 스트레스와 같은 고통에서 벗어나기 위한 회피적 동기도 함께 프로그래밍되어 있다. 그렇기 때문에 트라우마나 만성적인 스트레스를 겪게 되면 그러한 정서적 경험에서 벗어나기 위해 몸부림치는 것이다.

두 가지 동기는 함께 작동되기 때문에 구분을 할 수는 있지만 분리될 수 없는 동전의 양면과 같은 상관성을 가지고 서로가 서로에게 영향력을 행사하고 있다. 순수한 지향적 동기이든 회피적 동기에 의해 생긴

지향적 동기이든 쾌락을 추구하는 지향적 동기가 작동되기 시작하면 신체적인 즐거움을 주는 자극을 쉬지 않고 갈망하게 된다.

그러한 자극이 충분히 주어져 갈망이 해소되면 만족하는 것이 아니라 더 강한 즐거움을 주는 새로운 자극을 지속적으로 찾는 패턴을 반복한다. 반복적으로 제공되는 즐거움을 주는 자극에 반응하는 과정에서 분비된 다량의 화학물질과 전용신경회로에 의해 중독된 패턴이 만들어지게 되면 뇌가 점차적으로 중독상태에 적응해가며 완전한 의존적인 상태로 변하게 된다. 이러한 완전한 의존상태가 되는 것을 일반적으로 중독이라고 정의하는 것이다.

뇌는 쾌락을 주는 자극을 반복적으로 접촉하면 그 자극과 관련된 화학물질을 더 많이 분비하여 전용신경회로를 구축한다. 이렇게 구축된 전용신경회로는 지금 현재에서 느끼는 자극에 만족하지 못하고 더 강한 자극을 지속적으로 갈망하게 되면서 중독된 패턴을 만들게 된다. 이와 같이 중독된 패턴을 가지게 되면 일상생활 속에서 평범한 자극을 주는 공부나 일, 인간관계, 문화생활, 운동 등의 자극에는 둔감해지고 반응이 약해지게 되면서 계속적으로 더 강한 자극을 원하는 중독상태에 빠지기 쉬워진다.

그래서 사람들이 더 강한 자극을 주는 게임, 술, 도박, 담배, 약물, 마약, 유흥 등의 유혹에 쉽게 넘어가게 되는 것이다. 이러한 자극들은 짧은 순간 뇌에 엄청난 쾌락을 주기 때문에 관련된 화학물질을 다량으로 분비시키고 지워지지 않는 쾌락과 관련된 전용신경회로를 구축하여 완전한 중독상태에 빠지게 만든다.

강한 쾌락의 정서적 기억은 경험 당시의 특정한 신경적 반응을 일으키도록 프로그래밍되어 뇌에 저장되기 때문에 반복적으로 그 상태를 갈망하게 된다. 이러한 중독된 패턴을 가지게 되면 이후 그와 관련된 미세한 자극과 단서에도 자신의 의지와 상관없이 중독된 상태에 빠지기 위한 패턴을 반복한다. 이때는 자신의 자유의지가 무기력한 상태에 있기 때문에 오로지 중독상태를 유지하기 위해서 수단과 방법을 가리지 않고 더 강한 자극을 선택하게 되는 것이다.

예를 들어 낚시에 중독된 사람은 시간만 되면 일상생활의 모든 것을 멀리하고 자신에게 짜릿한 쾌락을 주는 낚시를 즐기기 위해 강이나 바다로 며칠씩 떠난다. 낚시에 중독된 사람에게는 낚시가 마음의 평화와 즐거움을 주는 쾌락으로 잠재의식에 강하게 뿌리내려 있기 때문에 낚시가 우선적으로 선택되는 패턴을 보이게 되는 것이다.

게임이나 바둑, 등산, 운동 등도 순수한 취미활동의 수준을 넘어 너무 과하게 빠지면 중독 증세를 나타내게 된다. 이러한 중독현상이 나타나는 것은 취미로 즐기는 활동들이 반복적으로 뇌에 강한 쾌락으로 기억되면서 그 정서를 계속 경험하고 싶어하는 습관에서 벗어나기가 쉽지 않기 때문이다.

우리가 어떤 행동을 할 때 느끼는 감정이 뇌의 쾌락적 욕구를 충족시켜주는 강렬한 느낌으로 신경회로를 형성하게 되면 그와 똑같은 감정이나 행동을 다시 경험하고 싶어지며 그것이 습관적으로 패턴화되면서 그와 관련된 시냅스 연결을 점차 더 강화시켜 굵은 전용신경회로를 구축하여 완전한 중독상태에 빠지게 되는 것이다.

담배가 몸에 좋지 않아 끊고 싶어도 끊지 못하고 계속 똑같은 패턴을 되풀이하는 중독에서 벗어나지 못하는 것은 과거에 담배를 피우면서 느꼈던 편안함과 안정감을 주는 신경망이 광케이블처럼 굵게 형성되어 있기 때문이다. 의식적으로 중독에서 벗어나고자 노력을 해보기도 하지만 의식은 전용신경회로가 구축된 잠재의식을 결코 이길 수가 없기 때문에 편안함과 안정감을 느끼게 해주는 담배를 찾게 되는 중독된 패턴을 사용하게 되는 것이다.

특히 스트레스 상황에서는 고통에서 벗어나기 위해서 쾌락을 주는 중독상태를 더욱더 갈구하게 된다. 그래서 스트레스를 강하게 받으면 담배와 술, 음식을 찾는 행동을 더 많이 하게 되는 것이다.

물론 크게 기쁨을 느낄 때도 그 기쁨을 더 느끼기 위해 기존의 기쁨과 관련된 굵은 신경망을 활성화시키는데 도움을 주는 술과 담배, 음식을 더 많이 찾는 패턴을 보이기도 한다.

그렇다고 반복된 패턴을 보이는 중독이 무조건 나쁜 것은 아니다.

약물이나 게임, 도박 등의 중독된 패턴은 우리 생명을 단축시키고 삶을 황폐화시키는 부정적인 영향을 미치지만 공부나 운동, 일과 관련하여 적절한 중독은 긍정적인 성취를 창조하는 좋은 습관과 패턴이 될 수 있기 때문이다. 그래서 평소에 뇌가 나쁜 쾌락에 물들지 않게 좋은 습관을 만들어 건강한 중독상태를 유지할 수 있도록 규칙적인 생활패턴과 멘탈에 대한 공부와 훈련이 필요한 것이다.

스트레스 중독

인간은 만성적인 스트레스 때문에 생기는 마음과 몸의 불균형과 면역 체계의 억제에 의해 심각한 질병에 노출되어 생존을 위협받기도 하지만 역설적으로 스트레스가 있기 때문에 스트레스에 적응하며 생존을 할 수 있는 존재이기도 하다. 그래서 생존이 가장 우선적인 목표가 되는 대부분의 생물에게 스트레스가 생존을 위협하기도 하지만 생존과 진화에 필수적인 조건이라고 볼 수도 있는 것이다.

스트레스는 분명히 일시적으로 우리에게 고통을 주고 부정적인 영향을 미치게 되지만 스트레스에 적응하는 과정에서 진화하고 성장하는 계기를 만들기 때문에 긍정적인 영향을 미치게 된다. 만약 우리의 삶에 스트레스가 없다면 우리는 환경과 상황에 대한 적응력과 내성을 가지지 못해 생존 자체가 불가능할 수도 있다. 이처럼 스트레스 자체가 반드시 나쁘다고만 말할 수 없는 것이다.

이처럼 스트레스 자체가 무조건 나쁜 것이 아니라 우리가 스트레스를 통제할 수 없는 상태가 지속되는 것이 나쁜 결과를 만들게 될 뿐이다.

만약 우리의 삶이 통제되지 않는 스트레스로 인해 오로지 생존에만 급급해지면 지나친 각성상태에서 주의의 폭이 좁혀져 소중한 성취자원과 단절될 뿐만 아니라 심리적 내성과 진화도 일어나지 않게 되면서 퇴보하는 삶이 된다. 이렇게 통제되지 않는 스트레스가 오랫동안 지속되면 스트레스로 인해 분비되는 화학물질에 반응하는 과정에서 특정 신경회로가 과잉 활성화되어 동일한 반응과 행동을 반복하는 데만 뇌가 사용되기 때문에 퇴보하는 삶이 되는 것이다.

이와 같이 만성적인 스트레스는 전체성과 합리성이 결여된 상태를 만들기 때문에 정상적인 스트레스 반응이 어려워진다. 이 상태에서는 특정 자극에 대한 특정 반응만 하는 반사적인 행동이 반복되기 때문에 이성적인 자유의지가 제 기능을 할 수 없게 된다. 지속적인 스트레스로 인하여 중독된 상태가 오랫동안 반복되면 사고와 행동의 경계가 축소되면서 이성적인 자유의지가 개입될 여지가 줄어들어 인간을 보다 더 짐승에 가까운 존재로 만들어버리기 때문에 전체성과 합리적 사고능력이 부족해지기 쉽다.

스트레스가 오랜 기간 지속되어 만성적이 되면 단순히 인지적인 영역에만 부정적인 영향을 미치는 것이 아니라 체내 환경을 교란하고 시냅스 연결까지 문제를 일으켜 심리적 간섭에 의한 산만함과 혼돈, 공격성, 무기력을 자주 경험하게 만든다. 심한 경우 우울증과 불안장애, 불면증, 강박증, 무기력증 등과 같은 정신질환을 겪게 될 수도 있다.

또한 스트레스가 오랜 기간 해소되지 못하고 만성이 되면 스트레스에 완전히 중독된 습관을 형성하기 때문에 자신의 의식적 영역이 개입하지 못한 상태로 스트레스 상황과 상태에 계속 머물고 싶어한다. 이것은 이미 뇌가 어떤 상황이나 상태에 대한 왜곡된 감정이나 몸속의 특정한 화학작용에 중독되어 다른 선택과 변화를 하기가 어려워지기 때문에 생기는 현상이다.

분명히 스트레스가 자기 자신을 고통스럽게 괴롭히고 있다는 사실을 잘 알면서도 새로운 변화를 위한 도전을 하지 못하고 현재의 고통 속에 안주하는 모순을 보인다면 이것은 자신도 모르게 이미 스트레스에 중독된 상태에 있는 것으로 해석할 수 있다. 이처럼 지속적인 스트레스로 인하여 부정적으로 중독된 패턴이 반복적으로 강화되면 평생 고통스러운 삶이 예상되더라도 현재의 중독된 습관에서 벗어나려는 새로운 시도와 선택을 하지 못하게 된다.

중독은 자신의 의지와 상관없이 특정한 생각과 느낌, 말, 행동을 반복하도록 만들기 때문에 일반적인 방법으로 중독에서 벗어나는 것이 쉽지가 않다. 그렇기 때문에 스트레스가 우리를 완전히 중독된 상태에서 통제하기 전에 우리가 먼저 스트레스를 통제할 수 있는 마음의 쿠션을 가지는 것이 중요하다. 마음의 쿠션을 강화하여 스트레스를 극복할 수 있는 올바른 방법을 알고 실천한다면 우리가 겪게 되는 대부분의 스트레스가 삶의 걸림돌이 아닌 더 나은 성취와 진화를 위한 활력소와 중요한 자원으로 변할 수 있다는 긍정적인 태도가 필요한 것이다.

감정의 중독

우리 뇌는 수많은 학습과 경험에 의해 신경회로의 병렬적 연결을 확장하여 통합된 전체성으로 연합기억을 구성하고 있기 때문에 기억 당시의 특정한 감정상태까지 함께 융합되어 있다. 그래서 과거의 스트레스와 관련된 부정적인 기억을 떠올리게 되면 과거의 경험과 관련된 부정적인 감정이 함께 느껴지는 것이다.

일상생활 속에서 스트레스에 초점을 일치시키고 생각을 반복하는 것만으로도 현재의 감정상태가 부정적으로 바뀌는 경험을 할 수 있게 되는데 그것은 생각과 감정이 연합되어 있기 때문이다. 사람들과의 관계와 환경, 사건, 시간 등이 연합된 뇌의 기억시스템에는 특정한 감정이 묻어있다. 그래서 어떤 조건이 주어지거나 자극이 제공되면 연합된 감정도 동시에 활성화된다. 이처럼 과거 기억을 떠올릴 때 감정이 함께 느껴지는 것은 과거에 경험했을 때 분비되었던 화학물질이 똑같이 분비되어 과거의 감정이 현재에서 생생하게 재연되기 때문이다.

결국 생각한다는 것은 곧 감정을 느끼는 것이며 그것이 과거든 미래든 생각과 감정 하나하나에 특정한 감각을 가지게 되면서 우리의 믿음이 만들어지게 된다. 그 믿음이 사고의 패턴을 만들어 반복하게 되면 우리 뇌를 특정한 화학물질에 중독된 상태로 만들게 되는 것이다. 중독이란 어떤 일을 무의식적 차원에서 멈출 수 없는 패턴을 가지는 것이며 그것을 멈출 수 없이 반복하는 상태이다.

만약 친구의 특정한 말이나 행동 때문에 스트레스를 받고 화가 많이 났다면 그것은 친구의 지금 행동 자체보다 친구에 대한 부정적인 감정과 정서가 연합되어 있던 과거의 기억이 함께 불려 나온 것으로 볼 수 있다. 친구의 특정한 말이나 행동은 과거의 부정적인 기억과 관련된 감정을 이끌어내는 스위치 역할을 했을 뿐이다.

스트레스로 인해 한번 화난 감정을 가라앉히는 것이 쉽지 않은 이유가 기억과 관련된 감정을 만드는 특정 화학물질이 이미 분비되었기 때문이다. 이렇게 특정 화학물질에 중독된 패턴이 활성화되면 과거의 스트레스 기억으로부터 모든 것을 끄집어내어 화를 더욱더 부추기기 때문에 화와 관련된 다양한 신경망을 활성화하여 스트레스를 더 증폭시키게 된다. 사람에 따라 현재 상황에서 생긴 자극 때문에 화를 낼 때 지나간 과거의 부정적인 이야기를 습관적으로 끄집어내는 경우가 있는데 이것은 중독된 감정상태가 자연스럽게 불려 나오는 것이다.

그래서 화가 많이 나있는 사람은 논리적으로 설득하기가 쉽지 않다. 스트레스로 인해 화가 난 상태가 더 큰 화와 관련된 부정적인 감정상태를 부추겨 처음 화를 나게 했던 문제는 지엽적인 것이 되고 화가 화를 더 악화시키는 악순환의 고리를 만들기 때문에 부정적인 감정의 중독상태에 빠지게 되는 것이다.

이쯤 되면 스트레스로 인해 처음 화가 났던 자극과 상관없는 새로운 편집에 의해 점점 더 자신을 제어하지 못하는 상태에서 과거의 부정적인 경험이 재연되기 때문에 극도의 흥분된 화학적 중독현상이 일어나게 된다. 이런 상황에서 논쟁이나 다툼, 격렬한 싸움을 하게 되면 이성적인 판단이 작동하지 못하고 동물적인 뇌가 모든 것을 통제하기 때문에 극도의 흥분상태나 공격성을 드러내게 되는 것이다.

스트레스로 인한 부정적인 감정의 중독에서 벗어날 수 있는 답은 과거의 중독된 기억시스템의 경계에서 벗어나 지금 현재를 알아차리고 만나는데서 찾아야 한다. 부정적인 과거 기억과 분리하고 지금 현재에 초점을 맞출 수 있을 때 과거의 중독된 상태에서 벗어날 수 있기 때문이다. 연합과 분리기법으로 기억에 대한 나쁜 감정은 분리시키고 새로운 좋은 감정은 연합해야 하는 것이다.

과거의 기억 자체를 완전히 바꿀 수는 없지만 기억에 대한 감정은 얼마든지 바꿀 수가 있다. 의식적인 반복을 통해 과거의 기억을 형성하고 있는 시냅스 연결을 바꾸면 연합된 감정을 바꿀 수가 있게 된다. 그뿐만 아니라 심적 시연과 언어적인 피드백을 통해서도 새로운 긍정적인 신경회로를 생성시키거나 활성화시킬 수 있다.

우리 뇌는 놀라운 가소성을 가지고 있기 때문에 반복적으로 입력된 자극과 정보는 사실로 받아들여 믿음을 만들어버린다. 그래서 스트레스 상황에서 부정적인 생각을 일으키는 과거의 기억이 현재의 자신을 통제하지 못하도록 패턴 깨기와 초점 전환하기를 통해 부정적인 생각의 순환고리를 끊을 수 있게 해야 하는 것이다. 그리고 새로운 초점에 일치된 생각을 반복하며 긍정적인 생각의 순환고리를 새롭게 만드는 것이 중요하다.

일상에서 반복적으로 사용하는 말을 긍정적으로 바꾸는 것만으로도 생각이 긍정적으로 바뀌며 생각이 바뀌면 마음까지 바꿀 수 있다. 마음이 긍정적으로 바뀌게 되면 행동과 습관이 긍정적으로 바뀌게 되고 궁극적으로 존재와 정체성까지 바뀌게 된다. 이처럼 긍정적인 말과 생각, 마음, 행동, 습관이 반복되어 전용신경회로가 구축되면 우리의 운명까지도 긍정적으로 바뀌게 되는 것이다.

우리의 운명을 결정짓는 여러 요인 중 한 가지를 바꾸면 나머지가 함께 변화하는 연결고리가 만들어지기 때문에 무엇을 바꾸든 상관없이 하나를 바꾸면 나머지도 모두 변화하게 되는 비국소성의 순환고리가 작동되는 것이다. 순환고리가 반복적으로 작동되면 그와 관련된 중독된 패턴이 형성되고 변화가 완성된다. 이처럼 긍정적으로 완성된 현재의 변화에 의해 중독된 감정상태가 만들어지면 과거와 미래의 감정상태까지 긍정적인 영향을 미치게 되는 것이다.

습관의 순환고리

　수없이 반복된 패턴에 의해 만들어진 내 몸의 시계는 약간의 오차도 없이 새벽 일찍 정확하게 나를 깨운다. 무엇이든 반복하면 적응이 되고 적응이 되면 습관이 되기 때문에 새벽에 일찍 일어나는 중독된 패턴을 만들게 된다. 이렇게 반복에 의해 형성된 습관은 다람쥐 쳇바퀴도는 것처럼 반복적으로 순환되는 고리를 만들어 의식적 개입 없이도 자동화되는 패턴을 만들어준다. 수많은 반복에 의해 중독된 습관의 순환고리는 자동화되어 우리가 의식하지 못하는 가운데 우리의 생각과 느낌, 말, 행동을 통제하고 있다.

　습관의 순환고리는 배우자를 선택하는 남녀 사이에도 그대로 적용된다. 아이러니하게도 과거에 습관화되어있는 자신의 부정적인 정서와 유사성을 가지고 있는 상대나 과거에 받았던 스트레스를 재연하게 하는 대상을 싫어하면서도 배우자로 선택할 가능성이 높아진다.

의식적 차원에서는 분명히 과거에 받았던 스트레스를 다시 겪고 싶지 않기 때문에 과거에 받았던 스트레스를 재연하게 만드는 대상을 멀리하고 싫어하게 된다. 하지만 잠재의식적 차원에서는 의식적 차원과 달리 과거에 스트레스로 인해 자신이 받았던 상처와 똑같은 스트레스와 상처를 주는 배우자를 더 친밀하게 느끼며 좋아하게 되는 모순을 겪게 될 확률이 높아진다. 그 이유는 과거의 반복적인 스트레스와 상처가 감정적 융합과정에서 뇌에 중독된 상태를 만들었기 때문이다.

중독은 좋은 것이든 싫은 것이든 구분하지 않고 그 중독상태를 편안함으로 느끼게 만든다. 그래서 배우자와 결별 후에 새로운 배우자를 선택할 때도 똑같은 패턴이 작동되어 과거의 배우자와 비슷한 배우자를 선택하는 모순을 겪게 될 확률이 높아지는 것이다. 이러한 모순이 일어나는 이유는 과거에 조건형성된 정서를 느낄 수 있는 배우자를 선택하는 것이 중독된 습관을 유지하는데 더 도움이 되기 때문이다.

우리 안에는 의식적인 반응과 잠재의식적인 반응이 상존하지만 중독은 의식적 개입 없이 자동화된 패턴을 작동시키기 때문에 중독상태를 유지시켜주는 대상을 선택하게 된다. 습관은 이미 자동화된 것이기 때문에 의식적 개입 없이 그것을 편안하게 받아들이는 중독상태에 있는 것과 같다. 그래서 인간을 '습관의 노예'라고 하는 것이다.

만약 어떤 사람이 어릴 때 '난 할 수 있어'라는 말을 할 때마다 뺨을 맞는 스트레스 경험을 되풀이했다면 '난 할 수 있어'라는 말만 들어도 두려움과 공포를 느끼며 '난 할 수 없어'라는 상태를 만들기 위해 도망가게 된다. 이러한 현상은 '난 할 수 있어'라는 말보다 '난 할 수 없어'라는 상태가 더 안전하고 자유롭다는 반복적인 학습이 중독된 습관을 만들어 자동화된 스트레스 반응으로 나타나게 된 결과이다.

그래서 자신의 부정적인 상태에 맞는 외부의 부정적인 사건과 스트레스 요인에 더 민감하게 반응하고 그것을 우선적으로 선택하여 굵은 연결을 짓는다. 이렇게 되면 부정적인 정서 속에서 스트레스를 느끼는 것이 더 안전하고 편안하다는 착각을 하게 된다. 그것이 자신의 삶을 더 우울하게 만들고 불행하게 하는 원인이라 하더라도 과거에 받은 상처와 똑같은 상처를 주는 사람을 잠재의식에서 더 안전하고 편안하다는 착각을 하며 무의식적으로 찾게 되는 것이다.

낯선 사람이나 자신과 다른 사람에 대해서 이질감과 막연한 두려움을 가지며 경계와 회피하는 행동을 보이는 것은 일반적으로 누구나 가지고 있는 보편적인 심리이다. 하지만 정도가 심해져 심각한 스트레스가 되면 그것이 자기 자신을 제한하는 마음의 걸림돌을 만들게 될 수도 있다. 이와 반대되는 현상이 유유상종이며 이것은 자신과 비슷한 사람에게 친밀감을 더 느끼고 이질적인 사람에게는 경계하는 심리를 가지고 있기 때문에 나타나는 것이다.

만약에 '난 할 수 있어'라는 말을 할 때마다 격려와 즐거운 보상을 받는 피드백 경험이 반복적으로 지속되면 '난 할 수 있어'라는 믿음을 갖게 되어 그 믿음과 관련된 결과를 만들기 위한 자신의 상태를 만들게 된다. 그것이 긍정적인 것이든 부정적인 것이든 습관의 순환고리가 만들어지면 과거의 경험과 관련된 감정을 느끼게 해주었던 사람과 비슷한 느낌을 주는 사람에게도 호감을 갖게 되고 그런 사람을 배우자로 선택할 가능성이 더 높아지는 것이다.

인간관계나 삶의 결과가 모두 중독된 습관의 순환고리에 의해 만들어진다는 사실이 놀라울 뿐이다. 결국 특정한 사람과의 인간관계에서 문제를 일으키는 습관을 가진 사람은 다른 사람들과의 관계에서도 자신의 습관을 그대로 나타내기 때문에 습관의 문제로 또다시 갈등을 겪거나 상처를 받을 가능성이 높아진다.

이것은 자신의 상처받은 마음이 해결되지 못한 상태에서 잘못된 습관의 순환고리를 만들어 그 속에서 안정감을 얻으려 하기 때문에 나타나는 왜곡된 심리기전이다. 그 어떤 것이든 반복되면 믿음을 만들고 습관으로 굳어지기 때문에 의식적 개입 없이 자동적으로 습관의 순환고리를 만들어 통제를 받게 되는 것이다.

습관의 순환고리에 의해 생각, 느낌, 말, 행동이 반복되면 순환고리에 갇힌 상태에서 절대로 벗어날 수 없는 존재가 되고 만다.

다행한 것은 우리의 뇌는 새로운 입력과 반복을 통해 중독된 습관의 순환고리를 얼마든지 바꿀 수 있는 가소성을 가지고 있다는 사실이다. 그래서 뇌가 가진 탁월한 가소성을 활용할 수 있도록 멘탈사용법에 대한 공부를 하거나 전문가에게 도움을 받을 수 있다면 부정적인 습관의 순환고리를 끊어내고 긍정적인 습관의 순환고리를 만들어 우리 삶의 성취자원으로 만들 수 있게 되는 것이다.

변화가 힘든 이유

뇌는 탁월한 가소성을 가지고 있으면서도 새로운 변화를 좋아하지 않는다. 우리의 똑똑한 뇌는 일관성을 가지고 있기 때문에 새로운 변화에 대해서는 귀찮고 성가신 것으로 받아들여 스트레스를 받게 된다. 변화를 통해 얻는 성취결과의 가치보다 그 과정에서 받게 될 스트레스 때문에 변화를 거부하게 되는 것이다.

하지만 우리가 살아가는 세상은 빛의 속도만큼이나 빠르게 변화해가고 있으며 우리 자신에게도 지속적으로 변화를 요구하고 있다.

이처럼 도도한 변화의 큰 물결에 함께 할 때 우리의 삶이 성취와 행복을 보장받게 되고 변화의 물결에 뒤처져있을 때 엄청난 시련과 고통을 겪게 된다는 사실을 깨달아야 한다. 우리의 삶은 변화를 당하는 수동적인 존재가 되느냐와 변화를 이끄는 능동적인 존재가 되느냐의 차이에 따라 삶의 성취결과가 달라지게 된다.

그런데도 많은 사람들이 변화를 이끄는 능동적인 존재가 아닌 변화를 당하는 수동적인 존재가 되는 선택을 하는 이유가 새로운 변화는 우리에게 엄청난 스트레스를 주기 때문이다. 능동적인 변화를 선택할 때 받게 되는 보상보다 스트레스로 인한 고통이 더 크게 느껴지기 때문에 변화에 수동적이 된다. 능동적인 변화를 선택하는 것은 성취와 성장을 위한 전제가 되지만 그 과정에서 받게 되는 스트레스를 회피하기 위해 거부하게 되는 것이다.

모든 것이 변화하는 세상에서 변화하지 않고는 자신의 안전과 생존을 보장받을 수 없다. 우리는 지속적으로 변화할 수밖에 없는 가변적인 존재로 살아가야 하는 운명을 타고났으며 변화하지 않고 살아갈 수 없다는 사실을 알아야 한다. 그렇기 때문에 일상생활 속에서의 크고 작은 모든 변화는 자연적인 것이며 당연한 것이다.

이러한 이유로 우리의 삶을 변화라고 정의하기도 한다.

변화는 선택의 관점에서 보면 스스로 변화를 주도할 수 있는 능동적인 변화와 타인과 세상의 요구에 이끌려가거나 부응하기 위한 수동적인 변화가 있으며 이 두 가지는 어느 것이 더 좋으냐의 문제가 아니라 우리 삶에 도움이 되는 변화를 유연하게 선택하는 것일 뿐이다.

하지만 우리는 어느 순간부터 변화를 거부하고 변화에 저항하기 시작하면서 고정된 특정 신경회로를 강화하여 다른 신경회로의 연결을 약화시키거나 끊어버리는 좁혀진 경계를 갖게 되었다. 그 과정에서 유연한 변화를 선택할 수 있는 능력을 점차적으로 상실하게 되면서 스스로를 좁혀진 경계에 가두어버린 것이다.

우리는 다양한 학습과 경험, 인간관계 속에서 자신만의 독특한 신경회로를 발달시켜왔다. 수없이 반복된 우리의 생각과 느낌, 말, 행동은 그와 관련된 특정 신경회로를 활성화시킨다. 똑같은 패턴을 반복적으로 자동화하게 되면서 광케이블처럼 굵은 전용신경회로를 구축하여 변화에 저항하는 안전한 벙커를 만들어 그 속에 숨어버리는 것이다.

결국 변화하기 힘든 이유는 현재에 안주하게 만드는 고정된 전용신경회로가 주도권을 가지기 때문이다.

어떤 전용신경회로를 많이 형성하고 반복적으로 사용하였는가에 따라 우리의 고정관념과 세상모형이 만들어지고 강화되기 때문에 변화를 위해서는 반복적인 자극에 의해 굵게 형성된 전용신경회로의 고정된 연결을 끊어야만 한다. 그리고 변화의 성취결과를 얻을 수 있는 새로운 전용신경회로를 구축하는 선택이 필요하다.

우리의 뇌는 반복하면 익숙해지고 익숙해지면 의식하지 않는 자동화 단계가 되어 자신도 모르게 중독된 습관의 순환고리를 만들게 된다.

더 이상 변화를 거부하는 자동화된 습관의 순환고리에 구속되기를 원하지 않는다면 고정된 신경회로를 바꾸는 새로운 작업을 해야 한다.

기존의 고정된 신경회로의 연결을 새롭게 추가하거나 생성시켜 변화를 이끌어내는 과정에서 우리는 많은 스트레스를 받게 되지만 대부분 그 스트레스에 적응하고 극복하게 된다. 스트레스에 적응하고 극복하는 과정에서 심리적 내성과 응집력을 키워 마음의 쿠션을 강화하기 때문에 이후에 더 많은 변화를 위한 관성을 가질 수 있게 되는 것이다.

정신적 외상

충격적인 사건이나 사고에 의해 정신적 외상을 입은 사람들은 뇌가 통합된 전체성으로 온전히 작동하지 못하기 때문에 새로운 학습과 경험에 대해서도 전체성으로 통합시키지 못하고 과거의 그 상황에 갇혀버려 그때부터 성장이 멈춰버리게 된다. 정신적으로 견디기 힘들 만큼의 충격적인 사건이나 사고로 트라우마 경험을 한 이후에는 트라우마 경험 이전과 전혀 다른 신경회로의 배열과 조합에 의해 다른 세상모형을 만들기 때문에 새로운 존재로 변해버리는 것이다.

이렇게 트라우마 경험에 의해 전체성으로 통합되지 못하고 분리된 기억이 혼재하게 되면 뇌는 내면에 발생한 혼돈을 억누르는데 모든 자원과 에너지를 집중시키게 된다. 평소에 에너지를 과잉적으로 사용하게 되면서 일상적인 생활을 하는데 필요한 에너지가 방전되어버리기 때문에 공부나 자기관리, 미래에 대한 계획, 편안한 인간관계에 걸림돌이 생겨 자기 자신을 발전시키기가 어렵게 되는 것이다.

　이성적인 뇌는 무기력하고 우울한 현재 상태에서 벗어나고 싶어 애써 보지만 이미 트라우마로 인한 스트레스에 중독된 감정적인 뇌와 본능적인 뇌는 현재의 중독상태를 유지하기 위해 필요한 시스템을 구축하여 새로운 변화에 완강히 저항하게 된다. 이러한 중독상태를 유지하는 것이 심리적, 신체적으로 엄청난 고통과 부조화가 생길지라도 중독상태를 유지하는 적절한 이유와 핑계를 대며 현재의 중독상태를 합리화하려고 발버둥치게 되는 것이다.

　이와 같이 트라우마로 인한 스트레스가 지속되어 중독된 상태를 만들게 되면 마음뿐만 아니라 몸과 뇌까지 교란시켜 통제 불가능한 상태를 만들게 된다. 우리의 마음과 몸, 뇌는 구분하여 이해할 수 있지만 분리될 수 없는 하나의 시스템으로 작동되고 있기 때문에 어느 하나에 문제가 생기게 되면 모두가 영향을 받을 수밖에 없다.

　특히 뇌는 마음을 만들어내는 생산공장이면서 몸을 조절, 통제하는 대장 역할을 동시에 하고 있다. 그래서 트라우마 경험에 의해 뇌에 위협적인 경고신호가 울리게 되면 마음과 몸이 동시에 반응하게 되면서 서로가 서로에게 영향을 미치게 되는 것이다.

　이 상태에서 본능적인 뇌와 감정적인 뇌가 과잉 활성화되어 주도권을 쥐게 되면 이성적인 뇌와의 연결을 부분적으로 차단하거나 약화시키게 된다. 트라우마 경험에 의한 위협적인 상태에서 뇌는 자신의 안전과 생존을 최우선으로 하기 때문에 격렬하게 싸움을 하거나 안전하게 도망치는 선택을 빠르게 하게 되지만 그것이 힘들다고 판단되면 아예 그 자리에서 얼어붙어버리도록 유도하기도 한다.

다행히 이러한 위협적인 상태에서 벗어나 내부의 안정적이고 편안한 평형상태가 회복되면 서서히 이성적인 뇌가 주도권을 회복하게 된다. 만약 스스로의 안전을 보장 못할 정도로 몸이 완전히 제압당하거나 구속, 폭력 등의 위협적인 상황이 오랫동안 지속되면 이성적인 뇌가 주도권을 완전히 상실하게 될 수도 있다.

우리가 견디기 힘들 만큼의 충격적인 사건이나 사고로 인하여 생기는 정신적 외상을 방치하거나 억눌러버리면 당장은 귀찮은 노력을 안 해도 되기 때문에 일시적인 편안함을 느낄 수도 있지만 뇌는 이미 망가지기 시작한다. 신체적 외상은 치료를 통해 회복이 쉽지만 정신적 외상은 복잡한 신경회로의 배열과 조합에 의해 분화되어 처음의 증상보다 분화된 증상이 더 큰 문제를 일으키기 때문에 처음의 건강한 전체성을 회복하는 것이 쉽지 않게 되는 것이다.

처음의 사건이나 사고의 경험은 현재에서 더 이상 영향력을 미치지 못하지만 그 경험에 대한 반복적인 생각과 느낌이 전용신경회로를 구축하고 그 연결을 끊임없이 확장함으로써 분화된 증상을 만들어낸다. 이렇게 분화된 증상들이 서로 융합되어 중독상태를 유지하게 되면서 치료와 회복을 더욱더 어렵게 만들기 때문에 일반적으로 혼자서 정신적 외상을 극복하는 것이 쉽지가 않은 것이다.

외상 후 스트레스 장애

외상 후 스트레스 장애는 트라우마와 같은 충격적인 경험에 의한 정신적 외상이 뇌에 선명하게 새겨져 오랜 시간이 경과한 이후에도 지워지지 않고 지속적으로 재연되면서 스트레스 장애를 일으켜 심리적, 생리적, 신체적, 사회적으로 고통받는 것을 말한다. 즉, 외상 후 스트레스 장애는 정서적으로 충격적이고 끔찍했던 과거의 나쁜 상황을 현재에서 회상하며 고통을 겪고 있는 것이다.

우리 뇌는 착각의 챔피언이기 때문에 분명히 지나간 과거의 기억일 뿐인데도 지금 현재에서 과거의 고통스러운 경험을 불러와 재연하게 되면서 현재에 존재하지 않는 트라우마를 실제처럼 재경험하게 된다.

만약 전쟁이나 충격적인 사건, 사고, 폭력, 따돌림, 성폭행과 같은 떠올리기도 싫은 트라우마 기억을 가지고 있다면 뇌는 이후의 모든 인간관계와 학습, 경험을 과거에 경험했던 트라우마로 채색하여 일반화시켜버리기 때문에 지금 현재에서 자신뿐만 아니라 다른 사람, 환경과도 온전히 만날 수 없어진다.

이렇게 되면 자신의 의지와 상관없이 과거의 부정적 경험을 재연하게 되면서 과거의 사건과 사고 당시와 똑같은 불안과 공포의 반응을 지금 현재로 이끌어내기 때문에 현재를 살아가면서도 과거에 구속된 상태로 살아가게 된다. 경험 당시의 끔찍한 정서적 의미나 충격들이 뇌에 전용 신경회로를 구축하여 내현기억화되면 그 기억은 현재와 융합되어 과거 속에 갇힌 삶을 살아가게 될 가능성이 높아진다.

과거의 경험이 정신적 외상을 일으킬 만큼 충격이 주어지면 다량의 화학물질을 분비하여 전용신경회로를 구축하고 그 사건의 기억을 쉽게 재연할 수 있는 특정한 신경화학적 상태를 즉각적으로 유발할 수 있도록 긴장상태를 유지한다. 즉, 충격적인 사건의 기억이 만들어낸 편집되고 왜곡된 마음의 틀이 굵은 전용신경회로를 구축하게 되면 그 틀 안에서만 생각하고 느끼며 말하고 행동하도록 하는 스트레스 반응에 완벽하게 중독된 상태를 만들게 되는 것이다.

이처럼 정신적 외상이나 극도의 스트레스 상황을 경험하게 되면 시상하부가 편도체와 함께 스트레스 호르몬을 과잉분비하도록 만들어 사건과 관련된 전용신경회로를 더 강화하여 중독된 패턴을 만들어간다. 이러한 과정을 통해 전용신경회로가 완전히 구축되면 부정적 사건과 관련된 기억의 형성이 더 강화되어 개인의 존재와 정체성까지 부정적인 영향을 받게 된다.

화학물질과 전용신경회로에 의해 우리의 감각을 민감한 상태로 유지하게 만들어 위험상황에서 생존에 유리한 빠른 선택과 반응을 할 수 있는 중요한 역할을 한다. 예민한 정서상태는 과거의 트라우마 사건을 강력한 기억으로 각인시켜 현재에서 계속 재연하기 위해 노력하게 되며 이후에 그 기억과 관련된 냄새나 소리, 이미지 등의 미세한 자극이나 정보에도 아주 민감하게 반응한다. 이렇게 되면 과거의 기억이 절대적인 사실이라는 신념체계를 형성하여 과거의 경험과 기억의 틀에 갇히는 착각 속에 빠지게 되는 것이다.

이러한 반응은 뇌의 전용신경회로와 관련된 화학물질에 의해 일어나는 것이기 때문에 자신의 의지가 개입될 여지가 거의 없다.

이렇게 분비된 화학물질이 기억형성을 촉진하기 때문에 우리는 특정 경험을 통해 부정적인 학습이 가능할 뿐만 아니라 전용신경회로를 구축하여 중독된 패턴까지 만들게 되는 것이다. 이것이 바로 트라우마에 의해 생기는 외상 후 스트레스 장애의 발현 기전이다.

트라우마와 같은 끔찍한 사건에 의해 정신적 외상을 입은 기억은 처음에는 해마에 저장된다. 뇌에서는 시상하부와 편도체에서 생산된 화학물질이 해마가 기억으로 저장할 수 있도록 여러 가지 시냅스 연결을 활성화시킨다. 특정한 정신적 외상과 관련된 시냅스가 활성화되면 신경회로가 새로운 조합과 배열을 만들어 정신적 외상과 관련된 장기기억 시스템을 구축하여 특정한 마음 상태를 굳히는 것이다.

이와 같이 정신적 외상이나 격렬한 정서적 경험을 회상하면 그 기억은 해마로 옮겨져 시상하부와 편도체에서 더 많은 스트레스 호르몬이 방출되도록 만든다. 이렇게 되면 고통스러운 경험의 회상은 과거의 경험 당시와 같은 화학적 신호를 만들어 몸이 그 사건을 실제로 경험하고 있는 것처럼 착각하여 반응하게 된다. 현실로 존재하지 않는 과거가 현재를 창조하게 되는 것이다.

우리 뇌는 단순히 과거의 트라우마 경험에 대해 생각하는 것만으로도 현실에서 존재하지 않는 불안과 공포를 일으켜 일련의 생리적 반응을 시작한다. 과거의 상처에 대한 생각을 하는 것만으로도 몸이 급격하게 반응하여 스트레스 상태로 변화하게 되는 것이다. 이것은 트라우마로 인하여 외상 후 스트레스가 지속되면서 몸의 항상성이 교란되었기 때문에 나타나는 이상반응이다.

예를 들어 외상 후 스트레스 장애가 생기면 혈압이 증가하고 호흡이 빨라지며 몸이 심하게 떨릴 수도 있다. 또한 특별한 이유 없이 갑작스럽게 공황상태에 빠지거나 몸이 무기력해지기도 한다. 이 상태에서는 별 것 아닌 사소한 생각만으로도 몸이 자동적으로 활성화된다는 것을 확실히 알 수 있다. 이러한 현상은 고통스러운 과거 기억을 반복적으로 떠올림으로써 몸을 활성화시키는 익숙한 느낌을 얻기 위해 중독된 뇌가 자율신경계를 활성화시키기 때문이다.

이러한 과정에서 마음과 몸은 화학적으로도 하나의 시스템으로 연결되어 반응한다. 외상 후 스트레스 장애로 인해 과거의 사건을 반복적으로 회상하면 심신상관성에 의해 우리 몸의 안정적인 항상성은 분비된 화학물질로 인하여 깨지게 된다. 이처럼 외상 후 스트레스 장애에 시달리는 사람은 그것과 관련된 생각을 하는 것만으로도 좀 더 즉각적으로 불균형 상태에 이르게 되는 것이다.

자살

　우리나라는 세계가 부러워할 만큼 빠른 속도로 괄목할만한 경제성장을 이루었지만 OECD 국가 중 자살률 1위라는 부끄러운 불명예를 가지고 있다. 사람들은 누구나 행복을 추구한다. 물질적으로 보면 우리나라 사람들의 행복지수가 높은 것 같지만 행복의 조건 중 한 가지 요소가 물질적 풍요일 뿐이다. 오히려 정신적인 문제가 국민들의 행복지수에 더 큰 영향을 미친다.

　살아가면서 심각한 정신질환을 가지고 있거나 좌절, 절망, 가정불화, 질병, 극심한 생활고, 불명예, 가까운 사람의 자살 등이 주는 심리적, 신체적인 고통에서 벗어나기 위해 스스로 자신의 목숨을 끊는 행위를 '자살'이라고 한다. 자살이라는 끔찍한 선택을 할 수밖에 없었던 당사자의 입장에서는 이유가 있을 수 있다. 현재 자신이 겪고 있거나 앞으로 겪어야 할 고통이 해결될 희망이 보이지 않고 자신의 능력으로 감당하기 힘들다고 느끼기 때문에 극단적인 선택을 하게 되는 것이다.

그 행위는 절대적으로 잘못된 선택이지만 당사자의 입장에서는 영원히 끝나지 않을 것 같은 끔찍한 고통을 길게 받는 것보다 자살이라는 극단적인 방법을 선택함으로써 현재와 미래의 고통에서 도망가려는 분명한 긍정적 의도를 가지고 있다. 분명히 객관적인 관점에서 더 나은 선택을 할 수 있었지만 이미 헤어날 수 없는 고통의 수렁에 빠진 상태에서 주의의 폭이 좁혀지기 때문에 단 한 번에 모든 고통에서 벗어날 수 있는 자살을 선택하게 되는 것이다.

이러한 극단적인 선택을 하는 것이 자신의 힘으로 벗어날 수 없다고 믿고 있는 현재와 미래의 고통을 끝내는 방법인 것은 분명하지만 자살은 자신에게 저지르는 살인이며 남겨진 가족과 주변 사람들에게도 지워지지 않는 큰 상처를 남기게 된다.

자살은 자기 자신에 대한 살인일 뿐만 아니라 가까운 사람들과 불특정 다수의 사람들에게도 자살의 동조현상을 유발하여 타인에 대한 간접적인 살인으로까지 이어질 수도 있는 범죄라는 관점의 전환이 필요하다. 그래서 자살에 대한 관점의 전환과 더불어 자살예방을 위한 마음의 쿠션을 강화하는 교육이 필요하다.

과거 일부 국가와 민족, 종교집단에서는 자살을 찬양하기도 했지만 현대사회에서는 대부분 자살을 죄악시하고 있으며 심지어는 자살시도를 하는 행위에 대해서 처벌하는 나라도 있다. 그뿐만 아니라 많은 나라에서 타인의 자살을 돕는 행위를 법으로 금지하고 있으며 처벌을 한다. 하지만 자살률 세계 1위라는 불명예를 가지고 있는 우리나라 사람들은 아직도 자살이라는 비정상적인 일탈행위에 대한 동정심과 관대함, 동조, 지나친 미화 등으로 의도하지 않게 자살을 방조하는 그릇된 문화가 존재한다.

우리나라도 국가적 차원에서 자살률을 낮추기 위해 예산을 편성하고 여러 가지 정책을 수립하여 실행하고 있으며 학교와 각 단체에서도 자살예방을 위해 많은 노력을 기울이고 있다. 이러한 노력을 아무리 많이 한다고 해도 자살에 대한 우리의 태도와 문화, 여론 등 사회적 분위기가 변화하지 않는다면 영원한 자살률 1위의 국가가 될지도 모른다.

우리나라 사람들은 정이 많고 사회적 약자에 대한 동정심과 관대함을 많이 가지고 있기 때문에 고통 속에서 극단적 선택을 하는 사람의 자살을 비난하기보다 감싸주고 위로하려는 따뜻한 마음을 가지고 있다. 그래서 자살을 선택한 사람에게는 그 어떤 추궁과 책임도 묻지 않는 관습과 현행법이 존재하는 것이다. 심지어는 범죄자에 대해서도 자살을 하게 되면 공소권 없음이라는 면죄부를 주기까지 한다. 이러한 사회적 분위기와 관대함에 호소하기 위해 자신의 억울함이나 불명예를 죽음과 바꾸려는 잘못된 선택을 하기도 한다.

물론 '오죽했으면 자살을 했을까'라는 생각을 할 수도 있지만 그것은 참으로 위험한 관점이 될 수도 있다. 왜냐하면 잘못된 사회적 문화나 여론, 시그널이 자살을 간접적으로 미화하거나 조장할 수 있기 때문이다. 이러한 잘못된 사회적 분위기나 문화가 앞으로 더 많은 자살자를 양산할 수 있는 것이다.

어떤 경우라도 자살이라는 극단적인 선택이 모든 문제를 해결해주거나 자신의 정당성과 명예를 지켜주는 보루가 되지 못한다는 합리적인 관점과 사회적 공감대가 필요하며 당사자가 더 나은 선택을 할 수 있는 사회적 안전장치가 마련되어야 한다. 자살은 개인의 선택이지만 개인은 사회적 존재이기 때문에 자살에 대한 사회적 안전장치가 중요하다.

자살이 증가하는 요인은 여러 가지이지만 그중에서 집합적 힘이 작용하는 사회적 요인이 가장 큰 비중을 차지한다. 그렇기 때문에 자살에 대한 사회적 거리두기가 중요하며 자살은 범죄행위라는 사고의 대전환이 필요한 것이다.

우리나라 자살률이 OECD 국가 가운데 1위라는 불명예를 차지하고 있는 이유 중 하나가 아직도 사회 유명인사들의 자살을 언론에서 과잉 보도하고 동정심으로 정당화시키거나 미화하며 심지어 자살을 선택한 사람을 훌륭한 사람으로 추모하기까지 하는 왜곡된 관점을 가지고 있기 때문이다. 이러한 편향된 사회적 문화와 여론, 분위기가 고통 속에서 힘들게 버티며 살아가는 사람들과 자라나는 미래세대들에게 잘못된 시그널을 줄 수 있다는 사실을 깨달아야 한다.

어떤 경우, 그 누구라도 자살로 생을 마감한 사람들에 대해 더 이상의 동정과 관대함, 추모, 미화를 하는 잘못을 저질러서는 안 된다. 그것은 우리 자신을 위해서도 중요하지만 아직 명확한 가치관이 정립되지 않은 자라나는 미래세대들에게도 편향되고 잘못된 시그널을 줄 수 있기 때문에 매우 중요하다.

부두 죽음

다원화된 사회에서 다양한 상황에 대처하기 위해 자율신경계의 각성수준은 적절하게 작용하고 있으며 자율신경계의 작용으로 우리 신체가 모든 단계의 자극에 반응할 수 있는 최적의 상태를 유연하게 유지시킬 수 있다. 편안하게 휴식을 하며 조용히 음악을 듣거나 명상을 할 때와 운동선수가 중요한 경기에 참여하거나 격렬한 훈련을 할 때는 자율신경계의 각성수준이 다를 수밖에 없다.

격렬한 상황에 대처하기 위해서든 이완된 편안한 상태를 유지하기 위해서든 자율신경계의 각성수준은 그 상태를 유지하기 위해 완전한 기능을 다할 수 있어야 한다. 그렇기 때문에 자율신경계는 아주 극적인 정서와 스트레스 상황에서도 마음과 몸의 조화와 균형이 무너지지 않고 충분히 적응할 수 있도록 작동되고 있는 것이다.

만약 자율신경계가 비정상적인 기저선을 가지고 있거나 유연한 작용을 할 수 있는 조율 기능이 없다면 변화에 적응하는 능력도 그만큼 떨어질 수밖에 없게 된다. 다행히 쿠션이 있는 자율신경계의 정상적인 역할 덕분에 우리는 충격적인 사건이나 사고로 인한 극적인 정서와 심한 스트레스 상황에서도 큰 상처를 입지 않고 안전하게 자신을 지키며 살아남을 수 있는 것이다.

이와 같이 스트레스와 정서는 자율신경계와 쌍방향 경로를 가지고 서로에게 영향력을 행사한다. 스트레스와 정서가 자율신경계의 각성수준 단계를 변화시키고 그렇게 변화된 자율신경계의 각성수준 단계가 또다시 스트레스와 정서에 영향을 미친다.

예를 들어 트라우마로 인한 스트레스나 공포스러운 정서가 발현되면 즉각적으로 교감신경계가 활성화되어 심장박동을 빠르게 증가시키게 된다. 이렇게 자율신경계의 각성수준 단계들이 변화하게 되면 쌍방향 반응시스템에 의해 뇌에서 변화를 지각하여 스트레스와 공포스러운 정서를 더 증폭시키게 되는 것이다.

자율신경계의 활성화에 영향을 미치는 자극은 그것이 실제 사실이든 상상을 한 것이든 상관없이 제공되는 특정 자극의 단계에 맞는 자율신경계의 각성수준 단계를 유연하게 맞춘다. 그것이 사실이든 아니든 상관없이 그것이 사실이라고 믿고 그와 같이 행동하면 그와 같은 결과를 창조하게 되는 것이 우리 뇌의 작동원리이다.

뇌의 별명이 착각의 챔피언인 만큼 뇌에 강력한 정서적인 믿음을 만들게 되면 그 믿음에 통제당하게 되고 믿음과 관련된 몸 상태를 만들게 된다. 그 믿음이 긍정적인 것이든 부정적인 것이든 가리지 않고 믿음에 우선적으로 반응하여 현실에서의 결과를 만들게 되는 것이다. 그래서 반복적인 암시와 강력한 정서가 묻어있는 지시나 자극이 입력되면 흔들림 없는 믿음을 만들어 스스로를 통제하게 된다.

'부두 죽음'은 아프리카 원시부족 사람들의 이야기로 일종의 미신과 종교의 결합체로 이해할 수 있다. 공포와 같은 강력한 정서적 충격으로 인해 갑작스럽게 사망하는 현상이며 심인성 사망이나 정신신체적 죽음이라고도 부른다. 마치 가짜 약이 치료 효과를 내는 플라시보 효과와 비슷한 개념으로써 반복적으로 제공되는 정보나 충격적이고 정서적인 암시에 대한 믿음에 의해 질병을 치료하기도 하고 저주에 의해 목숨을 잃기도 하는 것이다.

문명화되지 않은 미개사회에서는 절대적인 권위를 가진 리더나 종교 지도자의 역할을 하는 제사장과 같은 사람이 강력한 영향력을 가지고 있기 때문에 병을 앓고 있는 환자에게 병이 나을 것이라는 희망을 갖게 하여 질병에서 회복하도록 만들기도 하고 반대로 멀쩡한 사람에게 암시를 통해 악령의 공격을 받을 것이라는 저주를 반복하여 심장이 멈춰 사망하게 할 수도 있다. 이와 같이 암시를 통해 스스로 죽음에 이르게 만드는 것이 '부두 죽음'이다.

남태평양의 한 섬에서 부두 지도자가 건강한 젊은이들에게 그들의 몸이 고무나무로 되어 불에 타 녹아버리는 게시를 받았다고 말했다. 그 말을 들은 그들은 몇 주 안에 모두 사망하고 말았다. 특정 문화 속에서 자란 젊은이들이 믿고 있는 미신과 부합하는 절대적인 영향력을 가진 지도자가 하는 말을 듣는 순간부터 그 말이 사실이라는 믿음을 가졌기 때문에 희망을 잃고 식음을 전폐했다. 그뿐만 아니라 동네 사람들도 젊은이들이 어차피 죽을 것으로 확신하고 있었기 때문에 그들에게 음식을 주는 대신 장례식을 준비했다.

동네 사람들은 젊은이들이 묻히게 될 묘지를 만들기 위해 땅에 깊은 구덩이를 파기 시작했고 다른 사람들에게도 장례식을 알렸다.

결국 건강한 젊은이였던 그들은 죽음의 공포에 질려서 물이나 음식을 전혀 먹지 못하고 탈진한 상태에서 탈수로 인해 사망했던 것이다.

이런 현상은 미개인들이 믿는 샤머니즘 같은 토속신앙에서도 흔히 발견된다. 미신이 종교적인 믿음을 갖게 되면 그 믿음이 새로운 현실을 만드는 힘을 얻게 될 수도 있는 것이다.

우리 뇌는 그 무엇이든 반복하면 그것을 사실로 받아들이고 믿음을 만들어 스스로 그 믿음에 통제당하게 된다. 그것이 사실이든 아니든 상관없이 그것을 사실이라고 믿게 되면 그 믿음이 현실을 만들게 되는 것이다. 다시 한번 강조하지만 뇌는 착각의 챔피언이기 때문에 어떤 것이든 강한 믿음을 마음에 새기게 되면 그 믿음에 스스로 통제당하게 된다. 현대를 살아가는 우리 자신도 '부두 죽음'과 같은 부정적 자기 제한 신념에 갇혀있지는 않은지 되돌아보아야 할 필요가 있다.

지금 현재 자신의 삶에 긍정적인 새로운 변화가 필요하다면 변화를 위한 새로운 초점을 만들고 현실을 창조할 수 있는 강력한 믿음을 만들어야 한다. 우리의 자율신경계는 초점에 의해 만들어진 믿음에 영향을 받아 각성수준을 조절할 뿐이다.

과로사

스트레스는 우리의 안전과 생존에 도움이 되는 적절한 각성을 통해 완벽한 준비상태를 만들어주는 생리적인 기전이다. 그래서 스트레스가 전혀 없다면 정상적인 수행이나 안전과 생존을 위한 준비와 경계태세를 갖추기가 어려워진다. 스트레스가 있기 때문에 적절한 각성과 불안을 일으키고 행동할 준비를 할 수 있게 만들어 수행능력을 높여주게 된다. 그러므로 우리 삶에서 스트레스가 무조건 나쁘다고 할 수 없을 뿐만 아니라 오히려 스트레스가 꼭 필요한 것이다.

경쟁 사회에서 분주하게 살아가야 하는 현대인들은 스트레스를 일으키게 하는 초점을 스스로 만들어 바쁘게 살아간다. 치열한 경쟁 사회 속에서 남보다 뒤처지지 않기 위해 심신을 각성시키고 분주한 삶을 살아가는 초점과 패턴을 만들어 에너지가 고갈되어도 재충전을 위한 충분한 휴식을 제대로 하지 못한채 살아가는 것이다.

자동차에 연료를 보충하지 않거나 안전점검을 하지 않고 계속 달리기만 한다면 작동을 멈추거나 큰 사고를 당하게 될 수도 있다.

인간의 몸도 마찬가지로 계속 각성된 상태에서 만성적인 스트레스가 오랫동안 지속되면 마음과 몸이 회복하기 힘든 상태가 된다.

집안을 밝히는 전등도 열을 식히기 위해 껐다가 다시 켤 수 있는 스위치가 있다. 마찬가지로 사람도 과하게 각성된 상태나 과로로 인한 스트레스가 누적되어 있다면 전원을 끄고 재충전하기 위해 쉬어가는 여유를 가져야 한다. 과로로 인하여 마음과 몸이 방전된 상태에서 부정적인 경험이 계속 쌓이고 조건형성되면 건강과 활력상태를 유지시켜주는 쿠션이 약해져 이전의 건강한 기저선을 회복하지 못하게 된다.

이렇게 방전된 상태에서는 스트레스와 불안한 정서로 인해 싸움-도피 반응을 과도하게 보이거나 아예 무기력 상태에서 아무런 반응도 보이지 않는 얼어붙기를 선택할 수도 있다. 이러한 과로로 인한 만성적인 스트레스로 심리적, 신체적, 사회적으로 장애가 생겨 사망에 이르게 되는 것을 '과로사'라고 한다. 과로사는 과로로 인한 만성적인 스트레스가 스스로를 죽음에 이르게 하는 것이다.

과로로 인한 장기간의 만성적인 스트레스가 뇌졸중과 심장병으로 이어질 때 과로사가 일어날 수 있기 때문에 마음과 몸의 스위치를 잠시 끄고 적절한 휴식을 취하는 것이 반드시 필요하다. 과로로 인한 만성적인 스트레스로 뇌질환이나 심장병과 같은 치명적인 질환을 앓게 되면 돌연사나 조기사망의 위험이 높아지게 된다.

그뿐만 아니라 적절한 휴식 없이 과로로 인해 만성적인 스트레스가 오랫동안 지속되면 에너지가 더욱더 방전되어버리기 때문에 집중력이 흐트러지고 수행능력과 기억력이 떨어져 여러 가지 학습이나 일, 인간관계 능력에 걸림돌을 갖게 된다. 그런데도 우리 주변에는 과로로 인한 스트레스 때문에 자신의 건강이 위협받고 있다는 사실을 깨닫지 못하고 살아가는 사람들이 너무나 많다.

우리나라가 OECD 국가 중에서 출산율은 가장 낮고 자살률이 가장 높다는 사실을 모르는 사람은 없을 것이다. 생존과 성취를 위해 치열하게 경쟁을 해야 하고 오랜 시간 일을 하면서 바쁘게 뛰어다녀야만 자신의 안정적인 생활과 생존을 보장받을 수 있는 환경 속에 살아가면서 과로로 인한 만성적인 스트레스에 노출되어 출산율에까지 부정적인 영향을 미치게 된다.

이처럼 치열한 경쟁과 사회적 비교에서 완전히 자유로울 수 없는 우리의 삶에서 항상 긴장을 풀고 여유롭게만 보낼 수만은 없지만 그래도 우리에게 적절한 휴식과 재충전이 필요하다. 휴식과 재충전의 시간이 낭비라고 잘못 생각할 수도 있겠지만 우리의 삶을 운동으로 비유하자면 100m 단거리 달리기가 아닌 장거리 달리기의 마라톤 경기와 같은 것이다. 마라톤과 같은 장거리를 달리기 위해서는 자신의 페이스를 스스로 조절할 수 있어야 한다. 그래야만 원하는 목표를 성취할 수 있을 때까지 오래 달릴 수 있기 때문이다.

스트레스 탈출

현대사회는 과거와 비교가 안될 만큼 다양한 스트레스원이 존재하기 때문에 우리의 삶 자체가 스트레스의 연속이라고 할 수 있다.

생존과 안전을 위한 안정적인 기반이 부족할 때도 스트레스를 받게 되지만 사회적 지위 상승이나 부의 축적, 인간관계, 목표 달성과 관련된 수많은 스트레스원에 반복적으로 노출될 때도 스트레스를 받게 된다.

아주 먼 옛날에는 사냥하고 허기진 배를 채우며 번식을 위한 활동을 하는 것이 전부였기 때문에 원시적인 생존을 위한 스트레스만 존재했다. 하지만 현대인들은 진화 과정에서 축적된 다양한 지식과 문화적 수준에 따라 과거와는 비교가 안되는 다양한 스트레스원에 노출된 상태로 살아간다. 현대사회를 살아가는 인간의 삶은 스트레스로 가득 차 있어서 여러 가지 제약을 받고 있지만 그러한 제약을 알아차리지 못하는 습관적인 패턴에 이미 익숙해진 삶을 살아가고 있다.

이처럼 스트레스가 일상적인 생활에 지속적이고 광범위하게 영향을 미치고 있는 것이 현실이지만 많은 사람들이 스트레스에 둔감해진 상태에서 스트레스에 대한 경각심을 상실한 채로 살아가고 있는 것이다. 스트레스에 둔감한 상태가 일시적으로 안정감을 느끼는 착각을 하도록 만들기도 하지만 스트레스는 소리 없이 우리의 마음과 신체를 공격하여 병적인 상태를 만들기 때문에 스트레스를 알아차리고 정상적으로 반응하는 것이 더 도움이 된다.

우리의 마음이 눈에 보이지 않고 손에 잡히지 않아도 분명히 비일상적으로 실재하듯이 스트레스도 눈에 보이지 않고 손에 잡히지 않지만 분명히 사실로 존재하고 있다. 그럼에도 불구하고 스트레스가 자신의 마음과 몸의 정상적인 활력상태와 건강에 얼마나 부정적인 영향을 미치는지를 아는 사람은 많지 않다.

스트레스가 몸의 면역체계를 쇠약하게 하고 심혈관질환에 취약하게 만들어 마음의 걸림돌을 만들게 되는 것은 분명하지만 그렇다고 모든 스트레스가 유해한 것은 아니다. 스트레스를 받으면서 고통을 겪게 되는 유해 스트레스와 스트레스를 받으면서 오히려 쾌적함이나 활력을 느끼는 쾌적 스트레스가 있기 때문이다.

따라서 스트레스를 무조건 없애려고 초점을 일치시키기보다 그에 대응하고 긍정적으로 변화시키는 방법을 알아야 한다. 왜냐하면 스트레스와 관련된 전용신경회로는 없어지는 것이 아니라 어떻게 대응하는가의 선택과 노력이 중요하기 때문이다.

현실 자각

우리의 똑똑한 뇌는 폐쇄된 두개골 안에 안전하게 자리 잡고 있기 때문에 직접적으로 바깥세상을 접촉할 수 없다. 그렇기 때문에 다섯 가지 감각을 통해 간접적으로 입력되는 신경자극과 정보에 의지하여 모든 판단과 반응을 하게 된다.

그래서 뇌는 착각의 챔피언이라는 별명에 어울리게 선명한 자극과 정보를 제공해주기만 하면 현실과 가상, 과거와 현재, 참과 거짓에 대해서 구분할 수 있는 능력이 없다. 특히 뇌는 강한 정서적 경험이나 충격적인 사건, 사고로 인하여 다량의 화학물질이 분비되고 전용신경회로가 구축되면 그러한 경험에 대해 절대적인 사실이라는 믿음을 만들어 스스로 그 믿음에 통제당하게 된다.

뇌의 착각기능 때문에 이미 지나간 오래전의 트라우마 경험에 대해서도 강력한 신념체계를 형성하여 그러한 기억을 현실로 착각하며 반복적으로 고통을 겪게 되는 중독상태를 유지한다. 이처럼 과거에 충격적인 트라우마 경험에 의해 분비된 화학물질과 굵은 전용신경회로에 의해 중독된 습관을 가지게 되면 자신의 의지와 상관없이 반복적으로 과거의 경험을 현실에서 재연하게 되는 것이다.

뇌는 자신의 안전과 생존에 관련된 자극을 최우선적으로 처리하기 때문에 트라우마 경험을 다시는 경험하지 않기 위해 전용신경회로를 구축하여 선명하게 기억화시키게 된다. 뇌가 트라우마 경험과 관련된 전용신경회로를 구축하는 이유는 이후에 비슷한 위기나 위협적인 상황에서 자신의 안전과 생존에 유리한 싸움을 하거나 즉시 도망갈 수 있는 준비를 할 수 있게 해주기 때문이다.

이렇게 전용신경회로가 굵게 만들어지면 위기상황이 지나고 현재의 상황이 안전하다고 판단되어도 스트레스 호르몬이 사라지지 않고 심리적, 생리적, 신체적으로도 원래의 건강한 상태로 회복이 어려워지게 될 수도 있다. 그래서 트라우마 경험에 의한 정신적 외상을 입은 사람들은 스트레스 호르몬이 원래의 건강한 상태로 회복하는데 오랜 시간이 걸리거나 회복이 어려운 것이다.

그뿐만 아니라 이후에 스트레스를 느끼는 미세한 자극만 주어져도 순식간에 과거의 고통스러운 경험을 현재에서 재연하게 된다.
이러한 트라우마 경험의 재연은 자신의 의지와 상관없이 일어나기 때문에 중독이라고 부르며 중독은 과거의 기억을 반복적으로 재연하는 구속된 상태에 있기 때문에 현실에서 자기 자신, 환경과의 온전한 알아차림과 접촉이 축소되거나 차단될 수 있다.

이 상태에서는 현실에 초점을 일치시킬 수 있는 능력을 잃어버릴 수 있기 때문에 주의를 기울여야 한다. 그뿐만 아니라 스트레스 호르몬의 영향으로 자극에 대한 과민반응상태에 빠지게 되면서 에너지가 조기에 소진될 수 있다. 이렇게 되면 불안, 초조, 만성 스트레스, 우울, 무기력, 분노장애, 수면장애와 같은 여러 가지 부작용이 생기게 된다. 트라우마 경험에 의한 정신적 외상이 오랫동안 지속되면 처음의 정신적 외상에 그치는 것이 아니라 차츰 확장성을 갖게 되면서 신체적, 사회적인 문제를 일으키게 되는 것이다.

심각한 문제가 생겼을 때는 약물의 도움을 받을 수도 있지만 이미 중독된 뇌는 계속적으로 과거의 고통스러운 경험을 재연하게 해주는 자극을 애타게 기다리고 있기 때문에 치료 효과가 떨어지게 된다. 중요한 것은 현재 자신에게 고통을 주는 사건과 경험은 이미 지나간 일이라는 절대적인 사실을 깨닫고 지금-여기에서의 현재 경험을 온전히 알아차릴 수 있어야 하는 것이다. 그래서 트라우마에 의한 정신적 외상에 오랜 기간 중독된 상태에 있는 사람은 혼자서 극복하는 것이 쉽지가 않기 때문에 전문가의 도움이 필요하다.

중독은 반복에 의해 만들어지기 때문에 그것이 긍정이든 부정이든 가리지 않고 관련된 전용신경회로를 구축하게 된다. 그렇기 때문에 지금 현재의 자기 자신을 온전히 알아차리고 접촉하는 과정에서 과거의 부정적인 기억이 재편집되어 긍정적인 상태로 변화하게 되는 것이다.

중독탈출

한 사람의 운명은 7세 이전 어릴 때의 반복적인 학습과 경험에 의해 신경회로의 조합과 배열이 만들어지고 그 회로가 반복적으로 활성화되어 뇌에 전용신경회로를 구축하여 만들어진 인생 각본에 따라 결정된다고 보는 것이 교류분석이론의 핵심이다. 이러한 관점이 절대적인 진리라고 생각하지 않지만 그렇다고 그 관점이 전혀 틀렸다고 말할 수도 없다. 그 이유는 멘탈 상담과 훈련을 진행하다 보면 사람들이 가지고 있는 대부분의 심리적인 문제가 성장과정에서 발생한 트라우마 때문이라는 것을 알 수 있기 때문이다.

이처럼 사람들이 겪고 있는 대부분의 심리적인 문제는 성장과정에서 발생한 트라우마 경험으로 잘못 형성된 뇌의 전용신경회로와 화학물질에 의해 자신의 의지와 상관없이 부정적인 영향을 받게 되면서 생기는 경우가 많다. 실제로 멘탈코칭센터를 찾는 내담자들이 겪고 있는 대부분의 심리적인 문제들이 성장과정에서의 트라우마 경험과 만성적인 스트레스로 인해 구축된 부정적인 전용신경회로와 화학적 중독상태 때문이라는 사실을 알 수 있다.

멘탈코칭센터를 찾은 내담자 A씨는 성장과정에서 부모로부터 당연히 받아야 할 사랑과 보호, 격려, 긍정적인 피드백을 제대로 받지 못했을 뿐만 아니라 폭력과 학대를 받으며 성장했다. 그뿐만 아니라 학교생활에서도 왕따와 폭력에 시달리게 되면서 불안과 공포와 관련된 트라우마를 반복적으로 경험했다. 그러다 보니 주변에 의지할 수 있는 대상이 없는 상태에서 오로지 혼자만의 힘으로 거친 세상을 살아가야 하는 처지에 놓일 수밖에 없었다.

그래서 마음 한구석에 늘 어두운 그림자가 드리워져있었고 억압된 부정적인 감정들이 외부로 분출되지 못하고 자신의 내면에서만 꿈틀거리면서 미해결 과제로 남아 지속적인 스트레스를 일으키는 심리적인 문제를 갖게 되었다.

뇌의 전용신경회로에 뿌리를 내리고 있는 A씨의 트라우마 경험은 생존과 관련된 부정적인 정서와 불안, 우울, 스트레스, 결핍, 폭력, 왕따와 같은 미해결 과제를 해결하기 위해 에너지를 동원하는 과정에서 내면적으로 극심한 각성과 불안을 일으켰다. 그러한 에너지가 외부로 분출되지 못하고 안에서 얼어붙어버리기 때문에 그의 마음은 늘 전쟁터와 같은 치열함이 반복되었다.

이와 같이 과거의 트라우마 경험들이 정신적 외상을 입게 만들어 미해결 과제로 남게 되면 심리적, 생리적, 신체적으로 격렬하게 스트레스 반응을 일으키게 만든다. 격렬한 스트레스가 정상적으로 표출되지 못하고 내면에서 얼어붙어버린 에너지가 되면 그 에너지가 자기 자신을 공격할 수도 있다. 이렇게 되면 일상생활 속에서 심각한 수준의 심리적, 생리적, 신체적인 문제를 일으키게 될 뿐만 아니라 사회적 관계 능력에도 여러 가지 문제를 일으키게 된다.

성장과정에서 받은 충격적인 트라우마에 대해 자신의 생존을 위협하는 경험으로 기억하고 있기 때문에 사소한 자극에도 민감하게 반응하게 되면서 인간관계 능력에 문제가 생긴다. 스스로 그러한 외상에 대응할 수 있는 능력의 범위를 넘어섰기 때문에 인간관계에서도 지금 현재에서 자연스러운 알아차림이나 접촉을 하지 못하고 회피나 얼어붙기를 선택할 수밖에 없는 것이다.

이러한 트라우마 경험이 외상 후 스트레스 장애로 발전되어 성인이 된 이후의 삶에서 지속적으로 재연되면 과거의 트라우마 경험에 갇힌 자기 제한 신념을 갖기 때문에 불행한 삶을 살아가게 될 가능성이 높아진다. A씨는 성인이 된 이후 직장에서 전문분야의 업무처리능력을 가지고 남다른 열정적인 태도와 노력으로 남들이 부러워하는 경제적인 안정도 이루었다. 하지만 내면의 억압과 결핍에 의해 생긴 트라우마 경험으로 미해결 과제를 가진 상태에서 끊임없이 회피반응과 얼어붙기 반응을 되풀이하게 되었다.

트라우마는 성장과정에서 일반적 경험의 범위를 초월하는 사건이나 사고, 관계에 의해 발생하는 스트레스 상황에서 생기기 때문에 대부분 자기 자신의 잘못이 아니다. 그런데도 트라우마로 인해 외상 후 스트레스 장애에 시달린 A씨는 자신의 존재와 정체성을 부정적으로 지각하고 반응하기 때문에 문제에만 초점을 일치시키게 되면서 자기 자신을 자학하는 고통의 수렁에서 헤매게 된 것이다.

A씨는 자신의 의지와 상관없이 무의식에서 계속적으로 올라오는 긴장과 불안, 스트레스 때문에 술과 담배에 의존하는 중독상태를 만들게 되었다. 나중에는 채워지지 않는 결핍과 분출되지 못한 억압된 감정들이 자신의 자유의지에 브레이크를 밟게 만들어 마약의 유혹에 넘어가는 심각한 상태에 이르렀다.

다행히 반복적인 멘탈 훈련을 통해 부정적인 성장환경 속에서 형성된 자신의 민감한 상태를 알아차리고 접촉하여 편안하고 안정적인 상태로 바꾸어 자신의 문제를 극복할 수 있었다. 부정적인 초점을 긍정적으로 전환하여 자신의 상태를 편안하고 안정적으로 유지하게 되면서 다니는 직장에서도 탁월한 능력을 인정받아 외형적으로도 성공한 사회인이 될 수 있었다.

멘탈코칭센터에서 오랜 기간 상담과 훈련을 진행하면서 자신의 자유의지를 강화하여 부정적인 감정의 중독상태에서 벗어나 트라우마 경험에서도 자유로울 수 있게 되었을 뿐만 아니라 사회적 능력도 향상되는 긍정적인 변화가 생겼다. 그리고 지금 현재에서 자기 자신을 알아차리고 접촉함으로써 자기 자신을 먼저 회복할 수 있었고 자신의 삶에서 더 많은 것들을 얻을 수 있게 되었다.

생활 속 스트레스 벗어나기

【멘탈 호흡을 하라】

사람은 생명을 유지하고 필요한 에너지를 얻기 위해 잠시라도 숨을 쉬지 않고 살아갈 수 없는 존재이다. 그래서 우리가 숨을 쉬고 있다는 것은 살아있다는 확실한 증거가 된다. 사람이 사망하면 숨을 거두었다고 표현할 만큼 숨은 생명을 유지시키고 에너지를 동원하는데 가장 중요한 기능을 하고 있는 것이다.

그래서 멘탈 호흡을 활용하면 스트레스를 해소하는데 큰 도움을 얻을 수 있다. 호흡법이 바뀌면 자율신경계의 항상성이 바뀌게 되고 그 변화에 따라 화학물질의 분비가 달라지게 되면서 시냅스 연결의 배열과 조합이 바뀌게 된다. 멘탈 호흡을 반복하게 되면 교감신경과 부교감신경의 안정적인 균형을 회복시켜 심리적 내성과 응집력을 길러 마음의 쿠션을 강화하여 스트레스를 해소하는데 큰 도움을 준다.

멘탈코칭센터에서 상담과 훈련을 할 때 가장 많이 활용하는 것이 멘탈 호흡이다. 멘탈 호흡은 최고 수준의 신체적 긴장과 이완을 반복하여 자율신경계의 교감신경과 부교감신경의 활성화를 유도함으로써 자율신경계가 스트레스 이전의 정상적인 기저선을 회복할 수 있도록 도움을 주는 중요한 멘탈 훈련기법이다.

【이완훈련을 하라】

이완훈련은 신경과 근육의 긴장 및 이완을 통해 자율신경계의 기능을 통제하고 조절함으로써 스트레스를 극복하는데 큰 도움을 준다. 긴장된 근육 부위를 정확히 탐지하고 그 부위를 최대한 수축시킨 후 점차적으로 이완시키는 과정에서 신체적인 자극을 뇌에 보내 스트레스 기억을 재편집하게 만드는 원리이다.

이완훈련은 신체적인 이완을 통해 신체의 감각정보를 뇌에 전달하여 정신적인 스트레스를 줄여주는 방법과 반복적인 암시나 자화를 통해 뇌의 특정 영역이 활성화될 수 있게 만들어 스트레스를 줄여주는 방법이 있으며 어느 것이든 효과는 좋다.

멘탈코칭센터에서는 이 두 가지 방법을 활용하여 스트레스에 중독된 뇌에 편안함과 안정감을 주는 훈련을 반복한다. 그 과정에서 편안함과 관련된 새로운 전용신경회로를 구축하여 스트레스를 극복할 수 있는 마음의 쿠션을 강화시켜주는 효과를 얻고 있다.

【자율훈련을 하라】

자율훈련은 자기최면의 하나라고 할 수 있으며 독일의 정신의학자 슐츠 박사가 명상 기법을 포함하여 심리적, 생리적 실험을 통해 고안한 훈련 방법이다.

자율훈련은 공식화된 자기암시에 따라 팔·다리의 이완과 심장, 호흡, 복부 등의 자율신경계를 통제하게 된다. 자율신경계를 통제하여 신체 기관의 취약한 부분을 개선할 수도 있고 멘탈을 강화시켜 스트레스에 대한 내성과 응집력을 기를 수 있다.

자율훈련은 자신의 상태를 원하는 상태로 스스로 변화시키기 위한 자기암시를 통해 심리적, 생리적인 변화를 일으켜 스트레스를 이겨나가게 된다. 처음에는 전문가의 도움을 받는 것이 좋으며 음원을 활용하여 진행하다가 적응이 되면 음원 없이 자율적으로 훈련한다.

【앵커링을 활용하라】

성취감과 즐거움, 설렘과 같이 일관된 정서적 반응 유형을 불러일으키는 스위치를 만들어 그 스위치를 누르기만 하면 편안하고 안정적인 상태로 유도되도록 조건형성시키는 것을 앵커링이라고 한다.
앵커링을 활용하면 현재의 문제나 스트레스 상태를 자신이 원하는 긍정적인 상태로 빠르게 바꿀 수 있다.

만약 의식하지 못하는 가운데 원하지 않는 부정적인 앵커링이 조건형성되어 있다면 자신의 긍정적인 자원과 에너지를 사용하지 못하는 스트레스 상태에 빠지게 된다. 이런 상태가 오랫동안 지속되면 중독된 습관을 만들기 때문에 앵커링을 활용하여 중독된 습관을 전환할 수 있는 스위치를 만들어야 한다. 앵커링은 특정한 것을 보고 듣고 접촉하는 긍정적인 경험에 앵커를 고정시켜 필요할 때 언제든지 재연하여 자신의 상태를 긍정적으로 변화시킬 수 있게 만드는 것이다.

【알림음을 꺼라】

휴대폰 알림음에 반복적으로 노출되면서 뇌는 도파민의 과잉분비를 촉진시키기 때문에 집중력이 흐트러지고 나중에는 만성적인 스트레스를 일으키게 되는 부작용이 생기게 된다. 알림음에 조건형성되어 중독된 패턴을 갖게 되면 습관적으로 알림음에 대한 반응이 더욱 강화되어 자신의 의지와 상관없이 점점 민감한 반응이 자동화되어간다.

뇌신경회로는 그 무엇이든 자주 사용하게 되면 활성화되어 연결이 아주 굵게 되고 반대로 자주 사용하지 않으면 연결이 차단되거나 약해진다. 그래서 휴대폰 알림음에 너무 예민하게 반응하지 않도록 알림음을 차단하는 것이 좋다. 정상적인 수행에 불필요한 정보간섭을 차단하고 차분한 마음 상태를 유지하기 위해 일정 시간 외에는 알림음을 차단하는 결단과 실행이 필요하다.

【규칙적인 운동습관을 만들어라】

규칙적인 운동습관은 뇌와 몸에 적절한 자극을 주어 스트레스에서 벗어날 수 있는 쿠션을 강화시켜준다. 만성적인 스트레스는 관련된 화학물질에 중독되어 있을 뿐만 아니라 전용신경회로가 구축되어 있는 상태이기 때문에 인지적인 방법만으로 해결을 할 수 없다.

그래서 신체적인 움직임을 통해 건강과 활력상태를 유지시켜주는 새로운 화학물질을 분비하게 만들고 전용신경회로를 새롭게 구축하는 것이 필요하다. 특히 운동은 평소에 잘 사용하지 않는 신체 부위를 사용하기 때문에 평소에 활성화되지 않는 뇌신경회로까지 폭넓게 활성화시키게 되면서 스트레스에서 벗어날 수 있는 쿠션이 생기게 된다. 규칙적인 운동습관은 생리적, 신체적인 스트레스뿐만 아니라 심리적인 스트레스까지 모두 날려버릴 수 있는 최고의 선택이다.

【어떻게 공식을 활용하라】

우리의 삶에서 원하는 것이 있다면 반복적으로 '어떻게'라는 질문을 통하여 초점을 일치시키게 되면 원하는 답을 얻게 된다.

인간의 뇌는 성장과정에서 반복적인 학습과 경험을 통해 형성된 기억 시스템에 의해 어떠한 질문에도 답을 하게끔 세팅되어 있다. 그것이 스스로에게 하는 질문이든 타인에 의한 질문이든 상관없이 모든 질문에 답을 하게끔 뇌에 프로그래밍되어 있기 때문에 원하는 답을 얻고 싶으면 '어떻게'라는 제대로 된 질문이 필요하다. 지금의 스트레스 상황에서 벗어나기 위해 어떻게 하는 것이 최선의 선택이 되는지 반복적인 질문을 하게 되면 그 답을 우리 뇌에서 자동적으로 구해주게 된다.

【자주 웃어라】

웃음은 웃고 있는 자신을 보는 다른 사람도 행복하게 만들어주지만 웃음을 짓는 자신을 먼저 행복하게 만들어준다. 웃음을 짓게 하기 위해서는 웃음과 관련된 화학물질이 체내에서 분비되어야 하고 뇌신경회로도 함께 활성화되어야 하기 때문이다.

웃음은 암세포까지 죽인다는 연구결과가 있을 만큼 분비되는 화학물질과 활성화된 뇌신경회로가 면역체계를 강화시키고 스트레스를 해소하는데 큰 도움을 준다. 그 웃음이 가짜 웃음이라도 효과가 있는 이유가 뇌는 착각의 챔피언이라는 별명에 어울리게 가짜 웃음에도 똑같이 반응하여 스트레스를 날려버리기 때문이다.

【책을 읽어라】

뇌는 천억 개가 넘는 뇌세포가 서로 병렬적으로 복잡한 시냅스 연결을 짓고 통합된 전체성으로 작동되고 있다. 어떤 학습과 경험을 반복하는가에 따라 시냅스 연결의 배열과 조합이 바뀌기 때문에 독서를 통해 새로운 정보가 입력되어 시냅스 연결이 확장되면 기존의 스트레스를 일으키는 신경망이 약화된다. 그뿐만 아니라 새로운 학습에 의해 새로운 전용신경회로가 활성화되어 더 튼튼한 신경망이 구축되면 스트레스에 대한 내성과 응집력이 생기게 되면서 마음의 쿠션이 강해진다.

【틀림이 아닌 다름을 사용하라】

사람들은 모두가 다른 유전자를 가지고 태어났을 뿐만 아니라 환경적으로도 저마다 다른 학습과 경험을 반복하여 자신만의 전용신경회로를 구축하게 된다. 이렇게 구축된 전용신경회로에 의해 독특한 신념체계가 형성되면 개인의 주관적인 세상모형을 만들게 되고 존재와 정체성이 형성되는 것이다.

개인의 신념체계가 만든 세상모형이 모두가 다르다는 차이에 대한 수용과 전제를 가지게 되면 대부분의 인간관계에서 발생하는 스트레스에서 어느 정도 자유로울 수 있게 된다. 틀림의 잣대가 아닌 다름의 잣대로 서로를 수용하고 공감과 존중을 할 수 있을 때 갈등과 대립의 스트레스 상황에서 벗어날 수 있다.

초점 바꾸기

인간의 존재를 한마디로 정의하라고 한다면 쉽지는 않지만 초점이라는 단어가 가장 잘 어울릴 것 같다. 왜냐하면 초점과 관련된 뇌신경회로가 반복적으로 활성화되면서 신념체계가 형성되어 우리의 존재와 정체성을 만들 뿐만 아니라 삶의 결과까지 창조하기 때문이다.

우리 삶은 순간순간의 초점에 의해 통합된 전체성을 만들고 이러한 통합된 전체성에 의해 우리의 존재가 만들어진다. 그렇기 때문에 일치된 초점이 반복되거나 지속되면서 통합된 전체성이 곧 나의 존재가 된다. 순간의 초점이 기쁨이든, 슬픔이든, 행복이든, 불행이든, 성공이든, 실패이든, 쾌적함이든, 불쾌함이든 상관없이 일치된 것과 관련된 전체성을 완성하여 나의 존재를 만들게 되는 것이다.

결국 우리가 겪게 되는 스트레스도 초점으로 이해할 수 있다.
일상생활 속에서 겪는 만성적인 스트레스에서 벗어나 뇌를 더 건강하게 만들기 위해서는 초점을 바꿀 수 있는 실행이 필요하다.

【새로운 학습을 반복하라】

우리의 삶을 다른 말로 공부라고 정의할 수 있다. 그래서 평생학습이란 말이 생긴 것이며 평생학습을 지속하면 나이가 들어도 뇌기능이 향상되어 기억시스템과 관련된 문제 발생의 위험을 줄일 수 있게 된다. 뇌에 새로운 자극과 정보가 제공되면 일시적으로 가벼운 스트레스를 받게 될 수도 있지만 적응단계를 거치며 뇌신경회로를 활성화시켜 연결을 확장하거나 배열과 조합을 새롭게 바꾸기 때문에 스트레스에 대한 내성을 높이고 기억장애를 예방할 수 있는 능력이 생긴다.

어느 연구기관에서 3000명이 넘는 수녀들을 대상으로 한 실험에서 열심히 교육에 참여한 수녀들이 치매에 적게 걸리는 결과가 나타났다. 놀라운 것은 병리적으로 알츠하이머병 소견을 보이고 있는 수녀들도 임상적으로는 증상이 없었다는 사실이다.

결국 알츠하이머병은 유전적인 영향을 받게 되지만 이에 저항하는 능력은 유전에 따라 결정되는 것이 아니라 반복적인 학습에 더 영향을 미치게 된다는 사실을 알 수 있다. 그래서 평생학습을 통해 익숙하지 않은 새로운 자극과 정보를 반복적으로 경험하게 되면 스트레스에 대한 내성을 길러주고 기존의 기억을 보존하는 신경망을 재강화할 수 있는 긍정적인 효과가 생기게 되는 것이다.

【다른 사람을 코칭하라】

다른 사람을 가르치기 위해서는 자기 자신이 먼저 반복 학습을 통해 내현기억화가 전제되어야 하기 때문에 학습과 경험 과정에서 더 많은 신경망을 활성화시켜야 한다.

어떤 정보를 효과적으로 설명하고 가르치기 위해서는 그것을 먼저 배우고 내면화시켜야 하기 때문에 그와 관련된 더 많은 신경회로가 새로운 조합과 배열을 만들어 가장 합리적인 전체성으로 통합된 뇌를 만들게 된다. 그래서 다른 사람을 가르치는 경험이 합리성을 가진 유연한 뇌를 만들고 외부적 자극이나 정보에 대한 쿠션을 강화시켜 스트레스에 대한 내성을 높여주는 좋은 방법이 되는 것이다.

【패턴을 바꾸어라】

뇌는 그 무엇이든 반복하면 전용신경회로를 구축하여 중독된 습관을 만들게 된다. 식사, 목욕, 숨쉬기, 걷기, 생각, 느낌, 말, 행동 등 일상생활 속에서 반복적으로 경험하게 되는 대부분의 것들이 의식적 개입 없이 자동적으로 이루어지고 있다.

이렇게 자동화된 패턴은 특정한 회로들만 편향적으로 사용하기 때문에 우리 뇌를 전체적으로 충분히 활성화시키지 못한다. 뇌가 전체성을 상실하게 되면 심한 생략, 왜곡, 일반화를 하기 때문에 외부적 자극이나 충격에 의해 생기는 스트레스에 취약한 상태가 된다.

그렇기 때문에 뇌를 적절히 각성시킬 수 있는 새로운 패턴이 필요하며 집안 청소와 정리정돈을 하는 것만으로도 패턴을 바꿀 수 있게 된다.

【지금-여기에 초점을 맞추어라】

스트레스와 같은 심리적인 문제를 일으키는 원인은 지금 현재를 온전히 만나지 못하기 때문이다. 대부분의 걱정과 불안이 지금 현재의 사건이나 사고 때문에 생기는 것이 아니라 과거의 회상이나 미래의 예측에 의해 생기기 때문에 지금 현재에 초점을 일치시키는 순간 스트레스가 사라지게 되는 경험을 할 수 있게 된다.

왜냐하면 어떠한 사건과 사고도 우리가 그것을 알아차리고 접촉할 때는 이미 과거가 되어 더 이상 현재에 존재할 수 없기 때문이다.

우리가 겪고 있는 대부분의 스트레스는 현재의 사건과 사고 때문이 아니라 그것에 대한 생각과 그 생각에 대한 또 다른 생각이 꼬리에 꼬리를 물고 초점을 일치시키게 되면서 일어나는 것이다. 그렇기 때문에 초점을 지금 현재로 전환하는 순간 과거와 미래의 스트레스에서 벗어날 수 있게 된다.

【규칙적으로 운동을 하라】

운동은 반복적인 학습과 훈련을 통해 성공체험을 누적하여 관련된 전용신경회로를 굵게 구축하는 과정이다. 이론적 학습과정에서 중추신경계에 의미기억으로 입력된 정보가 하향식으로 전달되면 말초신경계의 신체기능이 향상된다. 반대로 신체적인 반복 훈련을 통해 말초신경계의 자극과 정보가 상향식으로 전달되면 중추신경계의 기억시스템을 활성화시키게 된다.

이 과정에서 어느 것이 먼저인가가 중요한 것이 아니라 학습과 경험 과정에서 평소 자극받지 못한 신경망이 더 촘촘히 활성화되면서 심리적 내성과 응집력이 생겨 스트레스를 극복할 수 있는 마음의 쿠션을 가지게 되는 것이다.

【대화를 하라】

말은 뇌신경회로와 연결을 짓고 있기 때문에 하는 말과 듣는 말에 따라 우리의 뇌 상태가 바뀌게 된다. 인간은 사회적 동물이기 때문에 다른 사람들과의 관계에서 자신의 존재와 정체성을 형성하고 그 수단이 되는 대화를 통해 소통을 하고 관계를 발전시킨다.

그래서 대화를 통해 자신의 생각과 감정을 표현하는 과정에서 뇌신경회로의 새로운 배열과 조합에 의해 스트레스가 해소될 수도 있고 반대로 듣는 과정에서 뇌신경회로의 새로운 배열과 조합에 의해 유연성을 회복하기도 한다. 대화는 다양한 목적을 지니고 있지만 지금 여기에서는 다른 사람들과의 라포 형성과 사회적 유대관계, 합리적 사고를 할 수 있는 능력을 향상시키는 것이 목적이다.

스트레스 해소 전략

멘탈코칭센터에서는 내담자의 스트레스를 해소하고 마음의 쿠션을 강화하기 위해 멘탈 호흡훈련을 반복시킨다. 사람들이 불안하거나 스트레스가 심할 때 멘탈 호흡을 하는 이유가 있다. 멘탈 호흡은 숨을 깊이 들이마시고 잠시 멈춘 상태에서 긴장을 느꼈다가 아주 천천히 내쉬며 이완을 한다. 이러한 방법으로 심호흡을 반복하게 되면 신체적인 이완과 더불어 심리적인 수용성과 유연성이 좋아져 스트레스가 줄어드는 것을 느낄 수 있다.

스트레스를 해소하는 방법은 멘탈 호흡 외에도 수없이 많으며 자신에게 맞는 방법을 선택하면 된다. 누구나 쉽게 실천할 수 있는 이완훈련이나 심상훈련, 스트레칭, 따뜻한 물에 목욕하기, 웃음 훈련, 운동, 대화하기, 책 읽기, 숙면 취하기 등이 스트레스를 해소하는 간단한 방법들이다. 다음은 스트레스를 해소하기 위한 구체적인 전략이다.

【스트레스 해소를 위한 행동지침을 세운다】

스트레스가 만병의 근원이라고 할 만큼 우리에게 나쁜 영향을 미치고 있는 것은 사실이지만 그렇다고 모든 스트레스가 우리에게 나쁜 영향을 미치는 것은 아니다. 왜냐하면 스트레스가 있기 때문에 우리는 심리적 내성과 응집력을 길러 어떠한 자극과 충격에도 견딜 수 있는 마음의 쿠션을 가질 수 있기 때문이다.

적절한 스트레스는 주의의 폭을 좁혀 집중력을 강화시켜주기 때문에 과제 수행에 오히려 도움이 된다. 그렇기 때문에 스트레스에 직면하게 되면 그것을 해소하기 위한 구체적인 행동지침을 세울 필요가 있다. 하루 3회 멘탈 호흡훈련하기, 잠자기 전 이완훈련하기, 책 읽기, 산책하기, 규칙적으로 운동하기, 휴식하기 등 구체적인 행동지침을 세우고 실행할 수 있어야 한다.

【조력자를 만든다】

조력자의 역할은 가족이 될 수도 있고 친구가 될 수도 있으며 직장동료가 될 수도 있다. 그리고 조력자의 역할은 가까이 있는 사람뿐만 아니라 책 속의 위인이 될 수도 있고 종교가 될 수도 있으며 라포가 형성된 사회적 유대관계가 될 수도 있다.

인간은 다양한 관계 속에서 서로 유대관계를 맺으며 살아가는 사회적 동물이기 때문에 결코 혼자서 생존할 수 없는 존재이다.

그래서 힘이 들고 어려울 때 조력자의 도움을 받을 수 있게 되면 스트레스의 절반은 이미 사라지게 된다.

【분절시켜 대처한다】

천리 길도 한 걸음부터 시작하듯이 스몰 스텝 전략으로 스트레스를 작게 나누어 대처하면 훨씬 부담이 줄어들게 된다. 당장에 처리해야 할 과제가 과중하여 스트레스를 받게 될 때도 서두르지 말고 한 번에 하나씩 하면 되는 것이다. 그 어떤 힘든 과제도 작게 나누면 더 이상 장애물이 되지 않는다. 한 걸음씩 작은 걸음을 옮기다 보면 어느새 스트레스는 사라지고 과제 수행에 초점이 모아진다.

【목표를 설정한다】

우리 삶에서 목표가 없는 노동은 고통이 될 수 있지만 구체적이고 선명한 목표가 설정되어 있는 노동은 즐거움이 되고 설렘이 된다.
목표가 있을 때 목표 달성을 위해 열정을 불태우며 자신의 긍정적인 에너지를 동원할 수 있기 때문이다. 우리의 똑똑한 뇌는 한순간에 한 가지밖에 초점을 일치시킬 수 없기 때문에 구체적이고 선명한 목표를 설정하고 목표를 이루기 위해 공부와 일을 열정적으로 하는 과정에서 스트레스는 이미 사라지게 되는 것이다.

【경제적 능력을 가진다】

경제적 능력이 부족하게 되면 엄청난 스트레스를 받을 수밖에 없으며 결국 정신적, 신체적인 건강상태에 문제가 생기게 된다.

경제적 능력의 문제로 장기간 스트레스를 받아 건강상태가 나빠지게 되면 더 심각한 경제적 손실을 가져오게 되고 이러한 악순환은 계속해서 일어난다. 그러므로 생활하는데 불편함을 느끼지 않을 정도의 경제적 능력을 가지는 것이 매우 중요하다. 경제적인 문제가 해결이 되면 그것과 관련된 대부분의 스트레스를 해소할 수 있게 된다.

【긍정적인 자극을 받는다】

생활 속에서 스트레스를 전혀 받지 않고 살아갈 수는 없다.

그렇기 때문에 스트레스를 쉽게 해소할 수 있도록 자극을 주는 환경을 세팅하는 것이 좋다. 애완동물 키우기, 화초 가꾸기, 집안 인테리어 바꾸기, 음악 듣기 등의 긍정적인 자극을 주는 환경을 만든다. 뜨거운 물에 차가운 물을 섞으면 미지근한 물이 되듯이 스트레스를 중화시켜줄 수 있는 좋아하는 자극을 제공하게 되면 스트레스가 해소된다.

【즉결즉행한다】

우리가 겪는 대부분의 스트레스는 처음의 스트레스 요인 때문이 아니라 그 요인을 생각하고 그 생각에 대한 느낌을 만들면서 처음의 생각과 느낌에 대한 또 다른 생각과 느낌이 반복적으로 꼬리에 꼬리를 물면서 연쇄작용을 일으켜 생기게 된다. 만성적인 스트레스로 고통을 겪는 사람들은 처음의 스트레스 요인과 상관없는 부정적인 생각과 느낌 때문에 더 큰 고통을 겪고 있는 것이다.

그래서 부정적인 생각과 감정을 일으키는 나쁜 순환고리를 끊어내기 위해 즉각적으로 행동하는 습관을 만들어야 한다. 즉시 결정하고 즉시 행동할 때 그 행동과 관련된 전용신경회로가 활성화되고 화학물질이 분비되면서 시스템이 바뀌기 때문에 스트레스가 사라지게 된다.

【나쁜 습관을 파괴한다】

일상생활 속에서 스트레스를 반복적으로 경험하게 되는 경우 대부분 스트레스 반응에 중독된 습관을 갖게 된다. 습관은 우리의 의지와 상관없이 반복적으로 재연되기 때문에 처음의 작은 스트레스 요인이 증폭되어 나중에는 스트레스 요인과 상관없이 내부적으로 스트레스 반응을 계속 일으킨다.

그래서 나쁜 습관을 파괴할 수 있는 충격을 주거나 반복적인 자극을 제공하여 끊임없이 재연되는 나쁜 습관의 순환고리를 끊어내야 한다. 반복적인 패턴 깨기 훈련을 통해 나쁜 순환고리를 끊어내고 좋은 습관의 순환고리를 만들게 되면 자신의 의지와 상관없이 자동적으로 재연되는 스트레스를 없앨 수가 있게 된다.

【한 발 뒤로 물러서 관조한다】

우리 뇌는 표면적으로 객관적이고 합리적인 해석과 판단을 하는 것처럼 보일 뿐 실제로는 주관적이고 자기중심적인 해석과 판단에 의지하여 행동을 반복하게 된다. 세상을 알아차리고 접촉할 수 있는 우리의 세상모형이 서로 다르기 때문에 우리가 만나는 세상은 주관적이고 자기중심적으로 왜곡될 수밖에 없는 것이다.

그렇기 때문에 어떤 문제상황에서 한 발 뒤로 물러서 관조함으로써 상황에서 분리되어 스트레스 요인으로부터 자유로울 수 있게 된다. 관조할 수 있을 때 융합된 상태에서 분리되어 객관적이고 합리적인 해석과 판단에 의한 정상적인 행동을 할 수 있다.

【긍정적 사고를 한다】

우리 마음에는 두 개의 거울이 있다. 하나는 긍정적인 세상을 비추는 거울이고 다른 하나는 부정적인 세상을 비추는 거울이다. 두 개의 거울 중에 어떤 거울을 선택하여 비추는가에 따라 우리가 알아차리고 접촉할 수 있는 세상이 결정된다. 자기 상실로 우리 삶의 걸림돌을 만드는 만성적인 스트레스는 우리 마음속에 있는 부정적인 세상을 비추는 거울을 사용하여 만들어낸 것이다.

우리가 어떤 거울을 선택하느냐에 따라 세상이 달라지기 때문에 의식적으로 긍정적인 세상을 비추는 거울을 더 많이 사용할 수 있도록 초점을 일치시키고 자기 자신의 멘탈 상태를 만들어야 한다.

【모든 일에 감사한다】

하루에 한 가지 이상의 감사한 일을 적어보는 훈련을 한다.
처음에는 사소한 일상에서 감사하는 일들을 찾아 기록하는 습관을 만든다. 잠을 푹 잘 수 있어 감사하고 맛있는 밥을 먹을 수 있어 감사하고 떠오르는 태양을 볼 수 있어 감사하고 말을 들을 수 있어 감사하다는 마음을 가진다. 그리고 말을 할 수 있어 감사하고 친구가 있어 감사하고 가족이 있어 감사하고 책을 읽을 수 있어 감사하고 걸을 수 있어 감사함을 깨닫는다. 이렇게 감사하는 훈련을 반복하게 되면 감사하는 마음을 일으키는 뇌의 전용신경회로가 만들어지고 스트레스가 자동적으로 사라지게 된다.

이상과 같은 방법으로 스트레스는 얼마든지 극복이 가능하다.
멘탈코칭센터를 방문하여 상담과 훈련을 받는 사람들이 존재에 특별한 문제가 있는 것이 아니라 대부분 트라우마와 불안, 스트레스 때문에 일시적으로 마음의 걸림돌을 가지고 있는 경우가 많다.
그렇기 때문에 일시적인 마음의 걸림돌을 제거하기만 한다면 누구든지 마음의 평화를 얻을 수 있다. 우리의 삶에서 스트레스가 없기를 바랄 것이 아니라 스트레스를 극복할 수 있는 구체적인 전략을 세우고 그것을 실천하는 것이 중요한 것이다.

분노조절법

　우리의 삶 자체가 스트레스의 연속이기 때문에 어느 누구도 스트레스가 없는 사람은 없다. 이러한 스트레스가 일시적이거나 약한 자극이라면 크게 문제가 되지 않지만 오랫동안 지속되어 만성적이 되면 문제가 심각해진다. 만성적인 스트레스가 해소되지 못하고 억압된 상태로 오랫동안 축적되면 내면에서 다른 부정적인 요인들과 융합을 이루어 우울이나 불안, 무기력, 분노 등으로 표출되기 때문이다.

　우리 마음에 통제되지 못한 분노 감정 때문에 스트레스를 일으키게 되면 일반적으로 두 가지 형태로 반응을 한다.

　첫째, 스트레스의 원인이 되는 분노의 감정을 무조건적으로 억압하는 것이다. 이렇게 억압된 스트레스는 바람이 가득 찬 풍선을 물속에 넣어 위에서 눌러놓은 것처럼 물속에서 위로 솟구치기 위해 끊임없이 움직이는 상태에 있는 것으로 비유할 수 있다. 이렇게 억압된 상태는 표면적으로 평온해 보일 수도 있지만 내면에서는 억압된 분노 감정이 외부로 표출되기 위해 끊임없이 꿈틀거린다.

물속의 풍선을 위로 올라오지 못하도록 눌러두면 일시적으로 안정된 상태에 머물지만 약간의 흔들림만 주어져도 엉뚱한 곳으로 솟아오르게 되는 것처럼 억압된 분노 감정은 완전히 사라지는 것이 아니라 내면에서 더 힘을 키워 엉뚱한 형태로 표출될 수도 있는 것이다. 이처럼 분노의 감정을 외부로 표출하지 못하고 억지로 눌러놓으면 억압된 분노가 전혀 예상하지 못한 형태로 폭발할 수도 있고 표출되기 전에 스스로를 공격하게 될 수도 있다.

이런 반응을 보이는 사람은 남들이 볼 때는 아주 착한 사람, 온순한 사람, 겸손한 사람, 예의 바른 사람, 성격이 좋은 사람으로 인식되기도 한다. 이러한 억압된 분노의 감정이 만성적인 스트레스를 더 악화시켜 마음과 몸에 심각한 질병을 일으키는 원인이 될 수도 있다.

둘째, 스트레스의 원인이 되는 분노의 감정을 직접적으로 표출하는 것이다. 분노의 감정을 직접적으로 표출하는 방법을 선택하게 되면 우선은 분노의 감정이 해소되는 것처럼 느껴지기도 하지만 관련된 이웃 신경회로들을 함께 활성화시켜 연결을 강화하기 때문에 궁극적으로 분노의 감정을 더 키우게 될 수도 있다.

만약에 분노의 감정을 표출하는 과정에서 문제상황이 해결되거나 긍정적인 피드백이 제공되면 부적 강화가 되어 이후에 분노의 표출 빈도가 더 늘어나게 되면서 전용신경회로를 구축하여 중독된 습관을 만들기 때문에 문제가 될 수 있다. 이렇게 부적 강화가 되면 평범하고 별것 아닌 작은 자극에도 통제할 수 없는 방식으로 분노를 폭발하는 조건형성이 되기 때문에 합리적이고 이성적인 통제력을 잃게 만든다.

이렇게 통제 없이 폭발한 분노는 동물적인 뇌 상태에서 일어나기 때문에 이성적인 뇌가 주도권을 상실하여 시간이 지난 후 분노가 사그라들고 이성을 회복했을 때 후회의 감정을 경험하는 경우가 많아진다. 그렇기 때문에 스트레스로 인해 생기는 분노의 감정을 무조건 표출하는 것도 무조건 억압하는 것도 바람직하지 않은 것이다.

분노 다스리기

【반대로 생각하고 행동한다】

어떤 상황에서 분노를 폭발시키면 일시적으로 쾌감과 상황통제에 대한 힘을 느낄 수도 있지만 표출된 분노와 공격성이 상황을 긍정적으로 해결하는데 전혀 도움이 되지 않는다. 오히려 격렬한 분노의 감정을 다스리기 위해서 반대로 행동하는 선택이 도움이 된다. 분노의 반대는 회피하거나 터트리는 것이 아니라 공감대를 형성하는 것이다.

역지사지의 마음으로 상황을 인지하고 해석함으로써 그럴 수밖에 없는 이유가 있을 것이라고 생각해본다.

예를 들어 운전 중에 급하게 끼어들기를 하는 운전자에 대한 분노의 감정이 올라오기 전에 상대방의 입장에서 이해하려고 노력하는 것이다. 부모님의 사망 소식을 듣고 급하게 운전을 할 수도 있고 아내가 아기를 분만하기 위해 급하게 병원을 가고 있거나 아이가 아파서 병원 응급실로 달려가고 있다고 생각한다. 이렇게 화가 난다고 분노를 표출하기보다 반대로 생각하고 행동한다면 분노가 사라지게 된다.

【자신의 행동을 돌이켜본다】

자신이 하루 동안 느꼈던 부정적인 감정과 행동을 돌이켜보고 그 이유를 기록한 후 그 상황에서 더 나은 선택을 할 수 있는 방법과 행동은 어떤 것인지 깨닫는다. 그리고 실제로 자신이 존중받지 못했거나 무시당했다고 생각하는 일이 객관적이고 합리적인 해석과 판단인지 되돌아본다. 자신의 행동이면에 있는 긍정적인 의도와 다른 사람들의 행동이면에 있는 긍정적인 의도를 알아차리게 되면 분노의 감정이 약해지거나 사라지게 된다.

【규칙적인 운동을 한다】

화가 날 때 분비되는 특정한 화학물질과 신경회로를 차단시키거나 바꾸게 되면 분노의 감정이 사라지게 된다. 운동은 우리 심신에 일시적으로 스트레스 반응을 일으키게 되지만 운동수행에 필요한 상태로 각성시키기 위한 에너지를 동원하고 관련된 화학물질의 분비와 평소 자극받지 못하는 신경회로가 전체성으로 활성화되기 때문에 감정상태가 긍정적으로 변화하게 되는 것이다.

운동수행에서 받는 일시적인 스트레스는 대부분 유해 스트레스가 아닌 쾌적 스트레스가 되기 때문에 운동이 분노조절에 도움이 된다.
특히 운동은 내부에 억압된 감정과 신체적인 에너지를 외부로 발산하고 힘을 조절하는 방법을 학습하기 때문에 분노조절에 아주 긍정적인 효과를 얻을 수 있다.

【삶의 우선 가치를 설정해야 한다】

자신의 삶에 그다지 중요하지 않은 사소한 일들에 초점을 일치시키고 불필요한 에너지를 동원하며 불일치를 경험하는 과정에서 분노가 생길 수 있다. 그렇기 때문에 자신의 삶에서 중요한 가치를 설정하여 초점을 일치시켜야 한다. 가장 중요한 가치가 설정되면 나머지 가치와 관련된 사소한 일들에 초점을 보내거나 에너지를 사용하지 않게 된다.

【그 상황을 잠시 벗어나는 행동을 취해야 한다】

이성적인 뇌가 주도권을 완전히 상실한 현재의 상황에 계속 머무르면 후회 감정을 갖게 될 행동을 하기가 쉽기 때문에 그 상황에서 잠시 벗어나는 것이 도움이 된다. 일단 분노와 관련된 체내의 화학물질이 소거되고 과잉 활성화된 신경회로가 원래의 안정적인 상태로 회복될 수 있을 때까지 그 상황에서 벗어나야 한다.

【상대의 긍정적 의도를 질문하고 경청해주어야 한다】

사람들의 모든 행동에는 긍정적인 의도가 있다. 상대의 긍정적인 의도를 알아차리지 못하고 자신의 관점으로만 상대의 드러난 행동을 보고 반응하여 분노를 느끼는 것은 상대의 행동에 대해 자신의 편향된 세상모형으로 반응하는 것이다. 행동이면에 감추어진 상대의 긍정적인 의도를 알아차리게 되면 분노의 감정이 사라지게 된다.

【상대 행동은 수용하지 못해도 존재는 언제나 OK가 되어야 한다】

상대의 드러난 문제행동에만 초점을 일치시키게 되면 분노의 감정이 생길 수 있지만 그 사람의 존재에 초점을 일치시키게 되면 상대를 수용하고 존중하는 마음이 생기게 된다. 모든 사람은 다름을 가진 인격체로서 존중의 대상이 되기 때문에 분노의 감정이 사라지게 되는 것이다.

【내 안에 분노를 제거해야 한다】

내 안에 분노의 감정이 없으면 외부의 자극에도 분노가 생기지 않는다. 대부분의 분노 감정이 투사에 의해 생기기 때문에 내 안에 분노의 감정을 없애게 되면 상대에 대한 분노의 감정이 생길 수 없게 된다. 그래서 내 안에 분노를 제거하기 위한 멘탈 훈련이 필요한 것이다.

【심상을 활용한다】

상대를 만나기 전에 긍정적인 상황과 관계에 대한 시각화를 통해 마음의 쿠션과 내성을 키우는 마음훈련을 한다. 뇌는 착각의 챔피언이기 때문에 현실의 실제 경험과 가상의 경험에 대해 구분할 수 있는 능력이 없다. 그렇기 때문에 만나기 이전의 긍정적인 심상이 실제 만남의 상황을 보다 더 긍정적으로 만들어준다.

【완전한 이완을 한다】

멘탈 호흡이나 이완훈련을 통해 신체의 긴장과 각성상태를 이완시키는 훈련을 한다. 이완된 상태는 편안함과 안정감을 주는 상태에 있기 때문에 분노의 감정이 사라지게 된다. 이와 같은 방법으로 분노를 조절할 수 있을 때 분노가 우리 삶에 활력을 주는 자원이 될 수 있다. 분노도 에너지를 갖고 있기 때문에 분노의 감정을 긍정적으로 전환할 수 있다면 활력 에너지가 되는 것이다.

번아웃 증후군

요즘 주변에 스트레스로 인한 만성적인 피로를 호소하는 사람들이 늘어나고 있다. 우리의 삶 자체가 스트레스의 연속이기 때문에 많은 사람들이 만성적인 피로를 느끼며 살아가고 있는 것이다.

이러한 해소되지 못한 스트레스가 누적되어 만성적인 피로를 축적시키게 되면서 심리적, 신체적인 불균형과 사회적으로 무기력한 상태에 빠지기 쉬워진다. 이와 같이 피로와 스트레스가 해소되지 못하고 누적되어 심리적, 신체적으로 장애를 일으키게 되면 일상적인 생활을 하는데 있어서도 정상적인 컨디션을 유지하지 못하고 완전히 무기력한 상태에서 삶의 의욕과 동기를 상실하게 된다.

이처럼 너무 과한 에너지를 방출하여 에너지가 고갈된 상태에서 무기력과 우울, 의욕상실 등을 겪게 되는 증상을 '번아웃 증후군'이라고 한다. 번아웃 증후군이란 용어는 미국의 심리학자 허버트 프로이덴버거가 '상담가들의 소진'이라는 논문에서 처음 사용했다. WHO에서도 번아웃 증후군을 '제대로 관리되지 않은 만성적 직장 스트레스'로 규정하고 있을 정도로 영향을 크게 미친다. 의학적 질병은 아니지만 미치는 영향이 크기 때문에 제대로 알고 적절하게 관리해야 하는 직업 관련 증상의 하나로 인정하고 있다.

번아웃 증후군은 '모두 다 타버리고 재만 남은 것 같다'고 해서 붙여진 증상이다. 이러한 번아웃 증후군은 결과목표를 지나칠 정도로 높게 잡고 전력을 다하는 사람에게 주로 나타나기 때문에 초기에는 활력상태를 유지하는 것처럼 보인다. 하지만 에너지를 과잉적으로 사용하여 점차 고갈되는 과정에서 극심한 스트레스와 무기력을 느끼며 수행 자체가 정지되어버린다.

작업 과정에서 강도 높은 노동이나 긴 노동시간에 비해 짧은 휴식 시간, 기타 사회적 요인 등의 스트레스 요인이 만성적인 피로를 축적시키게 되면서 번아웃 증후군을 일으키게 된다. 번아웃 증후군은 만성적인 스트레스와 피로가 누적되어 생기기 때문에 아침에 잠자리에서 일어나는 것이 힘이 들고 면역체계가 억제되어 감기와 같은 질병에도 잘 걸린다. 그리고 체력이 감소되어 조금만 움직여도 쉬고 싶어지고 졸림, 불면증, 심박수 증대, 식욕감퇴, 초조, 불안감, 체중 감소, 피부질환, 기타 신체적인 질병들이 반복적으로 발생할 수도 있다.

번아웃 증후군은 트라우마나 외상 후 스트레스 장애와 비슷한 증상을 보인다. 쉽게 짜증을 내고 신경질, 분노조절장애, 기억력 저하, 집중력 상실, 좌절감, 공포감, 강박적 행동, 설사, 변비, 두근거림, 빈맥, 서맥, 두통, 어지럼증, 이명 등이 나타날 수 있다. 이러한 부정적인 증상들이 자주 나타나게 되면 가벼운 운동이나 일상적인 활동에도 극심한 피로감과 전신무력감까지 나타나게 되면서 정상적인 생활을 하지 못하게 되는 수준이 되기도 한다.

단순히 피로와 스트레스, 좌절감, 무기력뿐만 아니라 뇌가 과잉 활성화되어 불필요한 곳에 초점을 보내거나 엉뚱한 시냅스 연결을 확장하여 건망증, 불면증, 불안장애, 강박증, 신경쇠약 등의 심각한 정신적인 문제까지 일으킨다. 이러한 상태에서는 다른 사람들과의 소통이나 관계 유지에 필요한 에너지가 방전되어버리기 때문에 정상적인 인간관계에도 큰 걸림돌을 만들게 된다.

이렇게 반복적으로 경험하게 되는 부정적인 반응들이 중독된 습관을 만들게 되면 충분한 휴식을 취해도 피로와 스트레스가 쉽게 해소되지 않게 되면서 부작용들이 점점 더 심해진다. 이미 에너지가 방전된 상태에서는 새로운 휴식을 통한 충전을 해도 원래의 건강한 활력상태로 회복하기가 힘이 들기 때문이다.

이러한 번아웃 증후군에서 벗어나기 위해서는 이완을 통한 적절한 휴식과 독서, 상담을 진행하며 편안함을 주는 사람과 만나고 자연과 가까이 하는 것이 좋다. 완전한 이완을 할 수 있는 멘탈 상담이나 스트레칭, 이완훈련, 자기암시를 통한 자율훈련을 반복하는 것이 도움이 된다. 번아웃 증후군은 호기심이 많고 도전적이며 긍정적인 사람에게 주로 나타나기 때문에 반복적인 멘탈 훈련을 통해 쉽게 벗어날 수 있다.

번아웃 증후군에서 벗어나기 위한 전략

【자신이 겪고 있는 증상의 원인 알아보기】

번아웃 증후군의 원인은 크게 세 가지로 나누어진다. 과부하, 발전성 부족, 방치 등으로 나눌 수 있으며 원인에 따라 대응이 달라지기 때문에 원인을 제대로 알아야 한다. 관조적인 입장에서 자신이 겪고 있는 증상의 원인을 알아보는 관찰을 함으로써 번아웃 증후군에서 자유로워지는 훈련이 시작된다. 원인을 정확하게 알아야 문제에서 벗어날 수 있는 알맞은 전략을 수립할 수 있다.

【일반화된 긍정의 틀에서 벗어나기】

번아웃 증후군은 지나친 일반화된 신념이 원인일 수 있다.
뇌는 헵의 원리에 의해 강력한 긍정의 신념이 강화되면 그 신념이 일반화된다. 번아웃 증후군을 앓고 있는 대부분의 사람들이 긍정적이라는 사실은 자신의 능력을 과대평가하고 신념화하여 그 신념을 일반화시키게 되면서 과도한 업무를 수행하는 경우가 많기 때문이다.
초능력을 발휘할수 있는 상황이 아니라면 혼자서 모든 것을 다할 수 있다는 일반화의 틀에서 벗어나는 것이 도움이 된다. 한 가지 관점이 신념화되고 일반화되어 번아웃 증후군이 생길 수 있기 때문에 좀 더 객관적이고 합리적인 관점을 가져야 한다.

【나 자신으로서 살아가기】

우리는 진정한 나로서 살아갈 때 가장 당당하고 강해질 수 있다. 하지만 성장과정에서의 부정적인 학습과 경험에 의해 주입된 가치관이나 신념이 진짜 자기인 진아를 잃어버리고 부모나 주변 사람들에 의해 내사된 가아로 살아가게 만들기도 한다. 그래서 우리가 알고 있는 우리의 존재가 진정한 우리가 아닐 수도 있는 것이다.

남이 덧씌워놓은 내가 아닌 진정한 나 자신으로서 살아갈 때 가장 강한 사람이 될 수 있다. 그래서 다른 사람의 요구에 무조건적으로 맞추어주는 자기 상실로부터 벗어나야 한다. 남이 원하는 대로 과중한 업무를 떠안게 되거나 마음에 짐을 얹게 되어 부담을 느끼게 되면 합리적인 사고와 판단으로 대응할 수 있는 능력을 상실하게 된다.

【번아웃 증후군의 심각성 인식하기】

큰 제방이 무너지는 시작도 작은 구멍이나 작은 틈에서 시작되듯이 살아가면서 피로와 스트레스가 누적되어 만성적이 되면 심각한 심신의 병을 일으키게 된다. 번아웃 증후군은 자기 자신의 긍정적인 성공 신념을 만드는 신경회로가 과잉 활성화되어 있기 때문에 자신의 증상을 정상이라고 생각하기 쉽다. 먼저 자신의 상태에 대한 객관적인 관점을 가져야 한다. 그래서 번아웃 증후군이 심각한 질병의 원인이 된다는 사실을 알고 벗어나기 위한 노력을 해야 하는 것이다.

【휴식 시간 만들기】

기계도 쉬지 않고 계속 가동시키면 과열되거나 마모되어 작동을 멈추게 된다. 마찬가지로 사람도 열심히 공부나 일을 하고 난 후에는 재충전의 시간을 가져야 방전되지 않는다. 방전된 상태에서 계속 에너지를 사용하게 되면 과로로 인한 스트레스로 심리적, 신체적인 장애나 질병에 노출되기 쉽다. 충분한 휴식을 통해 재충전을 하게 되면 과로에서 벗어나고 건강과 활력을 되찾을 수 있다. 호흡훈련이나 이완훈련, 낮잠, 명상 등을 반복하는 것이 도움이 된다.

【스몰 스텝 전략 실천하기】

'돈을 잃는 것은 조금 잃는 것이고 명예를 잃는 것은 많이 잃는 것이고 건강을 잃는 것은 모두를 잃는 것이다'라는 말이 있다.
결과지향목표에 지나치게 초점을 일치시키고 자신의 자원과 에너지를 과잉적으로 사용하게 되면 금세 에너지가 방전이 된다. 그래서 결과지향목표를 선명하게 만든 후에 과정지향목표를 통해 작은 성취나 성과에 만족하는 스몰 스텝 전략을 사용해야 한다. 천 리 길도 한 걸음부터 시작되고 태산도 작은 티끌이 모여 존재하게 되는 것이다.

【일기쓰기】

번아웃 증후군은 자기 상실을 겪게 만들기 때문에 규칙적으로 일기를 쓰면서 자기 자신을 만나는 훈련과정이 필요하다. 관조적이고 객관적인 관점에서 합리성을 가지고 사실적인 기록을 쓰는 과정을 통해 자기 자신에 대한 통합된 피드백이 제공되기 때문에 방전된 에너지를 충전할 수 있게 된다. 또한 일기를 쓰면서 객관적이고 합리적인 피드백을 통해 마음의 쿠션을 강화시킬 수 있다. 그러한 과정에서 자신의 문제를 어떻게 해결하고 극복할 것인가에 대한 답을 찾게 된다.

【환경 바꾸기】

우리 뇌는 일상적이고 익숙한 환경에서 반복적인 패턴을 만들게 되면 새로운 자극을 받지 못하기 때문에 무기력해지기 쉬워진다.
이러한 상태에서는 환경과 상황을 바꿈으로써 뇌에 새로운 자극을 줄 수 있다. 번아웃 증후군은 에너지가 방출된 상태에서 무기력해질 수 있기 때문에 활력을 일으킬 수 있는 환경의 변화가 필요하다.

예를 들어 엘리베이터 대신 계단을 걷거나 산책을 하고 책상 배치를 변경하여 사무실 구조를 바꾸는 것도 도움이 된다. 사람을 만날 때 새로운 장소에서 만나거나 지금까지 관심이 없었던 분야에 관심을 두는 것도 자극을 주고 활력을 불어넣는다. 멘탈 관련 책을 읽거나 강의를 듣고 새로운 운동을 시작하는 것도 도움이 된다.

【멍 때리기】

가끔은 모든 것을 놓아버리고 그저 멍해지는 경험을 하는 것이 과열된 뇌를 쉬게 하고 새롭게 충전을 하게 만든다. 그래서 휴식시간이나 휴일에 완전히 멍 때리는 경험을 하는 것이 도움이 된다. 멍 때리는 시간 동안 뇌와 신체는 새로운 충전이 되기 때문에 무기력 상태에서 활력상태로 바뀌게 되는 것이다. 반복적인 멘탈 호흡훈련이나 이완훈련, 자연체험 등이 멍 때리는데 도움이 된다.

【자화하기】

우리가 하는 반복적인 말이 뇌신경회로를 활성화시켜 시냅스 연결을 강화하게 되면 신념체계를 형성하는 전용신경회로가 구축된다.
어떤 말을 반복하는가에 따라 뇌의 신경학적 구조까지 바뀌기 때문에 활력 신념과 성공 신념을 강화시켜주는 긍정적인 자화를 반복하는 것이 번아웃 증후군에서 벗어나는데 큰 도움이 될 수 있다. 예를 들어 '난 할 수 있다', '내가 여기에서 최고다', '오늘은 나에게 더 좋은 일이 생길 거야'와 같은 말을 반복하는 것이다.
우리가 반복적으로 하는 말은 뇌에서 사실로 받아들이고 사실로 받아들인 것에 대해서는 강력한 믿음을 만들어 스스로 그 믿음에 통제당하기 때문에 말이 우리의 상태를 바꾸는 힘을 가지고 있다.

스트레스 극복훈련

스트레스 직시하기

스트레스에 일방적으로 끌려다니지 않기 위해서는 스트레스를 일으키는 요인과 반응을 직시하고 스트레스가 자신을 어떻게 구속하고 있는지 관찰해야 한다. 스트레스를 직면하는 것이 힘들고 고통스럽더라도 스트레스를 직면해야 하는 이유가 당장의 편안함을 위해 스트레스를 회피하거나 스트레스 상황에서 도망가는 선택을 하게 되면 스트레스가 계속 쫓아오기 때문이다.

그뿐만 아니라 스트레스 자체가 우리에게 주는 부정적인 감정을 만나기 싫어서 회피하면 스트레스의 긍정적인 의도를 만날 수 없게 된다. 스트레스가 가지고 있는 긍정적인 의도는 무엇이며 지금의 스트레스가 지속되는 것이 스트레스의 긍정적 의도에 부합하는지 질문을 함으로써 비합리적인 부정적인 신념에서 벗어나게 된다.

초점 일치시키기

인간의 뇌는 어떤 상황이나 상태에 생각과 느낌, 말, 행동의 초점을 일치시키고 반복하게 되면 그것에 대한 절대적인 신념을 형성하게 된다. 초점을 보내는 것에 관련된 화학물질이 분비되고 신경회로가 활성화되면서 마음이 만들어지기 때문에 초점을 일치시키는 것이 곧 마음과 몸 상태를 만들게 되는 것이다.

스트레스 상황과 상태에만 초점을 일치시키게 되면 스트레스 요인에 의한 단순한 스트레스 반응 수준을 넘어 긴장과 불안, 지나친 걱정에 의해 우울증과 불안장애까지 유발할 수 있다. 이렇게 스트레스로 인한 우울과 불안상태가 오랜 기간 지속되면서 긴장성 두통이나 과민성 질병, 고혈압으로 발전할 수 있기 때문에 주의를 기울여야 한다.

이처럼 스트레스가 심리적, 신체적인 내성과 응집력을 약화시켜 면역체계까지 무력하게 만들기 때문에 질병에 노출되기 쉬워진다.

그렇기 때문에 스트레스 요인과 반응에 맞추어진 초점을 자신이 원하는 것이나 좋아하는 것으로 빠르게 전환하여 일치시켜야 하는 것이다. 여행, 산책, 책 읽기, 게임하기, 쇼핑하기, 커피 마시기, 음악 감상 등 다양한 활동을 하며 자신의 초점을 좋아하는 것에 일치시키는 것이 스트레스를 극복하는데 도움이 된다.

주변시야 활용하기

우리의 상태를 만들고 존재를 결정짓는 것은 초점을 어디에, 어떻게 일치시키는가에 의해 좌우되기 때문에 초점을 바꾸는 멘탈 훈련이 필요하다. 스트레스에 주의집중상태를 유지하고 있는 동안 우리 뇌는 스트레스와 관련된 화학물질이 다량으로 분비되고 부정적인 상태를 유지시키는 전용신경회로가 활성화되기 때문이다.

이러한 상태에서 스트레스에만 초점이 모아지게 되면 원래의 스트레스를 더 증폭시키기 때문에 스트레스에 모아진 중앙시야를 빠르게 분산시킬 수 있는 주변시야를 활용하는 것이 도움이 된다. 한곳에 모아진 중앙시야는 스트레스를 증폭시키지만 주변시야를 통해 초점을 흩어지게 만들면 스트레스와 관련된 생각과 감정이 약해지거나 사라진다.

주변시야를 활용하는 방법은 저 멀리 경치를 보거나 산 정상에서 넓게 펼쳐진 풍경보기, 바닷가에서 저 멀리 수평선 보기, 눈 양쪽에서 특별한 시각적 자극 보내기 등이 있다. 이러한 주변시야를 활용하는 훈련이 뇌의 기억시스템을 새롭게 편집하여 안정적인 상태를 만든다.

감정 일기쓰기

생각이나 감정을 말로 표현하면 두 배의 힘을 갖는다. 하지만 그것을 글로 쓰게 되면 열 배의 힘을 가지게 된다. 그 이유는 글을 쓸 때는 근육의 움직임이 생기고 소뇌가 함께 활성화되어 뇌에 더 굵은 전용신경회로를 구축하기 때문이다.

소뇌는 하나의 뉴런이 활성화될 때 백만 개 이상의 다른 뉴런들과 병렬적으로 상호연결을 짓게 되면서 촘촘한 신경망이 형성된다.

이와 같이 일기를 쓸 때는 근육과 소뇌의 작용이 일어나며 심리적으로도 안정된 상태에서 자신의 생각과 감정이 글로 정리되기 때문에 스트레스가 해소되고 마음의 쿠션이 강해지게 되는 것이다.

충분한 수면 취하기

낮 동안에 뇌에 입력된 모든 자극과 정보는 잠을 자는 동안 잠재의식적 차원에서 정리정돈 작업을 하게 된다. 그래서 일상에서 누적된 대부분의 스트레스는 잠을 자는 동안에 해소되거나 약화되는 것이다.

성인의 하루 권장 수면시간은 평균 7~8시간 정도이다.

잠을 자는 동안에 혼란 상태와 갈등, 혼돈, 미해결된 과제를 해소시키거나 정리정돈하여 스트레스를 해소하게 된다. 숙면을 취할 수 있는 환경을 조성하고 잠들기 전 멘탈 호흡훈련과 이완훈련을 하게 되면 스트레스 해소에 큰 도움이 될 수 있다.

멘탈 호흡훈련하기

숨을 내쉬고 들이마시는 것을 호흡이라고 하며 깊은 호흡을 통해 멘탈 상태를 건강하게 하는 것을 멘탈 호흡이라고 한다. 이 호흡법을 잘 활용하면 불안과 우울, 스트레스 극복을 위한 마음의 쿠션을 강화시키는데 큰 도움이 된다.

호흡법이 바뀌면 자율신경계의 항상성이 바뀌게 되고 그 변화에 따라 신경계의 활성화와 화학물질의 분비가 바뀐다. 그래서 일상생활 속에서 단순히 호흡만 바꾸었을 뿐인데도 생각과 느낌, 말, 행동이 함께 바뀌게 되는 것이다. 반복적인 멘탈 호흡훈련이 심신의 균형과 건강을 회복시켜주기 때문에 스트레스 해소에 도움이 된다.

스트레스 극복을 위한 멘탈 호흡훈련을 할 때는 조용한 장소에서 실시하는 것이 좋으며 초기에는 전문가의 도움을 받아야 하지만 익숙해지면 스스로 훈련을 할 수 있다. 멘탈 호흡훈련을 3개월 이상 반복하게 되면 자율신경계의 균형과 항상성을 회복시켜 마음의 쿠션을 강화하게 된다. 마음의 쿠션이 강해지면 스트레스에 대한 내성이 생기기 때문에 반복적으로 오랫동안 멘탈 호흡훈련을 하는 것이 중요하다.

【훈련 방법】

- 편안한 자세로 앉아 호흡을 천천히 하며 편안함을 느낀다.
- 눈을 감은 상태에서 가슴이 부풀어 오를 정도로 최대한 깊게 숨을 들이마시고 약 2초간 숨을 멈춘 상태에서 긴장과 각성을 최대한 크게 느낀 후 입으로 천천히 숨을 내쉬면서 신체가 이완되는 느낌을 가진다. 이때 들이마시는 숨보다 내뱉는 숨의 시간을 더 길게 한다.
- 숨을 들이마실 때의 긴장감과 내쉴 때의 이완감에 모든 초점을 일치시킨다.
- 약 5분간 실시하며 변화된 느낌을 확인한다.
- 하루 3회 실시하며 자주 할수록 효과가 더 좋아진다.

신체 이완훈련하기

마음과 몸은 심신상관성에 의해 서로 연결되어 상호작용하고 있다. 신체훈련의 효과는 구심신경에 의해 마음의 변화를 가져오고 마음의 변화는 원심신경에 의해 신체의 변화에 직접적인 영향을 미치게 된다.

신체 이완훈련은 신경과 근육의 긴장 및 이완을 통해 자율신경계의 기능을 통제하고 조절함으로써 스트레스를 극복하는데 도움이 되는 멘탈 훈련 방법이다.

인지적 불안과 스트레스 상황에서 근육을 수축하여 긴장시키면 신체적 긴장과 뇌의 인지적 긴장이 융합된다. 이렇게 융합된 상태에서 완전한 신체적 이완을 하게 되면 뇌의 인지적 불안과 스트레스까지 함께 해소되는 심신상관성을 활용하는 원리이다. 즉, 말초신경의 긴장과 이완을 통해 중추신경의 이완을 유도하여 스트레스를 해소하는 원리인 것이다. 스트레스 상황에서 더 좋은 효과를 얻기 위해서는 평소에 신체 이완훈련을 반복하여 조건형성시켜두는 것이 중요하다.

【훈련 방법】

- 깊은 호흡을 천천히 3회 실시한 후 안정감을 유지한다.
- 숨을 깊게 들이마시면서 신체를 수축하여 긴장감에 몰입한다. 신체 부위는 목, 어깨, 팔, 손목, 등, 배, 허벅지, 종아리, 발목, 발가락 등의 순서로 실시한다.
- 약 2초간 긴장된 상태를 유지한다.
- 멈추었던 숨을 길게 내쉬면서 신체의 힘을 천천히 빼고 '편안하다'는 자기암시를 한다.
- 3~5회 반복하는 것이 효과적이며 신체 부위별로 훈련을 실시하면서 자신에게 편안한 느낌이 많이 오는 부위를 집중적으로

훈련하는 방법도 있다.

- 신체 이완훈련을 자주 반복할수록 효과가 좋지만 시간이 부족한 경우 잠들기 전에는 꼭 실시한다.

암시 이완훈련하기

뇌는 몰입 상태에서 특정 자극과 정보를 반복적으로 입력하여 특정 신경회로를 활성화시키게 되면 그것을 사실로 받아들이고 강한 믿음을 만들어 스스로 그 믿음에 통제당하는 착각의 챔피언이다.

그래서 잠재의식에 이완과 관련된 반복적인 특정한 암시를 보내게 되면 관련된 뇌신경회로가 활성화되고 심신상관성에 의해 신체도 영향을 받아 마음과 신체가 함께 균형과 조화를 이루게 해준다. 마음과 신체에 스트레스가 누적되어 있는 경우 이완훈련을 반복적으로 하게 되면 마음과 신체의 완전한 이완 상태를 만들게 된다.

【훈련 방법】

- 편안하고 안정된 상태로 훈련을 할 수 있도록 편안한 의자나 침대를 준비하며 빛과 소음을 차단하고 몰입할 수 있는 환경을 조성한다.

- 가볍게 스트레칭을 한 후 멘탈 호흡훈련을 3~5회 정도 실시하며 변화를 느껴본다.
- 머리에서부터 이마, 눈, 턱, 목, 어깨, 팔꿈치, 손목, 손바닥, 손등, 손가락, 가슴, 배, 허벅지, 무릎, 종아리, 발목, 발바닥, 발등, 발가락까지 신체 부위별로 힘이 완전히 빠지는 암시를 천천히 반복한다.
- '힘이 빠진다', '쑥쑥 빠진다'라는 암시를 신체 부위별로 5회씩 반복적으로 암시를 보낸다.

운동하기

규칙적인 운동을 하게 되면 체내 호르몬 분비가 활력상태를 유지시켜주고 평소에 활성화되지 않은 신경회로가 자극이 되어 뇌의 전체성에 긍정적인 영향을 미치게 된다. 특히 근육의 긴장과 이완이 반복되면서 정신적인 이완을 통해 스트레스를 줄일 수 있다.

【대인 운동 참가하기】

- 대인 운동을 통한 커뮤니케이션 과정에서 상호 유대감과 즐거움을 얻게 된다.

- 신체 활동량이 많은 대인 운동을 하게 되면 혈액순환이 촉진되고 체온, 땀 분비량이 증가하게 되면서 생리적 활성화와 심리적 쾌적감을 느끼게 된다.
- 체력과 신체기능, 운동수행능력이 향상되면서 자신감과 성취감을 느끼며 긍정적인 자기개념이 형성된다.
- 대부분의 운동이 도움이 되지만 배드민턴, 함께 산행하기, 요가 수련, 호신술 수련, 함께 걷기, 복싱, 에어로빅 등 어느 정도의 긴장이 동반되면서 즐거움과 성취감을 느낄 수 있는 운동 종목이 스트레스 해소에 더 많은 도움을 준다.

【개인 운동 참가하기】

- 개인적으로 자신에게 적합한 운동프로그램을 설계하여 규칙적으로 실행하는 것이 신체기능 향상과 마음의 쿠션을 강화시켜 스트레스 해소에 도움을 준다.
- 안정적인 운동으로는 줄넘기, 걷기, 달리기, 산책, 스트레칭, 체조, 명상, 요가 등이 있으며 모험적인 운동으로는 암벽 타기, 번지점프, 산악자전거, 패러글라이딩 등이 있다.

자율훈련

자율훈련법은 효과가 탁월하여 심리훈련과 치료에서도 유용하게 활용하고 있으며 스포츠 선수들의 멘탈 훈련기법으로도 많이 활용되고 있다. 훈련과정에서 공식화된 자기암시에 따라 팔다리의 이완과 심장, 호흡, 복부 등의 자율신경계를 간접적으로 통제하기 때문에 스트레스 해소에도 큰 도움이 된다. 자율신경계를 통제하여 신체기관의 취약한 부분을 개선할 수도 있고 멘탈을 강화시켜 스트레스에 대한 내성과 응집력을 기를 수도 있다.

수동적 주의집중을 통해 자율 이완 상태로 들어가게 되면 의식이 가라앉고 지각 기능은 제한되어 잠재의식이 활성화되면서 트랜스 상태를 유지한다. 심신상관성에 의해 신체적 이완과 자유가 심리적 이완과 자유를 수반하게 되면서 스트레스에 대한 적응력과 내성이 생기게 되는 것이다. 심리적 이완이 생리적, 신체적 이완을 돕고 생리적, 신체적 이완이 심리적 이완을 도와 몸과 마음이 함께 이완되면서 마음의 쿠션을 강화하고 건강한 전체성을 만들게 된다.

훈련 방법

- 장소는 외부의 방해를 받지 않는 조용하고 아늑한 곳이 좋다.
- 복장은 간편하고 편안한 차림이면 특별한 제한이 없다.
- 훈련은 바로 누운 자세나 소파, 의자에 기대앉은 자세에서 실시하며 편안함과 안정감을 느끼는 자세가 좋다.
- 하루 3회가 적당하며 규칙적으로 반복한다.
- 초기 훈련과정에서는 몰입을 위해 모든 과정을 녹음하여 활용하는 것도 좋은 방법이다.
- 준비가 완료되면 1단계부터 훈련을 시작한다.

1단계 : 무거운 감각훈련

반복적인 심상을 통해 팔과 다리의 근육을 무겁게 하거나 축 늘어지게 만들어 말초신경을 이완 상태로 유지시켜 스트레스로 경직된 몸과 마음을 자연스럽고 부드러운 상태로 회복시키는 훈련 방법이다.
숨을 들이마실 때 '오른팔이'라고 생각하며 내쉴 때 '축 늘어진다'라고
암시를 보낸다.

【암시어】마음이 편안하다

- 오른팔이 무겁다 또는 축 늘어진다. (7~8회 반복)
- 왼팔이 무겁다 또는 축 늘어진다. (7~8회 반복)
- 양팔이 무겁다 또는 축 늘어진다. (7~8회 반복)
- 오른 다리가 무겁다 또는 축 늘어진다. (7~8회 반복)
- 왼 다리가 무겁다 또는 축 늘어진다. (7~8회 반복)
- 양다리가 무겁다 또는 축 늘어진다. (7~8회 반복)
- 양팔과 양다리가 무겁다 또는 축 늘어진다. (7~8회 반복)
- 원하는 암시어를 3~4회 중얼거리듯 반복한다.

2단계 : 따뜻한 감각훈련

근육 말초혈관의 피흐름을 좋아지게 함으로써 몸과 마음의 스트레스
를 해소하고 긴장을 풀어주는 훈련 방법이다. 팔과 다리에 따뜻한 감
각을 생생하게 느끼기 위해 찜질방이나 사우나에 누워있다고 상상을

하면 몰입하는데 도움이 된다.

【암시어】마음이 차분하다

- 오른팔이 따뜻하다. (7~8회 반복)
- 왼팔이 따뜻하다. (7~8회 반복)
- 양팔이 따뜻하다. (7~8회 반복)
- 오른 다리가 따뜻하다. (7~8회 반복)
- 왼 다리가 따뜻하다. (7~8회 반복)
- 양다리가 따뜻하다. (7~8회 반복)
- 양팔과 양다리가 따뜻하다. (7~8회 반복)
- 원하는 암시어를 3~4회 중얼거리듯 반복한다.

3단계 : 심장 조절 감각훈련

심장이 규칙적으로 힘 있게 뛰는 상태가 혈액순환을 좋게함으로써 스트레스를 해소하고 긴장을 이완시켜준다. 마음의 안정을 취하기 위해서 심장이 규칙적으로 힘 있게 뛰고 있다는 생각을 반복하며 심장에 귀를 기울인다. 심장의 생명력을 느끼게 되면 마음의 쿠션이 강화된다.

【암시어】심장이 아주 편안하다

- 심장이 조용히 규칙적으로 뛰고 있다. (7~8회 반복)
- 심장이 규칙적으로 힘 있게 뛰고 있다. (7~8회 반복)
- 원하는 암시어를 3~4회 중얼거리듯 반복한다.

4단계 : 호흡조절 감각훈련

호흡을 편안하게 조절함으로써 몸과 마음을 이완시키는 훈련 방법이다. 호흡이 편안해지면 마치 파도가 조용히 밀려오고 밀려나가는 것처럼 신체의 리듬이 느껴진다. 숨을 들이마시며 '호흡이'라고 생각하고 숨을 내쉬며 '편안하다'라고 생각한다. 뇌는 호흡의 속도와 상태를 잠재의식에서 체크하고 있기 때문에 호흡을 조절하면 마음과 몸 상태를 조절할 수 있게 된다.

【암시어】집중력이 좋아진다

- 호흡이 편안하다. (7~8회 반복)
- 원하는 암시어를 3~4회 중얼거리듯 반복한다.

5단계 : 복부 감각훈련

배가 따뜻하다는 반복적인 생각이 전용신경회로를 구축하게 되면 실제로 따뜻함을 느끼게 되어 내장기관의 긍정적인 변화를 이끌어내게 된다. 느낌이 잘 일어나지 않으면 배 위에 따뜻한 찜질팩을 올려놓았다고 생각하면 느낌이 생긴다. 숨을 들이마시며 '아랫배가'라고 생각하고 숨을 내쉬며 '따뜻하다'라고 생각한다.

【암시어】 아랫배에 힘이 느껴진다

- 아랫배가 따뜻하다. (7~8회 반복)
- 원하는 암시어를 3~4회 중얼거리듯 반복한다.

6단계 : 이마 감각훈련

이마를 시원하게 함으로써 뇌기능을 향상시켜 효율적으로 작동되도록 하고 심리적 안정감과 합리적 사고, 판단 능력을 증진시키는 훈련 방법이다. 차가움에 대한 거부반응이 있는 경우 '차갑다'는 생각보다 '시원하다'는 생각을 반복하는 것이 좋다. 숨을 들이마시면서 '이마가'라고 생각하고 숨을 내쉬면서 '시원하다'라고 생각한다.

【암시어】기분이 상쾌하다

- 이마가 시원하다. (7~8회 반복)
- 원하는 암시어를 3~4회 중얼거리듯 반복한다.

기타 훈련 방법

스트레스를 해소하고 극복하는 훈련 방법은 이외에도 많다. 음악 듣기, 노래 부르기, 음식 먹기, 수다 떨기, 말하기, 음주 가무, 감정 표출하기, 쇼핑, 헤어스타일 바꾸기, 화장하기, 패턴 바꾸기, 시골길 걷기, 차 마시기, 반신욕, 낚시하기, 마사지, 춤추기, 영화 보기, 드라이브, 온천욕, 감사 기억 떠올리기, 적은 돈 기부하기, 웃긴 영상 보기, 좋아하는 향기 맡기, 식물재배하기, 반려견 키우기 등이 있다.

중요한 것은 스트레스 반응상태에 초점을 일치시키고 머물러있는 것이 아니라 자신에게 맞는 방법을 선택하여 실행하는 것이다. '백문이 불여일견, 백견이 불여일행'이라는 말처럼 실행이 스트레스를 없애주는 최고의 전략이 된다.

스트레스는 관련된 화학물질과 신경회로를 활성화시켜 스트레스를 유지하고 더 증폭시키도록 만들기 때문에 초점을 전환하지 못하고 오랫동안 그 상태에 머물러있게 되면 중독된 습관을 형성하여 만성적인 스트레스를 겪게 될 수 있다. 그래서 스트레스 상황에 맞추어진 초점을 빠르게 전환하여 스트레스를 극복할 수 있는 더 나은 방법을 선택하고 실행해야 하는 것이다.

우리의 삶에서 스트레스는 반복적이고 지속적으로 찾아오는 것이기 때문에 스트레스를 받는다는 것은 어떻게 보면 우리가 살아있다는 명백한 증거가 된다. 살아가면서 겪게 되는 스트레스를 어떻게 해석하고 반응하는가에 따라 스트레스가 우리의 심리적 내성과 응집력을 길러 마음의 쿠션을 강화시켜주기도 하고 무기력한 상태를 만들어 우울과 불안한 상태에 중독된 나쁜 습관을 만들기도 한다.

스트레스에 대한 해석과 선택, 실행은 각자의 몫이며 긍정적인 해석과 선택, 실행에 따라 스트레스가 삶의 걸림돌이 아닌 디딤돌로 바뀌게 된다. 스트레스가 없는 삶을 바라기보다 스트레스를 어떻게 극복할 것인지 전략을 수립하고 실행하는 선택이 스트레스를 우리 삶의 걸림돌이 아닌 건강과 성취, 행복을 위한 디딤돌로 만들 수 있는 것이다.

마음의 쿠션

마음의 쿠션이란 외부의 자극이나 충격을 견디고 이겨낼 수 있을 뿐만 아니라 자기 내면의 부정적인 정서나 사고조차 성장을 위한 디딤돌로 만들수 있는 마음의 근력이라고 할 수 있다. 스트레스에서 자유로워지기 위해서는 마음의 쿠션이 중요하다.

실제로 멘탈코칭센터에서 일반인들과 학생, 운동선수들을 대상으로 멘탈 수업과 상담, 코칭을 진행하면서 그들이 가진 대부분의 심리적인 걸림돌이 마음의 쿠션과 회복력이 약하거나 바닥난 상태에서 생겼다는 것을 알 수 있다. 이처럼 마음의 쿠션이 약하거나 바닥난 상태에서 생기는 심리적 문제의 원인은 인간의 유전적 약점이나 뇌신경계 자체의 연약함, 불완전성에 기인할 수도 있지만 대부분 애착 결핍이나 트라우마 경험에 의한 외상 후 스트레스 장애, 불안장애 때문인 경우가 많으며 복잡한 상호작용으로 생길 수도 있는 것이다.

어떤 원인에 의해 마음의 쿠션이 약해졌든 상관없이 중요한 것은 마음과 몸은 심신상관성에 의해 하나의 통합된 전체성으로 작동되고 있다는 사실이다. 그렇기 때문에 어느 하나의 문제는 전체의 문제로 확장될 수 있다. 마음의 쿠션은 유전적, 학습적, 생리적, 인간관계적인 여러 부분들이 전체성으로 통합되어 만들어지기 때문에 저마다 마음의 쿠션이 다른 것은 당연한 것이다.

현대인들이 많이 겪는 스트레스, 트라우마, 불안, 무기력, 우울, 강박, 집착, 조바심, 의심, 대인기피 등의 장애들은 어떤 요인에 의해 마음의 쿠션이 바닥나거나 악해질 때 생기게 된다. 이러한 심리적 장애가 생기게 되면 자기 상실을 겪게 되기 때문에 통합된 전체성에 구멍이 생겨 온전하고 정상적인 삶을 살아가는데 장애가 생길 수밖에 없어진다. 그래서 평소 건강할 때 멘탈 훈련을 통해 마음의 회복력을 강화시키는 습관을 갖는 것이 중요하다.

그리고 일시적으로 심리적 장애가 찾아오더라도 자신의 자유의지로 얼마든지 긍정적인 상태로 변화할 수 있다는 성공 신념을 가져야 한다. 우리의 존재는 전체성으로 작동되고 있기 때문에 부분의 작은 변화가 전체의 변화를 창조할 수 있다. 그렇기 때문에 새로운 학습이나 경험, 멘탈 훈련 등을 통해 개인적인 요인을 바꾸거나 가족이나 친구, 주변 사람들과의 긍정적인 관계를 발전시키는 것만으로도 마음의 쿠션을 충분히 강화시킬 수 있게 되는 것이다.

마음의 쿠션을 강화시켜주는 방법

- 긍정적인 변화를 위한 새로운 학습과 경험에 도전한다.
- 친밀하고 안정감을 느끼게 해주는 인간관계를 발전시키기 위해 능동적인 활동을 시작한다.
- 건전한 종교생활을 하거나 성공한 롤모델을 만들어 마음이 힘들 때 의지하며 도움을 받는다.
- 어떤 일에도 회피하거나 도피하지 않을 수 있는 용기와 적절한 민감성과 유연성을 가질 수 있도록 한다.
- 심리적 내성과 응집력을 기르는데 도움이 되는 자기계발을 위한 공부와 멘탈 훈련을 반복한다.
- 과거의 성취경험을 현재에서 생생하게 재연할 수 있는 심상훈련을 반복한다.
- 사소한 일에도 감사하고 의도적으로라도 밝은 미소와 웃음을 잃지 않도록 노력한다.
- 현실에서의 스트레스를 외면하지 않고 직시하여 능숙하게 스트레스를 극복할 수 있는 긍정적인 상태를 유지하기 위해 의식적인 노력을 기울인다.
- 질병이나 마음의 걱정이 생길 때 현실을 인정하고 그 상태에서 벗어나거나 회복하기 위해 초점을 전환한다.
- 어떤 일의 상황이나 상태를 만든 긍정적인 의도를 찾기 위해

초점을 전환하고 긍정적인 의도를 활용하여 더 나은 선택을 하는 지혜를 가진다.

- 구체적이고 선명한 목표를 설정하고 목표가 반드시 이루어진다는 절대적인 성공 신념을 바탕으로 성공전략을 수립하여 작은 것부터 도전한다.
- 아무리 현실이 절망적이라고 하더라도 포기하지 않고 그 상황에서 선택할 수 있는 최선의 방법을 찾는다.
- 혼자만의 힘으로 현재의 상황에서 벗어나기 힘들 때 주변에 도움을 요청한다.
- 문제상황에 맞추어진 초점을 빠르게 전환하여 자신이 원하는 목표에 일치시키고 자신의 모든 자원과 에너지를 동원한다.
- 솔선해서 문제해결방법을 찾고 실행한다.
- 실패는 없다. 다만 피드백만 있을 뿐이라는 신념으로 실패를 성공으로 가는 디딤돌로 만든다.
- 긍정적인 자기개념과 자기효능감을 향상시키기 위해서 작은 성취경험을 쌓고 긍정적인 생각과 느낌, 말, 행동을 반복한다.
- 다른 사람을 지나치게 의식하는 자의식을 버리고 자신의 신념을 실현하기 위해 초점을 일치시킨다.
- 부정적인 생각이나 감정이 올라오면 즉시 패턴 깨기와 초점 전환하기를 통해 원하는 상태를 유지할 수 있는 능력을 기른다.
- 자신의 선택이 항상 옳은 것은 아니기 때문에 실수나 실패를 두려워하지 않고 피드백한다.

- 긍정적 사고를 현실화시키기 위해 목적적 사고, 가능적 사고, 생산적 사고를 반복한다.
- 하루와 일주일, 한 달, 일 년에 대한 목표를 설정하고 그 목표를 성취하기 위해 일상을 루틴화한다.
- 자기 자신에 대한 알아차림과 접촉을 위해 멘탈 공부와 훈련을 반복하고 다른 사람들과 환경적인 자원과도 정상적인 알아차림과 접촉이 될 수 있도록 관계를 발전시킨다.
- 마음의 쿠션을 강화하기 위해 멘탈 호흡훈련을 하루 3회 이상 실시하여 자율신경계를 간접적으로 통제한다.
- 이완훈련을 반복적으로 실행하여 심신의 스트레스를 제거하고 편안함과 안정감을 축적시킨다.
- 심상훈련을 통해 문제에 맞추어진 초점을 원하는 목표와 상태로 전환하여 새로운 전용신경회로를 구축한다.
- NCR의 무한성취자원을 알아차리고 접촉하여 자신의 꿈과 목표를 이루는 자원으로 활용한다.
- 긍정과 성취와 관련된 멘탈 언어를 반복적으로 사용하여 성공 신념을 만드는 전용신경회로를 구축하도록 한다.
- 자신이 알고 있는 자기 자신보다 자신이 얼마나 더 위대한 사람인지를 깨닫게 해주는 모델이나 조력자를 찾는다.

앵커링

앵커링의 개념

스트레스 상태나 반응에서 벗어나 심신이 자유로워지기 위해서는 특정한 상태를 유지할 수 있도록 해주는 앵커링을 활용하는 것이 도움이 된다. 앵커(anchor)란 일관된 정서적 반응 유형을 불러일으키는 감각적 자극을 말하며 그것을 조건형성하는 것을 앵커링(anchoring)이라고 한다. 넓은 바다에서 배를 특정 지점에 고정시키기 위해 물속에 닻을 내리는 것이 앵커링이다.

우리 삶에서 앵커의 긍정적인 의미는 마음의 자원에 연결되거나 연합될 수 있는 신호 또는 단서라고 정의할 수 있다. 중요한 것은 자신의 현재 상태를 순간적으로 바꿀 수 있는 강력한 앵커의 신호를 언제, 어떤 상황에서 발사하느냐이다.

이것은 파블로프의 개 실험(침 분비)에서 짝짓기되는 조건형성 원리와 직접적으로 관련이 있다. 즉, 개에게 음식을 줄 때마다 침을 흘리는 반응을 관찰한 후 음식을 제공할 때 반복적으로 종소리를 들려주게 되면 음식과 종소리가 연합되어 나중에는 종소리만 듣고도 개는 침을 흘리는 반응을 보이게 된다. 이와 같이 앵커링은 다른 말로 짝짓기, 연합, 연결로 이해할 수 있는 것이다.

예를 들어 열렬히 사랑하는 젊은 연인은 서로 눈빛만 마주쳐도 설렘의 좋은 감정이 생길 수 있다. 눈은 시신경이 뇌와 연결되어 있기 때문에 눈을 마주친다는 것은 서로의 긍정적인 감정을 촉발하는 뇌신경회로를 활성화시켜 서로의 마음이 전해진다.

만약 눈빛을 마주본 후 서로에게 마음이 끌리면서 강렬한 정서를 느끼게 만드는 첫 키스를 했다면 짜릿하고 설렘이 있는 감정을 느끼게 하는 다량의 화학물질이 분비되고 전용신경회로가 구축되면서 눈빛과 키스가 연합되어 기억된다. 이후 눈빛만 보아도 첫 키스의 설렘이 느껴지고 서로에게 끌림이 생기는 중독된 패턴을 보인다.

이처럼 일관된 정서적 반응 유형을 불러일으키는 감각적 자극인 눈빛을 앵커라고 하며 눈빛과 키스가 연합되어 조건형성되는 것을 앵커링이라고 한다. 감각으로 받아들이는 특정 자극과 경험은 조건반사적으로 다른 행동과 감정을 함께 발현시키게 된다.

사람들은 길을 걷거나 차를 운전할 때 신호등의 통제 속에 움직인다. 신호등이 붉은색으로 바뀌면 무의식적으로 멈추고 초록색으로 바뀌면 무의식적으로 출발하게 된다. 이러한 현상은 신호등의 붉은색과 초록색에 반복적으로 조건형성되어 행동이 통제받고 있는 것이다.

붉은색에 출발하거나 지나가는 것은 사고의 위험과 벌금을 낼 수 있으며 법을 위반하는 나쁜 행동이라는 반복적인 학습에 의해 행동이 조건형성된 결과로 볼 수 있다. 단지 색깔만 바뀌었을 뿐인데 왜 다시 걸어가거나 정지하게 되는 것인지 앵커링으로 이해할 수가 있는 것이다. 여기서 신호등 불빛의 색깔은 앵커이며 색깔에 따라 정지하거나 출발하는 행동은 색깔과 연합된 앵커링이다.

일상생활 속에서 앵커링의 사례는 얼마든지 더 찾아볼 수 있다. 담배를 피우기 위해 담배를 입에 물면 자동으로 불을 피우는 행동을 하게 되고 밥을 먹고 나면 의식하지 않고 반찬을 먹는 행동은 자극과 반응을 의식적으로 연결하여 마음과 행동을 변화시키는데 도움을 주는 학습된 앵커링의 결과이다.

오래전 실연당했을 때의 아픈 기억과 함께 연합되어 있던 노래를 듣는 순간 과거의 아픈 추억이 떠오르거나 감정이 되살아나 기분과 몸의 상태까지 변화하게 된다. 노래와 감정이 함께 앵커링된 것이다. 또 어릴 때 가정폭력이나 따돌림 등의 경험이 특정한 신경적 반응을 일으키도록 프로그래밍되어 잠재의식에 저장되어 있다면 그때 당시와 비슷한 자극에 노출되거나 회상을 하는 것만으로도 그 당시의 공포, 두려움, 증오, 분노 등의 감정이 함께 불려나오면서 현재의 상태를 우울하거나 무기력한 상태로 만들어버린다.

대부분 심리적 고통과 트라우마는 부정적 앵커링에 의해서 나타나며 앵커링은 대부분 반복된 학습에 의해 만들어진다. 앵커링은 정서가 덜 개입될수록 많은 반복이 필요하다. 하지만 정서가 강렬하고 타이밍이 적절하다면 단 한 번의 경험으로도 앵커링이 될 수 있다. 첫 키스의 경험은 너무나 짜릿하고 강력한 설렘을 주는 정서였기 때문에 그때 봤던 눈빛과 향기, 옷, 신체감각 등이 함께 연합되어 어느 한 가지만 떠올려도 그 당시의 정서상태를 다시 경험할 수 있게 되는 것이다.

앵커링을 잘 활용하면 현재 상태를 자신이 원하는 상태로 언제든지 바꿀 수 있다. 만약 자신이 의식하지 못한 상태에서 원하지 않는 부정적 앵커링 때문에 스트레스 상태에 있다면 그러한 정서는 분리시켜야 하며 긍정적 앵커를 연합하여 긍정적인 자원을 활용하고 증폭할 수 있는 새로운 반응과 상태를 만들어낼 수 있는 것이다.

스포츠 선수들은 훈련이나 경기 과정에서 원하는 상태의 멘탈을 유지하기 위해 루틴을 활용한다. 루틴도 앵커링과 비슷한 긍정적인 컨디션을 유지시켜주는 효과를 얻을 수 있다. 박태환 선수는 경기 시작 전까지 음악을 들으면서 자신의 각성을 조절하고 평정심을 유지했으며 무에타이 선수는 경기 전에 전통의식을 치르면서 습관적인 행동을 하여 자신의 마음과 몸을 최상의 상태로 만든다.

양궁의 박성현 선수는 자신만의 독특한 멘탈 강화 패턴이 있다. 시합에 임하는 자세에서 활에 화살을 꽂은 후 소매 끝을 한 번씩 살짝 당긴다. 그리고 유니폼 상의 카라를 매만진 후 손가락으로 선글라스를 치켜올린다. 마지막으로 심호흡을 한 후에 활시위를 당긴다. 이러한 동작은 조금의 오차도 없이 이루어지며 그 과정을 통해 마음의 평정심과 집중력을 높이고 경기에 대한 자신감을 갖게 되는 것이다.

상태를 긍정적으로 유지하고 에너지가 충만한 상태에 앵커를 고정하기 위해서는 과거의 성취경험과 긍정적인 감정이 충만했던 기억을 활용하여야 한다. 과거의 정서가 현재 상태를 긍정적으로 변화시켜주기 때문이다. 앵커를 통해 자신의 자원과 에너지를 충만한 상태로 만들면 다른 사람과 환경까지도 변화시키는 힘을 얻게 된다. 자신의 변화가 다른 사람과 환경을 변화시키는 시작이 되며 그 변화가 새로운 경험이 되어 또다시 자신을 변화시키는 자원이 된다.

우리의 상태는 끊임없이 변화한다. 특정한 것을 보고 듣거나 생각함으로써 상태를 변화시킬 수 있으며 앵커링으로 자신의 기저선 상태를 변화시키거나 원하는 상태를 유지할 수 있게 된다. 그래서 앵커링이 스트레스 중독탈출을 위한 좋은 도구가 될 수 있는 것이다.

앵커링의 종류

우리의 생각과 느낌, 말, 행동의 대부분은 자신이 의식하지 못한 가운데 강한 정서적 경험이나 반복적인 학습과 경험에 의해 조건형성된 것이다. 어떻게 보면 우리의 존재와 정체성조차 반복적인 학습과 경험에 의해 조건형성된 것으로 볼 수 있다.

【감각양식에 따른 구분】

■ 시각적 앵커링

우리 뇌에 입력되는 정보의 70~80%가 시각적 정보이다.
그래서 시각적 자극이나 정보가 반복되거나 강렬한 정서를 일으키게
되면 중독된 패턴을 보이게 된다. 얼굴 표정이나 손동작, 외모, 디자인,
색상, 움직임, 십자가, 하트 모양, 사진, 깃발, 상징물 등을 반복적으로
볼 때 특정한 정서상태에 머물게 되면 시각적 앵커링이 된다.

■ 청각적 앵커링

특정한 목소리, 음악소리, 리듬, 혼잣말, 목탁소리, 기도소리, 자연의
소리, 말, 호루라기, 북소리를 들을 때 특정한 정서상태에 머물게 되면
청각적 앵커링이 된다.

■ 신체감각적 앵커링

외적 감각자극, 특정한 방식의 접촉, 운동, 호흡훈련, 이완훈련, 자율
훈련, 마사지, 냄새, 맛, 온도, 바람이 특정한 정서상태를 만들게 되면
신체감각적 앵커링이 된다.

【성질에 따른 구분】

■ 긍정적 앵커링

긍정적인 경험과 관련된 닻이 내려져 행복감, 성취감, 자신감, 만족감, 편안함, 안정감, 설렘 등 긍정적인 기분을 일으키는 앵커링이다.

■ 부정적 앵커링

부정적인 경험과 관련된 닻이 내려져 좌절감, 분노, 의욕상실, 무기력, 허무함, 시기, 질투 등의 부정적인 기분을 일으키는 앵커링이다.

【용도에 따른 구분】

■ 자원 앵커링

조건반사가 일어나는 앵커를 의도적으로 만들어 과거에 경험했던 긍정과 관련된 정서적 자원들을 현재 상태로 이끌어내기 위하여 이루어지는 가장 기본적인 앵커링이다.

현재 귀여운 강아지를 보면서 만지고 싶은 마음과 행동이 일어났다면 과거 강아지에 대한 긍정적인 정서를 경험했던 앵커링이 지금의 행동을 만들어내고 있는 것으로 볼 수 있다. 만약 어릴 때 개에게 물린 공포 경험이 있는 사람은 어른이 되어서도 개를 보자마자 기겁을 하며 도망가는 반응을 보이게 되는데 이것은 개에 대한 부정적인 정서를 경험했던 앵커링에 의해 나타나는 행동이다.

우리는 자원 앵커링 설정 방법을 실천함으로써 자원이 충만한 상태를 이끌어낼 수가 있다. 자원 앵커링을 효율적으로 실천하기 위해서 먼저 자신이 어떤 상태를 원하는지 결정해야 한다. 평소 자신의 상태에서 변화하고 싶거나 다른 정서를 느끼고 싶은 구체적인 상황을 결정한다. 예를 들어 '스트레스 없는 편안한 상태'처럼 원하는 상태를 먼저 결정하는 것이다. 그다음 과거의 긍정적인 경험에 열중해서 연합한다. 과거의 다양한 경험 중에서 성취했던 특별한 정서를 생각하고 그것이 언제, 어떤 일이었으며 무엇을 했는지 오감적으로 회상한다.

만약 자신의 긍정적 회상 자원이 없다면 주위에 그 자원을 가진 모델을 생각하거나 책이나 영화를 통해 알고 있는 사람을 실제적인 느낌이 들도록 떠올린다. 그것조차 없다면 가상의 인물이나 상황을 상상해서 만들어도 된다. 그리고 어떤 연합상태를 만들 것인지 어떤 앵커를 사용할 것인지 생각한다.

선택된 앵커를 활용하여 자원상태로 들어가서 그 상태를 충분히 경험한다. 그 당시의 상황으로 들어가서 생생하게 연합을 하고 그때 보고 듣고 느꼈던 것을 지금 상태에서 보고 있다고 상상한다. 정서가 최고조에 이르기 직전에 선택한 앵커를 고정한다. 몰입했던 상태에서 나온 후 상태를 단절하기 위해 심호흡과 스트레칭을 실시한 후 안정을 되찾은 상태에서 앵커를 테스트하며 여러 번 반복한다.

■ 누적 앵커링

매우 강력한 자원 앵커를 만들기 위해 다른 자원상태를 똑같은 앵커로 연결시키는 것을 누적 앵커링이라고 한다. 앵커는 같은 것일 수도 있고 다른 것일 수도 있다. 누적 앵커링은 각각의 성공경험을 같은 장소, 같은 방법으로 누적시켜 쌓아가기 때문에 앵커를 한번 발화하면 긍정의 상태가 모두 불려나오는 강력한 정서적 변화를 이끌어낼 수 있다.

누적 앵커링의 방법은 먼저 원하는 긍정적인 상태 2~3가지를 선택한다. 예를 들어 '자신감이 넘친다', '편안하다', '할 수 있다' 등의 이루고 싶은 상태를 결정한다. 그다음 자신감이 넘쳤던 과거 경험에 몰입하고 상태가 최고조에 달하기 직전에 앵커를 고정한다. 이때 앵커를 설정하고 상태 단절 후 앵커가 잘 고정되었는지 다시 테스트한다.

같은 방법으로 편안한 상태의 과거 경험에 몰입하고 상태가 최고조에 달하기 직전에 앵커를 고정한다. 이때 첫 번째 고정했던 자극과 같은 강도와 동작으로 같은 장소에 앵커를 설정한다. 상태 단절 후 앵커가 잘 고정되었는지 다시 테스트한다.

■ 붕괴 앵커링

과거의 나쁜 기억으로 힘들 때 과거의 즐거운 추억을 떠올리거나 미래의 설렘과 관련된 상상을 하게 되면 긍정적 요소들로 인하여 처음의 부정적 정서가 많이 약화되거나 사라지게 되는 것을 붕괴 앵커링이라고 한다. 마치 차가운 물에 뜨거운 물을 혼합하거나 탁한 물에 맑은 물을 계속 흐르게 하면 정화가 되는 것과 같다.

부정적 정서와 상태에서 벗어나고 싶을 때 부정적 앵커를 붕괴시킬 수 있는 새로운 자극이 필요하다. 원하지 않는 부정적 정서와 원하는 긍정적 정서를 각각 앵커링 한 다음 두 가지 앵커를 함께 발화하게 되면 잠깐 혼란의 시간이 지나면서 부정적 정서가 약해지고 다른 새로운 상태가 생겨난다. 부정의 요인을 강력하게 막아낼 수 있는 긍정적인 앵커를 강화하는 것이 중요하다.

우리는 주위에서 부정적 앵커링 때문에 자신의 자원을 사용하지 못하고 구속된 상태에 있는 사람들을 많이 볼 수 있다. 자신을 구속하고 있는 그것 때문에 자신의 의지와 관계없이 스트레스를 받게 된다. 어떤 사람은 잘못된 부정의 앵커링 하나만 붕괴시켜도 삶 전체가 긍정적인 성취를 이룰 수 있는 상태로 변하기도 한다. 붕괴 앵커링은 부정의 늪에서 구해줄 수 있는 구원의 밧줄과 같은 기능을 하며 긍정적인 삶을 살아갈 수 있게 에너지를 충전시켜준다.

붕괴 앵커링 방법은 부정적인 나쁜 기억과 감정을 결정한다. 부정적인 과거 기억을 떠올리고 몰입한 상태에서 왼손을 왼쪽 무릎에 붙이고 부정적 앵커를 고정한다. 상태 단절 후 왼손을 왼쪽 무릎에 붙이고 앵커를 발화했을 때 부정적 상태가 불려나오면 다시 상태를 단절한다. 그다음 긍정적인 과거 기억과 정서에 몰입한 상태에서 오른손을 오른쪽 무릎에 붙이고 긍정적 앵커를 고정한다. 상태 단절 후 오른손을 오른쪽 무릎에 붙이고 앵커를 발화했을 때 긍정적 상태가 불려나오면 다시 상태를 단절한다. 그리고 동시에 앵커를 발화한다.

먼저 오른손을 오른쪽 무릎에 붙이고 다음에 왼손을 왼쪽 무릎에 붙인다. 손을 뗄 때는 왼손을 먼저 떼고 오른손을 뒤에 뗀다. 최종적으로 현재의 상태를 점검해본다.

■ 연쇄 앵커링

연쇄 앵커링은 마치 도미노처럼 여러 가지 단계를 거치며 최종 목표에 연결되어 전체적으로 하나의 연결 관계를 이끌어내는 방법이다.

연쇄 앵커링은 만성적인 스트레스로 인한 나쁜 습관이나 성격을 바꾸고자 할 때 적용하면 효율적이다. 예를 들어 어떤 프로젝트를 앞에 두고 열정이 부족하거나 스트레스를 많이 받는 상태를 동기 상태와 결단 상태로 바꾸는데 좋은 기법이다.

연쇄 앵커링의 방법은 먼저 목표를 달성할 수 있는 상태를 순서대로 선택한다.(① '자신감이 없다' ② '심호흡을 하고 주먹을 강하게 쥔다' ③ '휴식을 취한다' ④ '개운하다' ⑤ '기대된다' ⑥ '할 수 있다' ⑦ '자신감이 넘친다') 첫 번째 상태 '자신감이 없다'에 대한 앵커를 고정한다. 첫 번째 앵커와 가까운 지점에 '심호흡을 하고 주먹을 강하게 쥔다'는 두 번째 앵커를 고정한다. 그다음 순서대로 앵커를 고정하여 '자신감이 넘친다'까지 각각 다른 지점에 앵커를 고정한다. 그리고 상태를 단절한다. 이때 연결된 앵커가 처음 앵커로 돌아가지 않도록 주의한다.

스트레스와 운동

운동의 중요성을 강조하기 위해 운동을 밥에 비유하기도 하고 몸에 좋다는 뜻으로 보약이라고 부르기도 한다. 이 말은 운동이 밥처럼 매일 먹어야 한다는 뜻과 보약처럼 건강에 좋다는 뜻이 포함되어 있다. 그런데도 우리 주변의 많은 사람들이 일상적인 삶의 바쁜 패턴에 쫓겨 운동 부족을 겪게 되면서 삶의 활력과 건강을 잃어가고 있는 현실을 보며 안타까움을 느낀다.

물질문명의 발달로 신체적인 활동이 점차적으로 줄어들게 되면서 운동 부족으로 인한 심리적, 생리적, 신체적 질병과 스트레스에 시달리고 있는 사람들이 늘어나고 있다. 이러한 운동 부족으로 인한 질병을 예방하고 스트레스에서 벗어나 삶의 활력을 유지하기 위해서 신체에 적절한 자극과 과부하를 줄 수 있는 규칙적인 운동습관을 가지는 것이 중요하다. 운동 부족은 생리적, 신체적인 질병뿐만 아니라 심리적인 질병과도 상관성이 높기 때문에 건강하고 행복한 삶을 살아가기 위해서 규칙적인 운동습관을 갖는 것이 너무나 중요한 것이다.

운동을 하는 과정에서 새로운 학습과 신체적인 과부하가 주어질 때 일시적으로 스트레스 반응을 겪게 된다. 이렇게 운동을 할 때 심리적, 생리적, 신체적인 스트레스가 주어지는데도 사람들이 운동에 계속 참여하는 이유는 스트레스 반응과정에서의 다양한 감각체험과 성취경험, 보상 등의 긍정적인 자극이 주어지기 때문이다.

즉, 운동을 하는 과정에서 발생할 수밖에 없는 스트레스 자극에 대한 반응을 할 때 특정 뇌 영역의 활성화와 화학물질의 분비가 긍정적으로 바뀌게 되면서 스트레스에 대한 내성이 생기게 되고 신체적, 사회적인 적응능력까지 향상되는 것이다.

특히 좋은 운동습관을 갖게 되면 몸에 축적되어 있는 잉여 에너지의 소모를 촉진시키면서 신진대사가 활발해지고 근육의 능력을 향상시키며 신체의 유기적 협업에 의한 활력을 느낄 수 있게 된다.

그뿐만 아니라 운동 과정에서의 신체적 움직임과 말초신경의 다양한 자극정보가 중추신경인 뇌에 전달되면서 평소 사용하지 않았던 뇌의 신경회로를 다양하게 활성화시키기 때문에 통합된 뇌의 전체성을 완성시키고 기능을 향상시키는데도 큰 도움을 준다. 즉, 신체의 자극과 활력이 뇌의 전체성과 활성화를 유도하게 되는 것이다.

운동 자극으로 신체기능이 활력을 얻고 뇌가 건강하게 활성화되면서 스트레스에 대한 내성과 응집력도 강해진다. 운동이 심리적, 생리적, 신체적으로 과부하를 주기 때문에 일시적으로 마음과 몸의 균형을 무너뜨려 스트레스를 받게 만들지만 우리 마음과 몸은 놀라운 적응능력으로 자신의 상태를 정상적으로 안정시키게 된다. 오히려 우리 뇌와 몸은 건강한 스트레스 반응을 통해 관련 신경회로의 배열과 조합이 더 확장되고 필요한 화학물질들을 많이 분비시키면서 운동 부하에 빠르게 적응하게 되는 것이다.

이렇게 운동이 주는 일시적 스트레스 자극에 정상적으로 반응하며 적응능력을 가지게 될 때 그 이전의 심리적, 신체적 수준이 한 단계 더 업그레이드되면서 신체적 적응능력과 마음의 쿠션이 함께 강해진다. 운동이 일시적으로는 스트레스 요인으로 작용하여 심리적, 신체적으로 고통을 느끼게 만들지만 장기적으로는 쾌적한 스트레스가 되어 신체적 기능을 향상시키고 심리적 내성과 응집력을 높여주게 되면서 마음의 쿠션을 강화하게 되는 것이다.

마음과 몸은 심신상관성에 의해 상보적으로 연결된 하나의 시스템이다. 마음이 긍정적으로 바뀌게 되면 하향식으로 신체도 긍정적으로 바뀌게 되고 반대로 신체가 긍정적으로 바뀌게 되면 상향식으로 마음도 긍정적으로 바뀌게 되는 상관성을 가지고 있다.

우리의 마음과 몸은 스트레스에 적응하고 극복하는 과정에서도 마찬가지로 어느 하나가 긍정적으로 바뀌게 되면 나머지 하나도 함께 바뀔 수밖에 없는 비국소성과 전체성을 가진다. 그렇기 때문에 규칙적인 운동 과정에서 몸이 스트레스에 정상적으로 반응하고 적응해가는 과정을 겪게 되면 스트레스에 정상적으로 반응하고 적응하는 마음의 쿠션을 강화시켜주는 효과를 얻게 되는 것이다.

운동프로그램

현대인들은 일상생활 속에서 만성적인 스트레스를 체감하면서도 반복적으로 스트레스 반응을 하며 그러한 패턴에 중독된 습관을 만들어 자신의 의지와 상관없이 스트레스를 계속 겪게 된다.

사람들은 스트레스의 부작용을 잘 알고 있기 때문에 스트레스 중독에서 벗어나기 위한 방법을 찾는다. 책을 읽거나 여행을 하기도 하며 취미생활, 봉사활동, 인간관계, 운동 등 다양한 방법으로 스트레스 중독에서 탈출하기 위해 노력하고 있다. 그중에서 가장 주목받는 방법이 운동을 통해 스트레스 중독에서 탈출하는 것이다.

운동이 건강과 체력을 증진시켜줄 뿐만 아니라 그룹 활동이나 선의의 경쟁을 통해 사회성 발달과 관계 능력을 향상시켜준다.
그리고 목표설정과 노력, 피드백, 성취과정에서 자기 자신을 더 많이 알아차리고 접촉하기 때문에 마음의 쿠션을 강화시켜주는 효과가 있다. 특히 운동을 하게 되면 즐거움과 행복감을 느끼게 해주는 엔도르핀이라는 호르몬이 증가하면서 스트레스가 줄어들게 된다.

실제 연구에서 땀이 날 정도의 중간 강도로 운동을 1시간 정도 실시하거나 약간 힘들다고 느끼는 정도의 강도로 20분 이상 운동을 하게 되면 엔도르핀이 증가한다. 또한 운동을 통해 체중의 변화나 근육량의 증가, 매력적인 몸매 등 외형적인 변화로 인해 긍정적인 자기개념과 자존감이 향상됨으로써 마음의 쿠션이 강화되는 효과가 나타난다.

스트레스 중독에서 탈출하는데 도움이 되는 운동프로그램은 개인에 따라 다르게 적용되어야 하며 개인의 상태나 체력, 수행능력을 바탕으로 강도와 빈도, 시간, 종류를 결정해야 한다. 일반적으로 스트레스 중독탈출에 도움이 되는 운동관리는 중강도의 운동을 주 3~5회, 하루 50분 내외로 시작하는 것이 좋다. 개인 특성에 따라 고강도나 저강도 운동을 적용할 수도 있으며 빈도와 시간도 선택이 가능하다.

유산소 운동으로는 걷기나 달리기, 수영, 자전거 타기, 등산 등과 같이 자연친화적이고 낮은 단계의 운동 종목이 바람직하지만 종목의 선택은 개인의 성향에 따라 큰 의미를 두지는 않는다. 근력운동도 스트레스 중독에서 벗어날 수 있는 좋은 선택이 된다. 근력운동은 운동처방 프로그램 계획표를 작성하여 초기에는 낮은 강도로 시작하며 신체의 적응상태에 따라 조정해나간다. 어떤 운동프로그램이든 중요한 것은 자기 자신이 좋아하고 잘할 수 있는 운동 종목을 선택하여 꾸준히 하는 것이 효과가 좋다.

운동처방

자가 운동처방의 순서

운동처방을 작성하는 목적은 개인의 수행능력과 건강상태를 점검하여 스트레스 중독탈출에 도움을 얻기 위한 것이다.

【기초조사】

자신의 가족력, 운동 경력과 능력, 일상생활 습관, 식사습관, 수면습관, 자각증상 등을 참고하여 운동처방 프로그램 작성에 반영한다.

【신체측정 및 계측】

신장, 체중, 체지방률, 근육량, 기초대사량 등을 측정하여 스트레스 중독탈출에 도움이 되는 운동강도와 빈도, 시간, 종류를 계획한다. 이렇게 측정한 초기자료를 활용하여 운동 전후의 긍정적인 변화를 알 수 있게 된다. 또한 운동처방 프로그램에 대한 피드백을 위해서도 신체측정은 중요하다.

【의학적 검사】

스트레스 중독탈출을 위해 하는 무리한 운동은 나쁜 결과로 나타날 수 있다. 그래서 기저질환이 있는 경우 운동강도와 빈도, 시간, 종류를 다르게 처방해야 하기 때문에 기초적인 의학 검사를 실시하는 것이 도움이 된다. 검사 결과 의학적 문제가 있는 경우 운동을 제한해야 하며 뇨검사나 혈액, X선, 심전도, 혈압 등을 측정한다.

【운동부하검사】

만성적인 스트레스 중독에 빠져있는 사람은 일반적으로 수행능력이 현저히 떨어져 있는 경우가 많다. 운동 중 약간 숨이 찰 정도의 자각적 강도를 설정하여 점진적으로 강도를 높이고 빈도와 시간을 늘려나가는 것이 도움이 된다.

【영양상태】

영양상태 부족이나 불균형이 스트레스를 심화시키기도 하고 만성적인 스트레스가 영양상태에 부정적인 영향을 미치기도 한다.
에너지대사량과 개인에게 맞는 운동 중 소비에너지를 측정할 수도 있지만 간단하고 쉬운 방법은 편식을 하지 않고 규칙적인 식사습관을 갖고 있는지 체크하여 영양상태를 간접적으로 확인할 수도 있다.

【체력평가】

자신의 체력 상태가 어느 수준인지를 알아야 가장 적합한 운동 매뉴얼을 작성할 수 있다. 스트레스 중독탈출을 위한 체력평가는 체력의 6대 요소를 기준으로 한다. 근력, 지구력, 유연성, 순발력, 민첩성, 평형성 등을 약식으로 측정하며 측정 과정에서 무리하지 않는 것이 좋다.
예를 들어 근력은 악력계가 없을 경우 팔굽혀펴기로 대체하고 지구력은 줄넘기로 측정할 수도 있다. 운동선수들이 하는 정확한 체력평가까지는 필요 없지만 기본적인 체력평가는 운동 동기유발과 피드백에 긍정적인 영향을 미치기 때문에 중요하다.

【종합평가 및 운동처방 프로그램 작성】

이전까지의 측정 결과를 바탕으로 스트레스 중독탈출에 도움이 되는 자가 운동처방 프로그램을 작성한다. 예를 들어 자각적 운동강도는 숨이 약간 차는 정도로 하고 빈도는 주 5회, 시간은 50분, 운동 종류는 스트레칭과 걷기, 근력운동 등으로 구성하여 스트레스 중독탈출에 도움이 되는 운동처방 프로그램을 작성하는 것이 좋다.

【운동 실행 및 피드백】

중요한 것은 실행이다. 아무리 스트레스 중독탈출에 도움이 되는 운동처방 프로그램을 훌륭하게 작성해도 규칙적인 실행이 뒤따르지 않으면 아무런 소용이 없다. 종합평가를 바탕으로 작성한 스트레스 중독탈출에 도움이 되는 운동처방 프로그램을 규칙적으로 실행하고 만약 운동과정에서 신체에 무리가 가거나 운동 지속 동기에 부정적인 영향을 미치는 부분이 있다면 피드백을 통해 얼마든지 수정이 가능하다.

트레이닝의 원리

스트레스 중독탈출에 도움이 되는 운동처방 프로그램을 실행할 때 참조해야 할 트레이닝의 원리가 있다.

특이성의 원리

운동 트레이닝에 대한 신체적, 생리적, 심리적 반응과 적응이 운동 형태와 사용된 근육군에 특정적인 것을 말한다.

예를 들어 저항운동은 근육을 강화시키고 스트레칭은 관절의 가동범위와 유연성을 발달시키는 것이다. 운동과정에서의 신체적인 모든 활동과 자극은 뇌에 동시적으로 정보를 제공하기 때문에 스트레스와 관련된 생리적, 심리적 변화를 이끌어내는 긍정적인 효과가 있다.

과부하의 원리

일정한 부하 이상의 운동이 유연성과 근육강화, 지구력 향상에 도움이 된다. 과부하는 일시적으로 심신에 스트레스 반응을 일으키지만 스트레스에 적응하는 과정에서 평소 자극받지 않았던 뇌신경회로의 다양한 활성화와 새로운 화학물질의 분비에 의해 기존의 축적된 스트레스까지 함께 해소시켜주는 긍정적인 효과가 있다.

점진성의 원리

처음부터 무리한 강도와 빈도, 시간, 종목을 진행하게 되면 심리적, 신체적 피로도가 높아지고 운동 참가에 대한 저항이 생겨 스트레스 지수가 더 높아지면서 중도에 운동을 포기하는 부작용이 생길 수 있다. 스트레스 중독탈출을 위해서는 운동 적응과 수행능력 향상이 서서히 이루어질 수 있도록 점진적으로 증가시키는 것이 중요하다.

초기 수준의 원리

사람들마다 건강상태나 체력, 운동수행능력이 다르고 운동 경력이나 능력도 모두 다르기 때문에 초기 수준에 적합한 강도와 빈도, 시간, 종류를 선택하는 것이 중요하다. 운동수행능력이 높은 사람의 경우와 운동수행능력이 낮은 사람의 경우에 적용되는 운동강도와 빈도, 시간, 종류를 다르게 적용한다.

개별성의 원리

개인마다 운동에 대한 관심이나 선호도가 다르다. 전체적인 기준을 우선하는 것이 아니라 개인의 특성을 우선하여 프로그램 계획과 실행에 반영한다.

한계성의 원리

사람들마다 체력의 한계와 수행을 제한하는 유전적, 환경적 상한선이 있다는 것을 알아야 한다. 유전적으로 타고난 체력과 신체 가동범위가 다를 수 있고 환경적으로도 질병이나 부상 등으로 한계선이 있다. 이러한 한계선에 근접하는 것이 수행에는 큰 발전이 없지만 스트레스 중독에서 탈출하는데는 긍정적인 영향을 미친다.

가역성의 원리

운동을 통해 심리적, 신체적인 긍정적 변화를 얻게 되지만 운동을 중단하게 되면 그 효과가 사라지게 된다. 운동처방 프로그램을 중지하면 운동능력뿐만 아니라 스트레스 중독탈출에 도움이 되는 운동의 효과까지 빠르게 감소되며 신체적 효과는 몇 개월 내에 대부분 소실된다.

회복의 원리

운동을 통해 피로해진 심신을 충전시켜 활력상태로 회복시키기 위해서는 적절한 휴식이 필요하다. 휴식 중에 운동효과를 만드는 적응이 이루어지므로 적절한 휴식이 도움이 된다.

운동프로그램 구성

　스트레스 중독탈출에 도움이 되는 운동 프로그램은 간단하게 준비
운동, 본 운동, 정리운동으로 구성하는 것이 좋지만 개인의 상태나 환
경적 상황에 따라 유연하게 적용하면 된다.

준비운동

　준비운동이 심리적, 신체적으로 안정상태에서 운동수행을 원활하게
할 수 있는 적절한 각성상태로 이행시켜준다. 준비운동을 통해 신체 결
합조직의 신전성을 좋게 하고 관절의 가동역을 증가시켜서 골격근이
움직이기 쉬워지기 때문에 결과적으로 부상의 위험을 감소시키게 된

다. 최초 5~10분까지 낮은 강도로 실시한다.

본 운동

　지구성 운동으로 심폐 체력을 향상시키는 것이 목적이고 유산소 운동 30분, 저항운동 10분 정도로 구성한다. 최소 20분 이상을 해야 심리적, 신체적인 변화가 일어난다. 본 운동 과정에서 스트레스 중독탈출에 도움이 되는 화학물질의 분비와 신경회로의 활성화로 인한 심리적, 신체적인 쿠션이 만들어진다.

정리운동

　정리운동은 본 운동으로부터 심신을 서서히 회복시켜주며 강도를 감소시킨다. 속도를 늦추어 걷거나 가벼운 달리기, 체조, 스트레칭, 호흡훈련 등 이완 상태로 각성을 낮춘다. 정리운동을 통해 피로물질 축적을 예방하기 때문에 운동에 대한 심리적, 신체적 부담감을 낮추어 운동 지속 동기를 향상시켜주고 건강에도 도움이 된다.

스트레스 중독탈출

초판 1쇄 발행 2022년 1월 10일

지 은 이 　　박영곤

총괄디자인 　　맑은샘

편집디자인 　　차지연

본 문 편 집 　　강윤정

펴 낸 곳 　　도서출판 벗

주 　　소 　　부산광역시 해운대구 해운대로 233 제이원 3층

전 　　화 　　051) 784-8497

팩 　　스 　　051) 783-9996

이 메 일 　　mcc7718@hanmail.net

등 　　록 　　2021년 12월 29일

I S B N 　　979-11-972663-2-4

정 　　가 　　18,000원